高等教育旅游类教材

旅游客源国（地区）概况

LÜYOU KEYUANGUO（DIQU）GAIKUANG

刘亚轩 ◉ 主编

郑州大学出版社

图书在版编目(CIP)数据

旅游客源国(地区)概况/刘亚轩主编. —郑州:郑州大学出版社,2018.1(2023.2 重印)

ISBN 978-7-5645-5109-4

Ⅰ.①旅… Ⅱ.①刘… Ⅲ.①旅游客源-概况-世界-高等职业教育-教材 Ⅳ.①F591

中国版本图书馆 CIP 数据核字(2018)第 008477 号

郑州大学出版社出版发行
郑州市大学路 40 号　　　　　　　　邮政编码:450052
出版人:孙保营　　　　　　　　　　发行部电话:0371-66966070
全国新华书店经销
河南大美印刷有限公司印制
开本:787 mm×1 092 mm　1/16
印张:14.25
字数:328 千字
版次:2018 年 1 月第 1 版　　　　　　印次:2023 年 2 月第 3 次印刷

书号:ISBN 978-7-5645-5109-4　　　　定价:39.00 元
本书如有印装质量问题,由本社负责调换

作者名单

主　编　刘亚轩

副主编　杨　健　李雪琴

前言

本书是高等职业教育旅游管理专业"十三五"规划教材。它从培养高职高专旅游管理专业的人才这一目标出发，遵循"够用、适用、实用"的教材编写原则，在借鉴和吸收众多研究成果的基础上，对中国的主要旅游客源地概况进行了探讨与介绍。全书分为六章：绪论、亚洲客源国概况、欧洲客源国概况、美洲客源国概况、大洋洲客源国概况、中国港澳台地区概况。

本书内容丰富，适用面广，既可作为高职高专旅游管理专业、酒店管理专业、餐饮服务管理专业、旅游景区开发与管理专业、导游专业等的教材，又可作为旅游从业人员和旅游爱好者了解各地知识的读本。

本书编写分工如下：

第一章和第三章由杨健（郑州工程技术学院）编写；

第二章由刘亚轩（河南牧业经济学院）编写；

第四章、第五章、第六章由李雪琴（河南职业技术学院）编写。

由于时间有限，书中可能会有不妥之处，不当之处，请各位专家、读者指正。

编者
2018 年 1 月 16 日

目 录

1 绪论 ······ 1
  1.1 世界旅游业的产生与发展 ······ 2
  1.2 世界的旅游区 ······ 6
  1.3 中国的旅游业 ······ 8
  1.4 中国入境客源市场 ······ 11

2 亚洲客源国 ······ 16
  2.1 日本 ······ 16
  2.2 韩国 ······ 29
  2.3 马来西亚 ······ 42
  2.4 新加坡 ······ 51
  2.5 印度尼西亚 ······ 58
  2.6 泰国 ······ 66
  2.7 印度 ······ 75

3 欧洲客源国概况 ······ 85
  3.1 俄罗斯 ······ 85
  3.2 德国 ······ 93
  3.3 英国 ······ 101
  3.4 法国 ······ 112
  3.5 意大利 ······ 121
  3.6 荷兰 ······ 130
  3.7 西班牙 ······ 136
  3.8 瑞典 ······ 144

4 美洲客源国概况 ······ 151
  4.1 美国 ······ 152
  4.2 加拿大 ······ 162

5 大洋洲客源国概况 175
　5.1 澳大利亚 176
　5.2 新西兰 186

6 中国港澳台地区概况 193
　6.1 香港特别行政区 193
　6.2 澳门特别行政区 203
　6.3 台湾省 211

1

绪 论

> **教学目标**
>
> **知识目标**
> 1. 了解国际旅游业的发展概况及发展趋势。
> 2. 了解国际旅游业发展的基本格局。
> 3. 熟悉世界旅游区概况。
> 4. 掌握中国国际旅游业的发展概况及发展趋势。
>
> **能力目标**
> 1. 正确区分世界旅游区。
> 2. 能够针对中国国际旅游市场的现状和特点,进行客源市场开发设计。

导入案例

2016年5月,一年一度的世界旅游旅行大会在美国得克萨斯州达拉斯举行。此次大会吸引了众多国家政府、旅游旅行机构,以及知名的旅游业界企业的参与。与会者针对旅游安全、持续性,以及地缘政治动荡和科技发展对旅游业带来的影响做了深入讨论。大会主办方、世界旅游业理事会(WTTC)首席执行官大卫·斯科斯尔表示,旅游旅行已经构成世界经济的重要组成部分。在过去60年里,旅游业经历了持续和多样化发展阶段,已经成为全球最大和发展最快的产业。尽管偶尔出现动荡,旅游业仍然保持持续的发展态势,证明了这个行业的实力和可持续性。1950年,全球国际游客数量2 500万人次,到1980年已经增长至2.78亿人次,2000年达到6.74亿人次,2015年国际游客已经增长至11.86亿人次;1950年国际旅游业收入20亿美元,1980年已经增长至1 040亿美元,2000年增长至4 950亿美元,2015年达到1.26万亿美元。国际旅游业占全球商品和服务出口的比例达到7%,旅游业已经成为全球第三大出口行业,仅次于石油和化学品,领先于食品和汽车。在很多发展中国家,旅游业甚至是出口最多的行业。2015年全球国际游客数量增长4.6%,达到11.86亿人,较前一年增长5 200万人。自2009年经济危机后,国际游客数量连续6年增长。据UNWTO预测,2010—2030年国际游客数量将以每年3.3%的速度增长,在2030年将达到18亿人次。

思考:影响现代国际旅游迅猛发展的因素有哪些?

1.1 世界旅游业的产生与发展

从历史的眼光看,人类的旅游活动大致经历了三个大的发展阶段。一是限定在有闲阶层中的古代旅游,其特征是以游乐为主,规模较小。二是开始普及中产阶层的近代旅游,它源自于人本主义意识和科学技术进步,并直接促成了现代旅游业的出现。三是社会大众共同参与的现代旅游。

1.1.1 迁徙和旅行

旅游现象是人类社会经济发展到一定程度的产物。对于旅游现象具体起源时间,有人认为起源于原始社会晚期,有些人则认为是在人类社会跨入文明阶段之后才产生的。

1.1.1.1 原始社会的迁徙活动

一般人认为,原始社会没有旅游,只有迁徙活动。迁徙行为,是人们出于谋生的目的,或者出于自然原因(如气候、天灾等对生存环境的破坏),或者出于人为原因(如战争)的威胁而被迫离开定居地,在新的定居点定居下来,不再回到原来的定居点。如非洲原始人类向亚洲、欧洲的迁徙;亚洲东北部的爱斯基摩人、印第安人通过白令海峡向美洲大陆迁移,成为那里的原始居民。

1.1.1.2 人类旅行的产生

旅行,是人们出于迁徙以外的任何目的,可以是经商、学习,也可以是旅游,离开自己的常住地到异地做短暂停留并按原计划返回的行为。旅行作为一种经济活动产生于原始社会末期,它是伴随商业活动的兴起而产生的。

在人类早期历史上,有三次社会大分工。第一次是畜牧业与农业的分离,第二次是手工业从农业、畜牧业中分离出来,第三次是原始社会末期和奴隶社会早期,商业从农业、畜牧业和手工业中分离出来。商业的发展,促使商人到处奔走,旅行活动由此而开始。

1.1.2 旅游的萌芽——奴隶社会的旅行活动

迁徙和旅行都不是人类纯粹意义上的旅游,旅游是人们处于闲暇状态中在异地进行的游览观赏行为,主要目的是为了满足精神文化的需求。

旅游的产生,与人的本性有关。从本质上说,人是一种天生的追求享受的动物。旅游者是人类社会文明发展到一定程度之后才可能形成的,因为旅游者的形成需要三个基本条件:可自由支配的闲暇时间、可自由支配的收入、出游的动机。

原始社会末期奴隶社会形成时期,旅行还没有形成一种广泛的社会现象。到奴隶社会时期,旅行更加发达。原因:一是奴隶制建立,社会各行业分工更加细密,商业更加发达;二是奴隶制统一国家的建立,社会秩序相对稳定,空间移动的条件更加具备,这为旅行活动的发展创造了条件。促使人们外出旅行的主要原因是产品交换和易货经商。

人类进入奴隶社会后,有闲阶级形成,旅游产生。在古代西方,古罗马帝国的旅游最具有代表性。原因:①疆域辽阔。以古罗马为中心,最大时北到欧洲中部莱茵河、多瑙河一带,西到大西洋不列颠、西班牙,南据北部非洲,东达西亚两河流域,地跨欧、亚、非三洲,地中海成为帝国的内湖;商旅辐,驿站棋布,"条条大道通罗马"是其真实写照。②资源吸引力大。典型代表是闻名世界的"七大奇迹"(埃及金字塔、巴比伦空中花园、亚历山大灯塔、罗德岛太阳神巨人雕像、奥林匹亚宙斯神像、阿尔忒斯神庙、摩索拉斯陵墓),对人们有巨大吸引力。

1.1.3 封建社会的旅行活动

1.1.3.1 中国古代的旅游活动

中国封建时代政治上的大一统和超稳定、经济上的持续发展、科学技术上领先水平、一脉相承的灿烂文化、与各国保持友好的传统,相对完善的交通体系(水路、陆路),良好的社会环境为旅行活动奠定了基础。以下是常见的旅游类型:

帝王巡游　帝王巡游的目的:一是饱览风景名胜;二是显示帝王权威,震慑人民,了解民情,有利于巩固统治;三是封禅。封禅地点一般选择名山大川,主要是泰山。

官吏宦游　中国古代历朝官吏,奉帝王派遣,为执行某种政治、经济、军事任务而进行的旅行活动。如张骞出使西域、郑和七次下西洋等。

买卖商游　如春秋时期郑国商人弦高。

文人漫游　如春秋时期孔子周游列国、战国时期的游说之士的游说活动、西汉司马迁二十壮游、魏晋文人纵情山水游、唐朝李白、明朝的徐霞客等。

宗教云游　以朝拜、寻求仙人、求经等为目的而进行的旅行。如法显、玄奘、鉴真等。

佳节庆游　在中国古代各族人民的生活习俗和喜庆佳节很多,如汉民族的春节庙会、元宵灯会、清明踏青、端午竞舟、中秋赏月、重阳登高等。蒙古族的那达慕大会、藏族的雪顿节、彝族的火把节、傣族的泼水节、土族的花儿会等。

1.1.3.2 欧洲的旅游活动

476年西罗马帝国灭亡后,欧洲经过一段时间的混战和动荡,逐渐进入封建社会。中世纪是欧洲历史上最黑暗的时代。政治上,民族纷争,国家林立,大小领主拥有对自己土地的绝对管理权,相互间攻伐不断,始终没有安宁的环境;在经济上,封建庄园自给自足,社会缺少需求;思想文化方面,罗马教会用宗教神学控制人们的思想。

11世纪之后,欧洲城市开始兴起,西方封建主对财富的追求,促进了远航探险热潮,终于在15世纪出现哥伦布、麦哲伦等开辟新航路的伟大的探险旅行活动。

1.1.3.3 阿拉伯帝国时期的旅游

7世纪初,穆罕默德创立伊斯兰教后,建立了阿拉伯国家,8世纪中期形成地跨亚、非、欧三洲的大帝国(1258年被蒙古人所灭)。辽阔的地域、特殊的地理位置(欧亚之间)以及宗教原因(伊斯兰教规定,每个穆斯林一生必须到其宗教圣地麦加朝圣一次),促进了其旅行活动的发展。

1.1.4 近代旅游业的产生

近代旅游业开始于19世纪中期,促成旅游近代化的主要原因是工业革命(内燃机的出现可以作为近代旅游开端的标志),促成旅游向大众化旅游转化。

1.1.4.1 工业革命对旅游发展的影响

近代社会,对人类社会生产发展影响最大的莫过于产业革命。产业革命或工业革命,指18世纪中叶到19世纪中叶西方主要资本主义国家机器生产代替手工操作的过程。对旅游的影响:

(1)加速了城市化进程,导致居民产生返回大自然去的需要,外出旅游的人数增多。

(2)改变了人们的工作性质。多样性农业劳动为单一性大机器工业劳动所取代,促使人们强烈需要改变工作环境。

(3)带来了阶级关系的新变化。资产阶级的出现,扩大了外出旅游的队伍。

(4)科技的进步,蒸汽技术在交通工具运输中应用,出现蒸汽动力的轮船(18世纪末)、火车(1814年,史蒂文森)等新式交通工具,使大规模的人群流动成为可能。

1.1.4.2 托马斯·库克的活动与近代旅游业的产生

1841年禁酒大会:1841年7月5日,利用包租火车方式,组织了一次570人规模的团队活动,从英国中部的莱斯特(托马斯·库克家乡是英国德贝郡的墨尔本,莱斯特是他现在居住的地方)前往洛赫伯勒参加禁酒大会。

这次活动特点:发起、筹备和组织者,自始至终随团陪同照顾,是现代旅行社全程陪同的最早体现。

但是,这次活动还不能作为旅行社产生的标志。因为:第一,活动的根本目的是参加禁酒大会,不是单纯的消遣旅游;第二,托马斯·库克组织这次活动也不是出于商业目的(只售出1先令的来回车票)。它只为以后正式创办旅行社打下了基础。

1841年,世界上第一家旅行社——通济隆旅行社在英国成立,它的创始人是托马斯·库克。这是世界近代旅游业诞生的标志。托马斯·库克被誉为近代旅游业的先驱。

1.1.5 现代旅游的迅速发展

现代旅游是指第二次世界大战以后,特别是 20 世纪 60 年代以来迅速普及世界各地的社会化大众旅游。喷气式推进技术在民航中的运用可以作为现代旅游业产生的标志。现代旅游的发展有以下特点:

1.1.5.1 普及性

普及性也称大众旅游,大众旅游一词有双重含义:①它是指大众化旅游或旅游活动的大众化,即旅游活动参加者的范围已扩展到普通的劳动大众;②是指大众型旅游,即现代旅游活动的大规模开展所形成的以有组织的团体包价旅游方式为代表的大众旅游模式或旅游活动开展形式。随着 20 世纪 60 年代大众旅游逐渐普及,形成了广大民众中占支配地位的旅游活动开展形式。

1.1.5.2 持续性

就整个世界范围来说,旅游活动的增长趋势具有持续性。国际游客数量持续增长:1950 年全球国际游客数量 2 500 万人次,到 1980 年已经增长至 2.78 亿人次,2000 年达到 6.74 亿人次,2015 年国际游客已经增长至 11.86 亿人次。全球旅游收入不断增长:1950 年国际旅游业收入 20 亿美元,1980 年已经增长至 1 040 亿美元,2000 年增长至 4950 亿美元,2015 年达到 1.26 万亿美元。

1.1.5.3 地理集中性

现代旅游者的活动范围可以说是无处不在,但是他们的旅游活动并非平均分散于世界各地,而是往往集中到某些地区或国家,甚至相对集中于某些区域乃至某些景点。例如,在全世界的国际旅游活动总人次中,到欧洲地区旅游的人次最多,其次是美洲和东亚太平洋地区。

旅游活动的地理集中性不仅反映在全世界国际旅游活动的地区发布根据上,具体到某个国家,旅游活动在该国各省及各城市之间的分布情况也呈现出这一特点。比如,需求较大的线路和游客数量比较集中的地区便形成了所谓的旅游热线和旅游热点。在热点和冷点城市或地区之间的接待量的差别,反映出了旅游活动的地理集中性。

1.1.5.4 季节性

现代旅游活动的开展不仅在空间分布上具有地理集中性,而且在时间分布上也具有集中特点,这就是旅游活动的季节性。

气候条件的限制,使得不同的景区在不同时间有不同的季节性;节假日的影响,旅游者自身工作、学习、休息的时间可能呈现某种规律性(带薪假期)——这两者的结合自然就形成了旅游者出游的时间有一定程度上的集中性分布。对于旅游地来说,旅游客流的发生时间自然就会大不相同(例如到阿尔卑斯山滑雪的旅游流,发生时间在入冬以后;到我国北方海滨度假胜地北戴河旅游的游客,却不能在这个时间出行)。

1.2 世界的旅游区

世界旅游组织(UNWTO)根据世界各地旅游发展情况和客源集中程度将世界旅游市场分为六大旅游市场,即欧洲、美洲、东亚和太平洋地区、南亚、非洲、中东。

1.2.1 欧洲地区

1.2.1.1 世界上最大的旅游区

欧洲为资本主义发源地,人文旅游资源非常丰富。其中地中海沿岸是世界开发最早、最发达的海滨度假旅游地。2015年该地区接待国际游客6.08亿人次,占全世界总量的约51%;2015年该地区国际旅游业收入4510亿美元,占全世界总量的36%。2005—2015年该地区接待国际游客年均增长率为3%。

1.2.1.2 世界最大旅游客源区

2015年国际旅游开支最多的10个国家中,欧洲地区占5个,分别是德国、英国、法国、俄罗斯、意大利。2015年欧洲地区来华旅游者人数达489.14万人次,占全年入境外国游客人数的18.8%。我国2015年15个主要旅游客源国中,欧洲地区占有4个,分别是俄罗斯、德国、英国、法国。

1.2.2 东亚及太平洋地区

该地区是近30年来世界旅游业发展最快的地区。2005—2015年该地区接待国际游客年均增长率为6.1%。目前该地区已经超过美洲成为世界第二大旅游接待区和旅游客源区。2015年该地区接待国际游客2.79亿人次,约占全世界总量的24%;2015年该地区国际旅游业收入4180亿美元,占全世界总量的33%。

1.2.2.1 东亚区

该地区国家:主要有中国、朝鲜、韩国、日本等,是世界上人口最多的地区。
资源:以温带、亚热带季风气候为主,自然旅游资源方面温带、亚热带森林景观占优势。文化方面以儒家文化为主,深刻影响人们的思想观念;同时受佛教文化影响较大,文化方面反映佛教等宗教内容的建筑、石刻等人文景观占较大优势。

1.2.2.2 东南亚

该地区国家:主要有缅甸、泰国、柬埔寨、老挝、越南、马来西亚、印度尼西亚、菲律宾。
资源:以热带季风气候和热带雨林气候为主,热带森林自然景观占优势。文化方面中南半岛信仰佛教,马来半岛及马来群岛信仰伊斯兰教,菲律宾信仰天主教。

1.2.2.3 太平洋地区

该地区国家:主要有澳大利亚、新西兰及太平洋群岛国家。

资源:自然资源方面属于热带、亚热带风光,多火山岛和珊瑚岛;居民多欧洲移民,文化属于西方文化区,80%的人信仰基督教。

该地区为中国主要的旅游客源地区,2015年该地区来华旅游达1 662万人次,占来华旅游总人数的近64%。该地区有8个国家进入我国2015年十五大客源国,分别是韩国、日本、马来西亚、蒙古、菲律宾、新加坡、印度和印尼。其中韩国和日本分别是中国前两大客源国。

1992年中韩两国建交后,韩国来华旅游人数一直保持高速增长的态势,目前是中国最大的旅游客源国,2015年来华旅游人数达到444.44万人次。韩国游客商务型多,访问地点多集中在东北、山东地区和沿海城市。

日本作为世界上第三大经济强国,亚洲第二大经济强国,生活水平高,带薪假期长,又有强烈的旅游意识,是亚洲最大的旅游客源国之一,是中国第二大客源国,近年来,来华游客常年保持在200万人次以上,2015年来华人数近249.77万人次。

1.2.3 美洲地区

1.2.3.1 世界第三大旅游接待区

(1)旅游资源丰富

美国名胜古迹虽然不多,但当地政府很会开发旅游资源,一是充分利用自然风光,如世界闻名的大峡谷和国家公园;二是制造了许多人造景观,像世界闻名的迪士尼乐园、环球影城等;三是开放了像总统的白宫、国会山、众参两院、宇航馆、联邦调查局、制币厂等比较特殊的参观点。加拿大的情况和美国相似。墨西哥由于是文明古国,又有美丽的海滩、神奇的印第安文化、古代金字塔、宫殿遗址和巨幅壁画,每年吸引数百万外国游客。

(2)旅游人次

2015年该地区接待国际游客1.93亿人次,约占全世界总量的16%;2015年该地区国际旅游业收入3040亿美元,占全世界总量的24%。美国国内旅游更为兴旺,两亿多人口的国家,每年都有10亿多人次在国内旅游。

1.2.3.2 世界第三大旅游客源输出区

该区为世界旅游市场提供大约20%的客源。还有世界上最大的旅游客源输出国——美国,2015年有7 350万人次到国外旅游。

中国的历史文化、建设成就、生活方式,对美国人有巨大的吸引力和神秘感。美国权威的市场研究机构的抽样调查表明,在未来最受美国人欢迎的旅游目的地中,中国名列榜首。据世界旅游组织(UNWTO)预测,2020年中国将成为世界第一旅游目的地国。目前,世界第一大旅行社美国运通已同中国国旅联合投资,共同开发中国商务旅游国际市场。加拿大是该地区另一个大客源国,2015年有67.98万人来华旅游。中国和美国作为经济总量最大的两个国家,双方都有很强的经济依存,随着双面经济往来的深入,双方互相成为最重要的经济伙伴。从整个市场区来看,美洲市场区多年来一直是我国主要的旅游客源地区,2015年该地区来华旅游人数达到311.53万人次。

1.2.4 南亚区

该地区国家:主要有印度、巴基斯坦、孟加拉国、斯里兰卡、马尔代夫、尼泊尔、不丹等。

资源:典型的热带气候及热带季风林景观;佛教发源地,世界古代文明发源地之一。

1.2.5 中东区

位置:"三洲五海(中东地处亚、非、欧三大洲的交界地带;地中海、红海、阿拉伯海、黑海、里海)之地"。

国家:主要有伊朗、伊拉克、沙特阿拉伯等。

资源:气候炎热干燥,属于荒漠、半荒漠景观。文化方面,是伊斯兰教、基督教、犹太教发源地,主要属于伊斯兰教文化。

1.2.6 非洲地区

该地区国家:主要指非洲国家。

资源:以高原为主的热带干燥大陆,自然景观以赤道为中轴呈南北对称分布,资源丰富,有"世界自然资源博物馆"之称。属于非洲文化区,人口以黑人为主。

1.3 中国的旅游业

中国是具有5000多年历史的文明古国,也是世界上旅行游览活动兴起最早的国家之一。

1.3.1 近代中国旅游发展的特点

1.3.1.1 近代中国旅游活动局部存在,未形成产业

(1)与帝国主义的殖民侵略活动紧密联系,西方的商人、传教士、学者和一些冒险家来到中国,在一些通商口岸和风景名胜地区巧取豪夺,建造房舍,供其经商、传教、游览和休憩之用。

(2)旧中国政府与西方列强建立外交关系,向西方各国派驻使节,不少外交官员考察异域,游历甚为广泛。

(3)不少人出国出卖劳动力,其中也有一些人在谋生之余顺道游览观赏。

(4)为学习西方的科技知识,不少青少年漂洋过海到国外留学,尤其是19世纪70年代洋务运动时期,出现"留学热潮",许多人得以游学欧美。

1.3.1.2　旅游业及相关行业有一定发展

(1)旅行社

1923年,上海商业储蓄银行成立旅行部,即中国旅行社,这是中国第一家旅行社。1927年,更名为中国旅行社。

(2)交通

铁路是近代旅游的主要交通工具,中国从1876年起建设了胶济铁路、滇越铁路、广九铁路、中东铁路。近代中国的内河航运、远洋航运、公路运输和民用航空对旅游和旅游业的发展也提供了一定的条件。

(3)旅游住宿

近代旅馆从清代末期开始发展,有外资经营的西式旅馆,民族资本经营的中西式旅馆,铁路沿线的招商旅馆以及公寓等。

西式旅馆:是指清末英、美、法等外国资本侵入中国后,按照西方建筑、设备、装修、经营方式等建造并经营的旅馆,大多建于帝国主义列强在中国的租借地或势力范围之内,其中上海最多,如法国卢夫勒式的皇宫饭店、德国恺撒式的德华饭店、美国斯塔特勒式的美国饭店、英国皇家式的维多利亚饭店等。

中西式旅馆:是中国民族资本向旅馆业投资兴建的半中半西风格的新式旅馆,既接受了西方旅馆的某些影响,又继承了中国的历史传统,其建筑形式多为庭园式或园林式,如北京1912年的长安春饭店,1918年的东方饭店,1922年的中央饭店,天津1923年的国民饭店,上海的中央饭店、大中华饭店、扬子饭店、国际饭店。

招商客栈:1912年以后随铁路兴建而发展起来的。据有关部门统计,1934年重要铁路线上见于记载的旅馆和客栈有1 000多家,主要接待过往旅行者和客商。

会馆和公寓在中国出现较早。汉代京师已有外地同郡人的邸舍。公寓与旅馆相似,不同之处是接待对象以居住较长时间的旅客为多,房租收取也多以月计。

近代中国旅游发展的特点:①中外联系加强,来华旅行的外国人和出国旅行的中国人数都大大增加。西方来华旅游大多与帝国主义殖民侵略活动联系在一起,中国人出国旅行大多和洋务、留学联系在一起。②产生了专门为旅行服务的机构和组织。1923年8月,中国第一家旅行社前身——上海商业储蓄银行旅行部成立,1927年6月更名为中国旅行社。

1.3.2　现代中国的旅游(新中国成立后)

1.3.2.1　新中国成立至1978年改革开放之前:外事接待阶段

这一阶段旅游接待多为单纯政治接待,不计成本,不讲效益,因此,此时旅游业还是

事业,不是产业。主要大事:

(1)两大旅行社系统成立

一是1954年成立的中国国际旅行社总社及其分、支社,二是1957年由各地的华侨服务社组建而成的华侨旅行社(1974年改名为中国旅行社)总社及其分、支社(1980年成立的中国青年旅行社系统,共为旅行社三大系统)。前者负责接待外国自费旅游者,由国务院及地方政府的外事办公室领导;后者负责接待海外华侨、外籍华人、港澳及台湾同胞,属于政府的侨务系统。体制方面名义上定为"国营企业",实际运作中都是行政或事业单位而不是企业(1979年以前政府办旅行社主要是为了争取外国人和华侨来访,使他们更好地了解、同情和支持新中国,以扩大中国的对外影响,属于友好接待性质。那时对旅行社的要求主要是取得接待工作的政治效果而不是经济效益;主要根据政治条件选择接待对象,而不是广为招徕;旅行社的体制也是行政或事业单位而不是企业)。

(2)中国旅行游览事业管理局成立

1964年,中国旅行游览事业管理局成立,其直接意义是中国旅游事业从此有了专门领导机构。1978年改为直属国务院的"中国旅行游览事业管理总局",各省直辖市成立旅游局;1982年改为"中华人民共和国国家旅游局"。

1.3.2.2 改革开放以来:全面振兴时期

(1)1978年至20世纪80年代中期:以接待入境旅游为主阶段

1978年10月至1979年7月,邓小平同志5次专门讲话,要求尽快发展旅游业。邓小平同志指示:"旅游事业大有文章可做,要突出地搞,加快地搞";"搞旅游要把旅馆盖起来。下决心要快,第一批可以找侨资、外资,然后自己发展。"按照邓小平同志指示,国务院成立以主管副总理为首的旅游工作领导小组,各地政府也相继成立领导小组。开放和高层决策人推动了我国旅游业发展的步伐。

但是由于中国旅游设施不完善以及其他因素,此时我国旅游业发展重点是入境旅游(没有采取"先国内,后国外"的常规发展模式,而是优先发展入境旅游)。对国内旅游则实行"不宣传、不提倡、不反对"的方针。

"世界旅游组织"是1975年成立的一个政府间的国际性旅游组织,总部设在西班牙的首都马德里。1983年10月,"世界旅游组织"印度新德里会议一致通过接纳中华人民共和国为正式成员国,这标志着中国旅游业已跨入世界旅游业的行列。

(2)20世纪80年代中期至1997年:入境旅游和国内旅游并行发展阶段

20世纪80年代中期,我国社会经济的发展和人民的生活水平不断提高,国内旅游市场逐步形成。国家有关部门也对国内旅游发展给予重视,提出国家、地方、部门、集体、个人"五个一起上"的方针,形成全社会大办国内旅游业的格局。

1986年,旅游业的接待人数和创汇收入被正式纳入《中华人民共和国经济和社会发展第七个五年计划(1986—1990)》。1991年,《关于国民经济和社会发展十年规划和第八个五年计划纲要》中,正式明确将旅游业的性质定为产业。1995年5月1日起,我国实行周五工作制,即每周有两天的休息日。

(3) 1997年至今：入境旅游、国内旅游和出境旅游全面发展阶段

1999年5月1日，全国实行五一、国庆七天长假制（加上传统春节，被称为三个旅游"黄金周"），大大促进了国内旅游的发展。2008年5月1日，国家法定节假日时间安排调整为：元旦放假1天不变；春节放假3天不变，但放假起始时间由农历年正月初一调整为除夕；"五一"国际劳动节由3天调整为1天，减少2天；"十一"国庆节放假3天不变；清明、端午、中秋增设为国家法定节假日，各放假1天。法定节假日调整方案公布，清明端午中秋各放一天，将形成两个黄金周五个小长假。

1983年11月，作为试点，广东省率先开放本省居民赴香港旅游探亲。1984年，国务院批准开放内地居民赴港澳地区的探亲旅游。1990年，经国务院批准，国家旅游局发布实施了《关于组织中国公民赴东南亚三国旅游的暂行管理办法》，旅游目的地限于新马泰三国，后又增加了菲律宾等。这次批准的只是出国探亲旅游，公民出国旅游所需费用一律自理，采取由海外亲友缴费的办法。1997年7月1日正式实施了《中国公民自费出国旅游管理暂行办法》，标志中国出境旅游市场的形成。

根据国家旅游局近日发布的旅游统计数据，2017年上半年，中国公民出境旅游人数达6203万人次，比2016年同期的5903万人次增长5%。

1.4 中国入境客源市场

1.4.1 我国入境旅游市场的发展和现状

入境旅游是我国旅游业"三大市场"中开发最早、发展最快的市场。从海外客源特点分析，中国包括大陆部分、香港和澳门2个特别行政区及台湾地区。在统计上，香港、澳门和台湾的客源及广大华侨也划归"海外客源"，因此，中国海外客源市场可以分为两大部分，一部分是香港、澳门和台湾同胞及华侨，另一部分是外国人，包括已加入外国国籍的中国人。港澳台同胞及侨胞一直是我国海外旅游客源市场的主力军（见表1-1）。

表1-1 2015年全国接待入境旅游者人数

旅游者	人数（万人次）
入境	13 382.0
外国人	2 598.5
香港同胞	7 944.8
澳门同胞	2 288.8
台湾同胞	549.9

资料来源：国家旅游局数据中心

根据表1-1中的统计数字，外国入境旅游人数所占比重仅为19.4%，而港澳台同胞

的来源区域已经十分明显。由此看出,我国海外客源还有很大潜力。

再者,从海外客源地特点分析,中国的海外入境旅游客源市场按客源地可以划分为亚洲、欧洲、美洲、大洋洲和非洲五大市场。其总体格局是:亚洲和东太平洋区域市场为主体,欧洲和北美洲远程洲际市场为两翼。其中,亚洲市场(不包括港澳台)是我国传统的主要海外客源市场。欧洲和美洲虽然是世界上最主要的客源输出地,但由于地理交通的不便利、历史文化、生活方式、价值观念差距等原因,两大市场在中国所占比重不是太大,非洲始终是中国对外政治、经济、文化交往的重要伙伴,但由于其经济能力有限,每年来华旅客的绝对数量至今尚不到10万人次。其次从海外客源国特点分析,改革开放至今,中国海外客源国市场格局发生了比较大的变化。20世纪80年代前中期,我国主要海外客源国市场的范围和排序相对比较稳定,20世纪80年代后期到90年代前期,市场范围和排序的变动比较频繁,1995年之后市场格局又逐渐趋于稳定(见表1-2)。

表1-2　2015年我国前15位的客源国

位次	国别	人数(万人次)
1	韩国(亚洲)	444.44
2	日本(亚洲)	249.77
3	美国(美洲)	208.58
4	俄罗斯(欧洲)	158.23
5	马来西亚(亚洲)	107.55
6	蒙古(亚洲)	101.41
7	菲律宾(亚洲)	100.40
8	新加坡(亚洲)	90.53
9	印度(亚洲)	73.05
10	加拿大(美洲)	67.98
11	澳大利亚(大洋洲)	63.73
12	德国(欧洲)	62.34
13	英国(欧洲)	57.96
14	印尼(亚洲)	54.48
15	法国(欧洲)	48.69

资料来源:国家旅游局数据中心

表1-2统计数字表明,在我国前15位的客源国中,有8个亚洲国家,2个美洲国家,4个欧洲国家,1个大洋洲国家。由此看来入境旅游人数最多的还是我们周边国家。从地域分布来看,8个亚洲国家和澳大利亚分布在中国的北、东、南3个方向,形成一个半环状的客源市场,这个半环状的客源市场占到全部海外客源市场的70%左右,是中国海外客源市场的核心。韩国、日本和俄罗斯是我国三大主要旅游客源国。

来华旅游市场按规模大小排列依次为亚洲、欧洲、美洲、大洋洲和非洲市场。同20世纪80年代的情况相比,欧洲市场由原来的第三位进至现在的第二位。出现这种变化的主要原因是:随着我国改革开放的深入发展和国际地位的提高,欧洲来华旅游者数量稳步增长。这表现在传统的西欧来华旅游市场中的英、德、法、意大利也都有了显著的增长。

世界经济全球化和区域化正在成为决定世界经济发展状况和未来趋势的重要因素,决定了旅游业将进入新的发展时期。中国经济文化和社会发展将会达到一个新的水平,人民大众对旅游需求将会进一步增强。以加强世界人们的了解与交流、促进和平发展为己任的旅游业,在世界、在中国都将有新的发展。中国旅游业发展水平将会提高,达到一个新的高度,海外客源市场进一步拓展,进入全方位、多样化的新阶段。

1.4.2 我国旅游业的主要海外客源市场

我国旅游业的主要海外客源市场根据距离可分为近程市场、远程市场。

近程市场包括:①港、澳、台地区市场;②日本市场;③韩国市场;④俄罗斯市场;⑤东盟市场;⑥澳大利亚市场;⑦中东市场。

远程市场包括:

(1)北美市场

北美地区的人口规模、富裕程度、教育水平和城市化程度等条件决定了该地区是世界上国际旅游的重要客源地。主要客源是美国、加拿大。

(2)西欧市场

西欧地区是全世界最主要的国际客源市场之一,其中尤以德国、英国、法国最为重要。

1.4.3 我国海外市场的发展

1.4.3.1 我国扩展海外市场存在的问题

改革开放以来,特别是近20年的时间,我国旅游业在开拓和巩固国际客源市场方面取得了令人瞩目的成绩。在国际游客接待量方面,2015年我国已经是世界第四大旅游接待国;国际旅游收入世界第2位,达1141亿美元。但是我们也充分认识到,我国旅游业的高速发展在一定程度上是在起步较低基础上发展的必然表现。旅游业是一个市场导向的行业,也是一个国际上竞争激烈的行业。在旅游业已经进入买方市场的今天,我们必须对我国旅游业在国际客源市场竞争中的不利因素有一个清醒的认识。

(1)地理位置远,交通成本高

我国的地理位置距世界大多数主要客源产生地比较远,交通运输费用昂贵。除韩国外,其余9个主要客源国既非邻国关系,也无陆地相连。北美游客来华旅游的国际往返交通费用约占旅游全程费用的40%,欧洲各主要客源国与中国之间的距离平均也在1.2

万千米左右。在出现经济危机和运输价格上涨的情况下,首先受到打击的便是距离客源国较远的旅游目的地。

(2)周边国家和地区旅游业的激烈竞争

我国旅游业所处的区域性国际环境为东亚和太平洋地区,这一地区内各主要旅游目的地所面对的国际客源市场有着惊人的共同性。这些国家旅游业比我国旅游业起步早,在从业经验、服务质量、交通运输和产品价格方面有着一定的优势,例如,在竞争日本客源市场方面,韩国、新加坡、菲律宾、泰国等周边国家都是我国内地旅游业的有力竞争对手。

(3)我国旅游产品的开发和质量问题

旅游营销工作是以旅游产品随时适应市场需要为基础的。如果产品保守不能迎合并满足市场的需求,那么无论怎样强化销售工作也难以获得成效。长期以来,我国入境旅游市场的经营一直依赖于接待团体观光旅游。这种产品类型上的单一化已落后于国际旅游潮流的变化。此外,我国旅游产品在质量方面仍存在着不少一直没有得到完全解决的问题,例如:清洁卫生条件差;旅行日程和交通安排变化多;接待散客旅游的条件不足;等等。

(4)市场宣传和海外促销工作仍有待改进

近些年来,我国旅游业的对外宣传和海外促销工作已有较大的发展。但同竞争者相比,我国旅游业的对外宣传和海外促销工作仍存在很多问题。问题主要表现在营销经费不足;营销和促销技术尚需改进和提高。

1.4.3.2 我国海外市场扩展的对策

根据对中国海外入境旅游市场格局的分析和预测,提出以下几点建议。

第一,开发多元市场,把中国旅游进一步推向世界。既要巩固客源量大的高级市场,又要培育客源量小的低级市场,而且还要注意开拓随机性市场;既要进一步开发日、韩、东南亚市场,又要发展欧美市场,既要不断扩大美、日、欧等发达国家的旅游客源,又要有意识地吸引非洲、拉丁美洲等发展中国家的旅游客源。

第二,树立兼具中华民族特色、东方文明色彩和国际流行元素的旅游形象。中国是一个具有自己特色文明的国家,这本身就是一项无形的旅游财富,更充分更准确地展现中华文明和东方神韵是开发海外入境旅游的关键所在。同时还要注重国际旅游流行元素的引进,并把它们融入中国的传统文化中,形成具有中国特色的旅游形象。

第三,深化旅游企业改革,提高市场竞争力。全球化浪潮袭遍各行各业,旅游业自然也不例外,海外入境旅游市场发展如何不仅取决于中国旅游资源在全球的竞争力,还取决于中国旅游企业在全球的竞争力。现代企业制度的建立,先进经营管理体系的建立,多向、多元、多形式的国际合作,是提高企业竞争力的必然措施。

第四,鼓励旅游创新,加强促销宣传。旅游是一种体验性活动,只有依托现有旅游资源不断开发新的旅游产品,推出新的旅游品种,如生态旅游、探险旅游、商务旅游、主题旅游等,并对各种旅游产品进行内部组合优化,才能使旅游的发展具有持续性。同时不失时机地加强海外促销,扩大在海外旅游客源市场中的影响力和知名度。

本章小结

作为一种产业,旅游业是在近代才产生的。第二次世界大战以后,世界旅游业迅猛发展,已成为世界第一大产业,对社会经济发展已产生了重大的影响。随着世界经济格局的变化,世界旅游重心由传统市场向新兴市场转移的速度也在加快,亚太、中东和非洲地区在全球旅游市场中的比例将有所上升,尤其是东亚和太平洋地区,国际旅游增长率高于世界平均水平,而欧洲和美洲地区的比例继续下降,世界旅游市场已经形成欧洲、美洲和亚太地区三足鼎立的格局,而非洲、中东和南亚旅游发展潜力巨大。但受限于地区政局不稳定和经济整体发展水平滞后,仍然面对很大的不确定性。

复习思考题

1. 简述世界旅游客源市场的发展前景。
2. 亚太地区旅游业的主要任务是什么?

案例分析

近年来,一些国家和世界著名都市对发展旅游业的重视程度引人注目。例如,日本2003年就提出要"旅游立国";韩国政府要求实现全民旅游职业化、全国国土旅游资源化、所有旅游设施国际标准化。中国旅游业正在进入国家战略体系,并将迎来一个黄金发展期。2016年全年,大众旅游时代的市场基础更加厚实,产业投资和创新更加活跃,经济社会效应更加明显,旅游业成为"稳增长、调结构、惠民生"的重要力量:国内旅游44.4亿人次,比上年同期增长11%;入出境旅游2.6亿人次,增长3.9%;全年实现旅游总收入4.69万亿元,增长13.6%。

结合上述案例,谈谈中国旅游业快速发展的原因。

参考书目

[1] 金丽娟.旅游客源国概况[M].北京:北京大学出版社,2015.
[2] 舒惠芳.旅游客源国(地区)概况[M].北京:机械工业出版社,2008.
[3] 王志民,凌丽琴.旅游客源国[M].北京:国防工业出版社,2012.
[4] 蔡杰.旅游客源国概况[M].成都:西南财经大学出版社,2011.

2

亚洲客源国

教学目标

通过本章的学习,掌握一些有关亚洲国家的基础知识。重点掌握这些国家的习俗与主要旅游地,理解东南亚国家与中国的文化联系。

导入案例

富士山作为日本的象征之一,在全球享有盛誉,也经常被称作"芙蓉峰"或"富岳"以及"不二的高岭"。自古以来,这座山的名字就经常在日本的传统诗歌《和歌》中出现。富士名称源于虾夷语,现意为"永生",原发音来自日本少数民族阿伊努族的语言,意思是"火之山"或"火神"。山体呈优美的圆锥形,闻名于世,是日本的神圣象征。现在,富士山被日本人民誉为"圣岳"。富士山山体高耸入云,山巅白雪皑皑,放眼望去,好似一把悬空倒挂的扇子,因此也有"玉扇"之称。

思考:结合本章知识,谈谈你对日本旅游资源的认识。

2.1 日本

2.1.1 日本自然环境

日本位于亚欧大陆东部、太平洋西北部,由数千个岛屿组成,众列岛呈弧形。日本东部和南部为一望无际的太平洋,西临日本海、东海,北接鄂霍次克海,隔海分别和朝鲜、韩国、中国、俄罗斯、菲律宾等国相望。日本北海道有世界最著名的渔场之一——北海道渔场,其成因是缘于千岛寒流与日本暖流的交汇。

日本位于环太平洋火山地震带,全球有十分之一的火山在日本,国内时常发生火山活动。日本包括北海道、本州、四国、九州 4 个大岛和其他 6 800 多个小岛屿。

日本的总面积为377 835平方千米,其中土地面积37万多平方千米,水域面积3 091平方千米,领海面积310 000平方千米。日本是世界上填海造地最多的国家,其填海造地的面积多达1,600平方千米。

日本境内多山,山地成脊状分布于日本的中央,将日本的国土分割为太平洋一侧和日本海一侧,山地和丘陵占总面积的71%,国土森林覆盖率高达67%。富士山是日本的最高峰,海拔3 776米,被日本人尊称为圣岳。

日本的平原主要分布在河流的下游近海一带,多为冲积平原,规模较小,较大的平原有关东平原、石狩平原、越后平原、浓尾平原、十胜平原等。日本平原面积狭小,耕地十分有限。日本境内河流流程短,水能资源丰富,最长的信浓川长约367千米;最大的湖泊是琵琶湖,面积672.8平方千米。

日本的河流大多发源于中部山地,向东西两侧流入太平洋和日本海。由于日本东西狭窄,加之山势陡峭,河流多短而急促。在梅雨和台风季节,水量增大,容易形成洪水。为此,日本修筑了大量的堤防和水库,用于防洪。河水广泛用于生活用水、农业和工业用水、水力发电。

日本海岸线全长33 889千米。由于是一个岛国,因此其海岸线十分复杂。西部日本海一侧多悬崖峭壁,港口稀少,东部太平洋一侧多入海口,形成许多天然良港。

在东部太平洋一侧自南向北均被日本暖流(黑潮)环绕、东北部形成千岛寒流(亲潮),西部日本海一侧是对马暖流和里曼寒流。在寒流和暖流交汇处,鱼类资源丰富,成为天然渔场。

由于地处海洋的包围之中,日本属温带海洋性季风气候,终年温和湿润,冬无严寒,夏无酷暑。夏秋两季多台风,6月份多梅雨。1月平均气温北部-6℃,南部16℃;7月北部17℃,南部28℃。年降水量700毫米~3500毫米,最高达4 000毫米以上。

2.1.2 日本社会概况

2.1.2.1 人文概况

日本总人口约为1.28亿人(2015年)。日本的民族构成比较简单,但并不是单一民族国家,大约98%是大和族,另外约有200万的琉球人、3万的阿伊努族、30多万的日籍朝鲜族、10万左右的日籍汉族等。除了日本人以外还有200万外国人合法居住在日本,包括60万朝鲜、韩国人,50万中国人等。此外在社会上还有一群居于少数的弱势群体,被称为部落民(部落民在血统上属于大和民族)。

(1)国旗:日章旗,亦称太阳旗,呈长方形,长与宽之比为3∶2(也就是标准国旗的长度尺寸)。旗面为白色,正中有一轮红日。白色衬底象征纯洁,红日居中象征忠诚。日章旗是明治3年(1869年3月9日)由太政官刘聚枫颁布制定的。

(2)国徽:圆形,绘有16瓣黄色的菊花瓣图案。菊花图案也是皇室御纹章上的图案。

(3)国花:樱花。

(4)国鸟:绿雉。

(5)国石:水晶。

(6)首都:东京。

知识链接

阿伊努族

亚洲东部日本国的蛮夷。古文献亦称"虾夷"。主要分布在北海道。"阿伊努"一词,在该族语言中是"人"的意思。旧石器时代末期或新石器时代早期曾广泛分布于日本列岛。18世纪以前在坎察加,20世纪以前在库页岛南部、千岛群岛,本州北部也有分布,后被迫退缩至现在住地。在17至18世纪,阿伊努族大部被消灭,人口逐渐减少,现仅存2.4万人。属于蒙古人种和欧罗巴人种混合类型。身材比大和族稍矮,肤色淡褐,头发黑色呈波状,有着欧罗巴人种的面孔,体毛发达。多年来与大和族通婚,纯血统后裔逐年减少。使用阿伊努语,系属不详。分口语、雅语。有用雅语传述的民间故事和叙事诗,现仅在老年中流传。一般中、青年人皆通日语。信仰万物有灵和多神,崇拜祖先。以前,每年皆举行隆重的"熊祭"和"鲑祭"。妇女多于口部周围、前腕和手背文身。长期从事渔猎,近年大多转事农耕。古时曾以鸟羽、兽皮、鱼皮制衣;以鸟兽鱼肉为主食。擅长制作和驾驶独木舟。有独特的木架茅屋。现在的衣食住行,已与大和族无别。

(资料来源于网络)

2.1.2.2 简史

(1)移民史

考古研究发现,在数十万年前来自中国东北的原始人类进入朝鲜半岛上居住,一些又迁徙到日本。考古学和人类学观点认为日本国民主要是由东北亚通古斯语族人、古代中原人、少量长江下游的吴越人、少量马来人以及中南半岛的印支人逐渐迁移到日本融合衍变而来。中日两国考古学、人类学和医学专家联合组成的中日人骨共同调查团多次证实了以上的结论。还有一条移民路线是从中国东部直接跨海到日本。日本原来是没有文字的,所以一直使用中国的汉字。

(2)国名史

日本列岛上在4世纪后才出现国家,之前只有部落,日本列岛原来并不叫日本。在古代日本神话中,日本人称其为"八大洲""八大岛国"等。据《汉书》《后汉书》记载,我国古代称日本为"倭"或"倭国"。公元5世纪,日本统一后,国名定为大和。因为古代日本人崇尚太阳神,所以将太阳视为本国的图腾。

"日本"一称至公元7世纪末才在中国出现。《旧唐书》记载日本人由于不喜欢"倭国"的名称,因此将国家的名字改作"日本"。而在公元8世纪的《史记正义》中又有另一

说法,指武则天命令日本将国名改作"日本"。

直到7世纪后半叶,日本遣唐史将其国名改为日本,意为"太阳升起的地方",其后沿用,成为日本的正式国名,因此日本有时也被称为日之国。《新唐书·日本传》中有记载:咸亨元年(670年),倭国遣使入唐,此时倭国已"稍习夏言,恶倭名,更号日本。使者自言,因近日出,以为名"。此外,在汉语中,"扶桑""东瀛"也是日本国名的别称。

(3)部落史

约公元2世纪,日本各地有100多个部落(其中有的与东汉建立了关系)。

到了公元4世纪,在关西地方建立了比较大的国家,据说最终将它们统一起来的是当今天皇族的祖先。当时,日本国范围仅包括本州西部、九州北部及四国。

经过一千多年,日本列岛上在4世纪后才出现比较统一的国家,所以很难对日本国诞生的确实年代做出准确的判定。据日本传说《古事记》和《日本书纪》,第一代天皇——神武天皇于公元前660年建国并即位,圣德太子以推古九年(601)为起点再往上推第21轮的辛酉年为日本建国之年。规定该年的阴历一月一日为神武天皇登极之日(阳历为2月21日)。按照这种推算法,公元1990年是皇纪2649年。结果把皇统向前多推算了大约一千年。在这一千年的空白中人为地安插了10位虚构的天皇。圣德太子按照这种逻辑编修了日本史。后人便加以沿用至今。

(4)时代史

飞鸟时代 飞鸟时代约始于公元600年,止于迁都平城京的710年,上承古坟时代,下启奈良时代。此期以政治中心为奈良县的飞鸟地方(即当时的藤原京)而得名,较为重大的事件有圣德太子改革、大化改新等。

7世纪,圣德太子致力于政治革新,并以"大化改新"为契机,着手建立一个以天皇为中心的中央集权国家。这个做法仿效了隋、唐,而且此时更加积极地摄取中国大陆文化。至9世纪末期先后共派出10多次遣隋使和遣唐使。

武烈天皇去世后,缺乏皇位继承人,大伴金村从越前迎来男大迹王继承皇位,他就是继体天皇。当时,在朝鲜半岛,新罗、高句丽的势力扩张,威胁百济,并使日本在朝鲜南部任那发展势力的半岛经营策略陷于窘境,另一方面,导致大批中国大陆移民的流入。

6世纪初,在朝廷中握有实权的大伴氏曾因主张把任那四县割让给百济而受到攻击,从而失去政治势力,物部氏和苏我氏取而代之。587年,用明天皇(585—587)死后,以皇位继承问题为契机,苏我稻目之子苏我马子和物部尾舆之子物部守屋之间展开了殊死搏斗。最终,马子讨灭守屋取得胜利,物部氏灭亡。打败物部氏之后,苏我马子立泊濑部皇子为天皇,即崇峻天皇(587—592)。后来世人因厩户皇子聪慧,治政英明,称其为圣德太子。

圣德太子系用明天皇嫡子,《日本书纪》称他"生而能言,及壮有圣智,一闻十人诉,以勿失能辩",具有能吏的素质,自幼受到中国大陆思想文化的熏陶。

平安时代 8世纪末,日本把都城移至平安京(现在的京都市),试图重建律令体制。但由于公地公民制的崩溃,国家陷入了财政危机。894年派出最后一批遣唐使后便告终止,就此不再大量摄取中国大陆文化。

平安时代以中国文化为特色。9世纪时受唐朝影响,密教和汉学方面的弘仁、贞观文化还十分繁荣。但是10世纪后与中国大陆的直接交流断绝后,便产生了日本独特的贵族文化。其代表有第一部敕撰和歌集《古今和歌集》(10世纪初)、世界上最古老的长篇小说《源氏物语》(11世纪初)、随笔《枕草子》(公元1000年前后)等一批文艺作品。

幕府时代(1192—1852) 在12世纪,日本形成了称霸关西的平氏和称霸关东的源氏两大势力集团。1167年,平氏集团首领平清盛任太政大臣,从此武士开始掌握实权。源氏和平氏两大集团在1180年与1185年爆发两次战乱。此后,各武士集团之间争斗不断,先后出现了镰仓幕府、足利幕府和德川幕府统治的时代。其间日本爆发多次大规模的农民起义,并多次对外征战,使得这一时期的日本政治混乱,内忧外患频发。

明治维新(1852—1912) 1853年,美国海军准将马休·佩里率领舰队进入江户湾岸的浦贺,要求与德川幕府谈判,史称"黑船事件"。许多日本人在黑船叩关后觉醒,力图推翻幕府统治,建立一个新的政权。明治维新就是在日本19世纪进行的一次政治革命,它推翻了德川幕府的统治,在政治、经济和社会等方面实行大改革,促进了日本的现代化和西方化。到20世纪初,明治维新的目标基本上已经完成,日本成为亚洲强国、东方唯一的帝国主义列强。

大正、昭和时代(1912—1989) 大正天皇被称为"不幸的大正"。大正天皇在位15年,为脑病所困,最后被迫让权疗养,由裕仁亲王摄政。1926年,裕仁登基,年号"昭和",即昭和天皇。昭和时代前20年,对于中国、朝鲜、东南亚及太平洋地区的人民来说,是黑暗的20年。这时的日本政府致力于侵略扩张。1931年(昭和6年),"九一八事变"爆发,日军侵占中国东北。1937年(昭和12年)7月7日,日军挑起"卢沟桥事变",发动全面侵华战争。1941年(昭和16年),日军偷袭珍珠港,太平洋战争爆发。这一时期,不仅给中国、朝鲜、东南亚及太平洋地区人民带来深重的灾难,也给日本人民带来了痛苦的困难。这是日本历史以及中日关系史上最黑暗的时期。

1945年(昭和20年)8月15日,日军投降。美军单独占领日本,改日本专制天皇制为君主立宪制,天皇作为日本的象征被保留下来。

1972年7月,田中角荣出任日本首相,开始执行"多边自主"外交。同年9月田中访华,于9月29日与周恩来总理签署《中日联合声明》,宣布中日正式建交。1978年8月中日两国缔结中日和平友好条约。1978年10月邓小平副总理应邀访问日本,宣布和平友好条约正式生效。中日两国关系从此趋于正常化。

平成时代 1989年(昭和64年,平成元年),昭和天皇病殁。皇太子明仁即位,改年号为"平成"。20世纪90年代初期,日本泡沫经济崩溃,经济陷入长期不景气阶段。这一时期失业人数攀升,财政赤字庞大,加上奥姆真理教发动的一系列恐怖攻击与阪神大地震,社会陷入不安。2000年后,日本经济稳健复苏,逐渐摆脱了长期低迷的局面,政治方面则因多方面原因频换首相。

2.1.2.3 政治

日本为君主立宪国,宪法订明"主权在民",而天皇则为"日本国及人民团结的象征"。如同世界上多数君主立宪制度,天皇没有政治实权,但备受民众敬重。日本是世界上唯一一个宪法没有赋予君主任何权力的君主制国家。

日本政治体制三权分立：立法权归两院制国会；司法权归裁判所，即法院；行政权归内阁、地方公共团体及中央省厅。

宪法规定国家最高权力机构为国会，现行《日本国宪法》于1947年5月3日实施。宪法规定，国家实行以立法、司法和行政三权分立为基础的议会内阁制；天皇为日本国和日本国民总体的象征，无权参与国政；"永远放弃把利用国家权力发动战争、武力威胁或行使武力作为解决国际争端的手段，为达此目的，日本不保持陆、海、空军及其他战争力量，不承认国家的交战权"（第9条）。宪法规定国家最高权力机构为国会。日本实行两院制度，众议院有480席，参议院有242席。选民为20岁以上的国民。众议院议员任期为4年，但事实上经常中途解散，鲜有做满4年任期的情况。参议院议员任期为6年，每3年改选一半。从1955年起，原称保守合同的自由民主党（自民党）一直长期执政，只在1993年至1996年期间成为在野党，1996年后再度执政至今。日本的在野党主要包括民主党、共产党、社民党等。

2.1.2.4 经济

战后日本经济之所以能够高速发展，是其固有基础、特殊条件和机遇等多种主客观原因、国内外各方面原因共同起作用的结果。日本充分利用被美国独占和美国将大量加工制造业搬进日本之机，大力吸收美国的资金，学习、借鉴美国的先进工艺、科技和管理经验，并加强仿制、模仿和创新工作，使日本成为世界上对外国技术、工艺消化、吸收力最强的国家之一。战后日本仅用了20多年时间，就先后赶上并超过法国、英国和联邦德国。日本1950—1975年共引进了25 000多项技术，并用不到30年时间、花了仅60亿美元左右，就把美国等西方国家用了半个多世纪、花了2000多亿美元的研究成果学到手。

日本经济高度发达，国民拥有很高的生活水平。人均国内生产总值39731美元，是世界第17位。若以购买力平价计算，国内生产总值位居世界第3位（次于美国和中国），人均国内生产总值是世界第23位。2016年年末，日本在海外的纯资产达2.8万亿美元，也是世界最大。

日本的服务业，特别是银行业、金融业、航运业、保险业以及商业服务业占GDP最大比重，而且处于世界领导地位，首都东京不仅是全国第一大城市和经济中心，更是世界数一数二的金融、航运和服务中心。自第二次世界大战后，日本的制造业得到迅速发展，尤其电子产业和汽车制造业。日本三菱是世界上仅次于美国通用的超级企业财阀，2007年仅在二菱旗下的世界五百强企业就达到了11家。日本的电子产业和高科技著名制造商包括索尼、松下、佳能、夏普、东芝、日立等公司。汽车业方面，日本公司的汽车生产量超越美国和德国，是全球最大的汽车生产国。其中丰田、马自达、本田和日产等制造商，均有出产汽车行销全球。日本拥有世界资产最庞大的银行邮储银行，三菱金融集团、瑞穗金融集团和三井住友金融集团在世界金融界占有举足轻重的地位。

日本只有12%土地是可耕地，为了弥补此缺点，日本使用系统化耕作零碎地，这使得日本有世界最高的精密农业成果，也就是单位土地产量世界第一，达到粮食自给率50%只用了56600.16亩农地。农业在日本是高补助与保护产业，鼓励小规模耕作，而不是美国的大规模耕作，尤其稻米是高保护产业，定了超高490%关税阻挡外国米。日本是世界第二大渔业国,于1989年还曾创下1190万吨渔获。1973年能源危机后,深海鱼在日本不受欢迎,浅海鱼占50%,养殖鱼则占33%以上,最受欢迎的有沙丁鱼、金枪鱼、螃蟹、牡蛎、秋刀鱼、鲔鱼和日本鰤鱼。日本至今依然有世界最大的渔船船队和全球15%的渔获量。

2.1.3 日本节庆与习俗

2.1.3.1 节日

日本节日主要有:元旦、女孩节、樱花节、男孩节、盂兰盆节、七五三节、中秋节、敬老节、镰仓节、乞巧节、除夕等。

(1)元旦

1月1日。按照日本的风俗,要大扫除,并在门口挂草绳,插上橘子(称"注连绳"),门前摆松、竹、梅(称"门松",现已改用画片代替),取意吉利。除夕晚上全家团聚吃过年面,半夜听"除夕钟声"守岁。元旦早上吃年糕汤(称"杂煮")。

(2)女孩节(偶人节,"上巳"或"桃节")

3月3日。这是日本女孩子的节日。这个节日起源很早,要上溯到700年前的平安时代。如今的庆祝方式是从江户时代传下来的。有女孩子的家庭都要供出小巧的偶人(也叫"雏人形"),祝愿家中女孩成长与吉祥。这种小偶人价格昂贵,女孩的父母,尤其是外祖父母,差不多都要为她买一套精美的小偶人。少的摆一层,多的用"偶人架"摆上好几层,最多的可摆七八层,而最上的一层,大多是一个皇帝和一个皇后。女孩从一岁时得到这些小偶人,以后每年3月3日都要拿出来陈列,直到出嫁时带走。

(3)男孩节(端午节)

5月5日。在这一天,有儿子的家庭门前均悬挂着祝男孩子健康成长的"鲤鱼旗"。日本以阳历5月5日作为端午节。端午节与男孩节同日,所以这天家家户户门上还摆菖蒲叶,屋内挂钟馗驱鬼图,吃祛邪的糕团(称"柏饼")或粽子。"菖蒲"和"尚武"谐音,"鲤鱼旗"表示鲤鱼跳龙门。鲤鱼旗是用布或绸做成的空心鲤鱼,分为黑、红和青蓝三种颜色,黑代表父亲、红代表母亲、青蓝代表男孩,青蓝旗的个数代表男孩人数。日本人认为鲤鱼是力量和勇气的象征,表达了父母期望子孙成为勇敢坚强的武士的愿望。根据"尊重儿童的人格,谋求儿童的幸福,同时感谢母亲"的原则,规定这一天为全国公休日。

(4)盂兰盆节

8月15日左右。盂兰盆节是日本民间最大的传统节日,又称"魂祭""灯笼节""佛教万灵会"等,原是追祭祖先、祈祷冥福的日子,现已是家庭团圆、合村欢乐的节日。每到盂兰盆节时,日本各企业均放假7至15天,人们赶回故乡团聚。在小镇和农村生活的人还要穿着夏季的单和服跳盂兰盆舞。

(5)"七五三节"

"七五三"是日本独特的一个节日。每逢11月15日,3岁和5岁的男孩、3岁和7岁的女孩穿上鲜艳的和服去参拜神社,祈愿神灵保佑他们在成长道路上一帆风顺。据说这种习俗始于江户时代中期。这一天,孩子们都要吃"赤豆饭",还要吃专为庆贺"七五三"

而做的红色或白色的棒形糖果"千岁糖",希望孩子吃了可以活泼健壮、长生不老。古时日本人视奇数为吉祥之数,其中"七五三"又是最无忌讳的数字(与之相反,四和九是日本人最忌讳的数字)。

知识链接

相 扑

相扑是日本的国粹,是日本人特别喜欢的一项传统体育运动。相扑运动同富士山一样成为日本的代名词。出类拔萃的相扑手像影视明星一样受到日本国民,尤其是青少年的喜爱和崇拜。

尊称为日本"国技"的相扑,是日本人特别喜欢的一项传统体育运动;比赛时近乎全裸的两个大胖子在直径4.55米的圆形"土表"上,扭在一起,进行角逐。巨人相撞,极富戏剧性。在日本,相扑运动是高雅的事业,运动员要具备纯真、热心、胸怀宽广的素质以及诚实果敢、谦虚的修养。

职业相扑运动员称"力士",力士们身高体胖,膀大腰圆,走起路来一摇一摆,威风凛凛。相扑不以体重分级,大部分力士体重在110~150千克。400年相扑史上最重的力士是来自美国身高1.84米的小锦,他曾是大关级别。相扑史上最年轻的横纲是北之湖敏满,1974年晋升横纲时他才31岁。

相扑运动员分段,最高段是横纲,一年不超过4个。其次是大关,横纲与大关即使在一个场所败北,也能保持原来的等级,但连输两场,大关降级,横纲则退休。再其次是关肋、小结、平幕和十两等级;十两以上称力士。职业相扑手,有不菲的工资收入。相扑另4个等级是:新弟子初赛定为序口,以后按比赛成绩定为序二段、序三段、幕下,这4级都属学员,不发工资。他们升级都以战绩为主。力士的头发可以梳成银杏结,幕下以下只能梳丁字形。相扑手过的是森严的等级制生活,连吃饭、上厕所、洗澡,也要根据等级地位列出严格的前后顺序。

(资料来源于网络)

2.1.3.2 饮食

日本饮食一般可分为主食和副食。米是主食,蔬菜及鱼等为副食。中世纪至明治时期,日本人受到佛教思想的影响,对肉食有所禁忌,所以很少食肉。明治以后,这种禁忌才得以消除。第二次世界大战以后,日本饮食中也普及了面包等面食类。随着经济的发展,以及西方文化的不断渗透,肉类和乳制品等的摄取也大幅增加,再加上速食食品的普及,日本人的饮食生活愈发多样化。

料理的方式主要有煮、炸、烤以及凉拌菜等,同时搭配有味噌汤(酱汤)、腌酱菜(渍物)等。现在的副食之中也有许多西洋料理或中华料理的搭配。中国菜的烹调方法中有若干个带"火"旁的字,如爆、炒、熘、煨、烧、煸、焖等,这些字在日语中是很难找到的。日本料理的特色是生、凉、油脂少、分量少、种类多、颜色好看,而且非常讲究食器的选择。

即色自然、味鲜美、形多样、器精良。

日本料理又称"五味、五色、五法"料理。五味是甘、酸、辛、苦、咸；五色是白、黄、青、赤、黑；五法就是生、煮、烤、炸、蒸，而品尝日本料理的准则在于香、丰、熟、甘、嫩。由于日本菜强调的是卖相和质感，所以每份菜的量通常很少，但原料的素质却无与伦比。他们最讲究的是材料新鲜、刀工讲究和摆放艺术。

（1）生鱼片

日本料理以生鱼片最为著名，它堪称日本菜的代表作。自古以来日本人就有吃生食的习惯。江户时代以前生鱼片主要以鲷鱼、鲆鱼、鲽鱼、鲈鱼等为材料，这些鱼肉都是白色的。明治以后，肉呈红色的金枪鱼、鲣鱼成了生鱼片的上等材料。现在，日本人把贝类、龙虾等切成薄片，也叫"生鱼片"。去掉河豚毒，切成薄片的河豚，是生鱼片中的佼佼者，鲜嫩可口，但价格很贵。吃生鱼片必须以芥末和酱油做佐料。芥末在日语中叫wasabi，是生长在瀑布下或山泉下一种极爱干净的植物（"山葵"），一遇污染就凋萎。山葵像小萝卜，表皮呈黑色，肉质碧绿，磨碎后加掺酱油吃生鱼片时蘸着食用。芥末有一种特殊的冲鼻辛辣味，既杀菌，又开胃。日本的生鱼片异常新鲜，厚薄均匀，长短划一。生鱼片盘中点缀着白萝卜丝、海草、紫苏花，体现出日本人亲近自然的饮食文化。生鱼片的做法也是许多人所关注的内容。其实，生鱼片的做法比较简单，只要掌握了选料、刀工、装盘、佐味等基本工序，制好生鱼片并不难。美观的造型是生鱼片的一大特色，故装盘这道工序尤为重要。生鱼片多选用半圆形、船形或扇形等精美餐具做盛器，再以新鲜的番芫荽、紫苏叶、薄荷叶、海草、菊花、黄瓜花、生姜片、细萝卜丝、酸橘等做配饰料。这些配饰料既可做装饰和点缀，又可起到去腥增鲜、增进食欲的作用，例如，先在盘中铺好紫苏叶或生菜叶，再将切好的三文鱼片以5~7片为一组（即一人份）摆在紫苏叶上，旁边用细萝卜丝、黄瓜花等错落有致地进行点缀，给人一种非常清爽的感觉。

（2）寿司

寿司又称"四喜饭"，是日本饭的代表。日本的大米营养丰富，质量上乘，煮出的饭形似珍珠，芳香四溢。日本人把米粒叫作"舍利子"，管米饭叫"银舍利"，来形容它的晶莹剔透和像佛骨一样的珍贵。寿司是日本料理中独具特色的一种食品，种类也很多，按其制作方法的不同，主要可分为生寿司、熟寿司、压寿司、握寿司、散寿司、棒寿司、卷寿司、鲫鱼寿司等，而其中鲫鱼寿司被看作是日本料理中最著名、最具代表性的寿司。鲫鱼寿司是以鲫鱼、米饭和精盐为原料，经过长达几个月的腌渍和发酵制成的。用这种方法制作的寿司，原料中会产生大量的乳酸菌，给成品添加一种特殊的酸味，而且这些乳酸菌本身亦有防腐作用。不过，今天这种用古法制作的寿司已不多见。现代日本寿司大多采用醋拌米饭的方法来加工其主料，而且由于米饭中一般要加入四种以上的调料，故寿司又有"四喜饭"之称。

寿司常用的主要原料是寿司米，也即日本粳米，其特点是色泽白净，颗粒圆润，用它煮出的饭不仅弹性好，有嚼头，且具有较大的黏性。包卷寿司的外皮所用的原料大多是海苔、紫菜、海带、鸡蛋卷皮、豆腐皮、春卷皮、大白菜等常见的食材。再就是寿司的馅料。寿司的馅料比较丰富多彩，而且最能体现寿司的特色。馅料所用的原料有海鱼、蟹肉、贝类、淡水鱼、煎蛋和时令鲜蔬菜如香菇、黄瓜、生菜等。

正宗的寿司可以有酸、甜、苦、辣、咸等多种风味,因此,吃寿司时,应根据寿司的种类来搭配佐味料,例如,吃手握寿司时,因馅料中有生鱼片、鲜虾等,就需要蘸浓口酱油并涂抹适量的绿芥末;而吃卷寿司时则最好不要蘸酱油,这样才能吃出它的原味。除了浓口酱油和绿芥末以外,寿司还有更重要的佐味料即醋姜。吃寿司时加一片醋姜,不仅有助于佐味,而且能使寿司变得更加清新味美。

(3) 天妇罗

"天妇罗"就是油炸食品,即用面粉、鸡蛋、水将其调成浆状,再将鱼、虾、蔬菜裹上浆放入油锅炸成金黄色,吃时蘸酱油和萝卜泥调的汁,鲜嫩美味,香而不腻。

(4) 寿喜烧

"寿喜烧"亦称日本火锅,是从19世纪后半期以后才开始普及的。它是将牛肉切成薄片,与海鲜、蔬菜等一起煮,再蘸上生鸡蛋汁、酱油和糖做成的调味料,一起食用。日本古代就有这种进食的习惯,明治维新以前的农民将兽肉放在屋外的锄头上烧熟后食用,最初叫"锄烧"。后来发展为在地坑上的铁锅里加入葱、豆腐、鱼肉、蔬菜等,大家边煮边吃的"寿喜烧"。

(5) 石烧

"石烧"即石板烧,是将牛排放在烫石上烧熟,蘸鲜酱油食用。这种牛肉是经过特定的饲养技术饲养的。据说在饲养期间,会定期给牛饮用一些低酒精成分(4%~5%)的啤酒,令其血气运行顺畅,加速新陈代谢,再用一些干草或毛刷,为牛刷遍全身,令脂肪平均分布,而不是我们经常看到的红是红白是白的牛肉。所以,这种叫作"神户牛"和"松坂牛"的牛肉肉质柔软,鲜嫩异常,吃起来非常香。专门被用来做石板烧。

(6) 烧鸟

也就是烧鸡,即将鸡肉切成片状串在细竹签上,蘸上酱油、糖、料酒等配制味汁,然后放在火上烤,也有用鸡或者猪的内脏做原料,不过都称烧鸟。它价格便宜,不少人喜欢当作下酒菜。"烧鸟屋"在日本各地随处可见。

(7) 铁板烧

铁板烧在日本十分流行,正宗的日式铁板烧,顾名思义,是在一块大铁板上,烧烤各种美食,而铁板烧成为日本料理中昂贵的一种,原因在于铁板烧会选用最上乘的材料,例如新鲜的海鲜,包括龙虾、鲍鱼等,肉类亦会选用国产的牛,例如"神户牛""松坂牛"或"近江牛"等。有时候一片200克的上乘牛肉,便得花上10000日元以上。

(8) 定食

当今在日本料理店流行的一种料理叫作"定食",即每人一份的饭菜。其中白饭仅半碗,热菜有一小盘,还有两只小碗装的汤和水果,再就是一小碟咸菜。全部饭菜加起来刚好让人够吃,却又不会吃得太饱。日本料理的装盘还注意最大限度地利用盘子的"余白"之美,结果往往是盛器较大而装的菜却较少,以便利用"余白"来进行点缀,衬托出菜肴的造型美。

(9) 纳豆

纳豆是日本最具有民族特色的食品之一,大部分日本人在日常生活中很喜爱吃,而且经常吃。纳豆用日本人称为"小豆"的豆类以特殊的方法腌制而成。纳豆的外观黑乎乎的,吃到嘴里黏糊糊的,而且没有任何味道,包括咸味,因此外国人大多吃不惯,甚至看到就觉得恶心。其实,纳豆具有很丰富的营养价值,富含蛋白质、各种氨基酸、维生素、矿物质等,是一种很具价值的营养食品。不仅如此,最新的研究还表明,纳豆对引起大规模食物中毒的"罪魁祸首"——病原性大肠杆菌的繁殖具有很强的抑制作用。

2.1.3.3　礼仪

日本人在社交活动中,爱用自谦语言,并善于贬己怡人。"请多关照""粗茶淡饭、照顾不周"等,是他们经常使用的客套话。他们很重视衣着仪表的美观,在公开场合,一般都要着礼服,以西装套服较为常见。他们最喜爱的服装是和服。

他们有崇拜、敬仰"7"的风俗,据说这与太阳、月亮、水星、金星、火星、木星、土星给人间带来了光明、温暖和生命有关。

日本人有喝茶的习惯,一般都喜欢喝温茶。斟茶时,他们的礼貌习惯是以斟至八成满为最恭敬客人。他们饮酒时,喜欢主客间相互斟酒,不习惯自斟自饮,即客人在主人为其斟酒后,马上接过酒瓶给主人斟酒。他们认为这样相互斟酒能表示主客之间的平等与友谊。

日本人不习惯以烟待客。他们自己吸烟时,一般不向客人敬让。因为吸烟有害健康,不能用来招待至亲好友。

日本人的等级观念很强,上下级之间、长晚辈之间的界线分得很清楚。妇女一般对男子极为尊重。

他们在社会交往中最喜好送礼,而且注意实惠,讲究礼品的颜色。他们经常把一些小礼物送人;一般在遇吉事送礼中喜用黄白色或红白色;在遇不幸事时,送礼惯用黑、白色或灰色。他们对白色感情较深,视其为纯洁的色彩;日本人还爱黄色,认为黄色是阳光的颜色,给人以生存的喜悦和安全感。

他们喜欢乌龟和鹤类等动物,认为这些动物给人以吉祥和长寿的印象。樱花是日本的国花,他们喜爱樱花纯洁、清雅和高尚的风姿;喜爱樱花给人们带来美好的春光;喜爱樱花那种毫不迟疑地开落的豪爽性格。他们视樱花为日本民族的骄傲,把樱花作为勤劳、勇敢、智慧的日本人民的象征。

2.1.3.4　禁忌

日本人不喜欢紫色,认为紫色是悲伤的色调;最忌讳绿色,认为绿色是不祥之色。

日本人忌讳"4",主要是"4"和"死"的发音相似,很不吉利;他们对送礼特别忌讳"9",会误认你把主人看作强盗,还忌讳3人一起"合影"。他们认为中间的人被左右两人夹着,这是不幸的预兆。

日本人对送花有很多忌讳:忌讳赠送或摆设荷花;在探望病人时忌用山茶花、仙客来及淡黄色和白颜色的花。因为山茶花凋谢时整个花头落地,不吉利;仙客来花在日文中读音为"希苦拉面",而"希"同日文中的"死"发音类似;淡黄色与白颜色花,这是日本人传统观念就不喜欢的花。他们对菊花或装饰花图案的东西有戒心,因为它是皇室家庭的标志,一般不敢也不能接受这种礼物或礼遇。

日本人对装饰有狐狸和貛图案的东西很反感,认为狐狸"贪婪""狡猾",貛"狡诈"。他们还很讨厌金、银眼的猫,认为见到这样的猫,会感到丧气。

他们忌讳触及别人的身体,认为这是失礼的举动。他们忌讳把盛过东西的容器再重复使用;忌讳把洗脸水中再加热水;忌讳晚上剪指甲;忌讳洗过的东西晚上晾晒;忌讳睡觉或躺卧时头朝北(据说停尸才头朝北)。

日本人对朋友送的东西,一般不愿问价钱多少,因为这是不礼貌的,同样你若评价对方买的东西便宜,也是失礼的。因为日本人不愿让对方认为自己经济能力低下,只会买便宜货等。

2.1.4 日本旅游资源与主要旅游地

众所周知,日本旅游业颇具历史,并且已经形成了一种以富士山、樱花、温泉为代表的风景疗养旅游,以日本料理为代表的饮食游以及以艺伎、女优等代表的特色文化旅游。作为日本邻邦的中国是日本旅游业的重要客户市场,自 2000 年,日本就开始以各种形式展开对中国的旅游宣传。早期如 2004 年酒井法子做的大阪旅游宣传片;近期如国内熟知的偶像林志玲做的日本旅游宣传片;2007 年在中国上海举办日本旅游文化展,以展览会形式进行旅游文化研讨、日本特色文化展示以及介绍各种出入境手续办理介绍等,进一步增加了中国人对日本旅游的了解和兴趣,并且今年日本就日本旅游文化在国外的宣传达成了"日本文化产业战略"。战略内容指出日本的动画片、漫画和游戏在国外已经很有影响力,在此基础上还要加大对日本风景、饮食、时尚以及各种民族特色的文化宣传,在国外建立一些有关的"文化中心"。并就此设立首相奖,奖励那些为此做出特殊贡献的外国人。日本已经把旅游文化的宣传上升到战略角度,按步骤实施的阶段,可见日本对旅游文化的重视。因为日本政府已经认识到,旅游文化宣传不仅可以为日本带来可观的外汇收入,更能借此宣传日本的民族文化,让世界了解日本的共融性、民族性、世界性,将日本与世界融为一体,让全世界乐于接受日本,接受日本人,接受日本企业和日本文化。

(1)富士山

富士山是日本第一高峰,也是日本民族的象征,被日本人民誉为"圣岳"。富士山位于本州中南部,海拔 3 776 米,自日本有文字记载以来,富士山共喷发过 18 次,最后一次是在 1707 年,此后它就变成了休眠火山。富士名源于虾夷语,现意为"永生",原发音来自日本少数民族阿伊努族的语言,意思是"火之山"或"火神"。山体呈优美的圆锥形,闻名于世,是日本的神圣象征。环绕锯齿状的火山口边缘有"富士八峰",即剑峰、白山岳、久须志岳、大日岳、伊豆岳、成就岳、驹岳和三岳。

(2)东京塔

东京塔是日本最高的一座铁塔,位于东京市内,于 1958 年建成。它是仿造法国巴黎的埃菲尔铁塔建造而成的,高 333 米,塔身为棱锥体,有黄、白、红三种颜色。

(3)金阁寺

原为大臣西园寺恭经的别墅,修建于 14 世纪,后归幕府将军足利义满所有,并进行了大规模的翻修和扩建。它高达三层,第二和第三层的外墙用金箔贴成,远远望去,金光闪闪,所以叫作"金阁寺"。第一层为平安时代的贵族风格,第二层为室町时代的武士风格,第三层仿照我国唐朝的"究竟顶"。寺前是以镜湖池为中心的庭园,身影华丽的金阁倒映在镜湖池中,堪称京都的代表性景观。

(4) 浅草寺

创建于628年,是东京最古老的寺院。江户时代将军德川家康把这里指定为幕府的祈愿所,是平安文化的中心地。其中有本殿的天顶画、院内耸立的五重塔等景点。寺院的大门叫"雷门",正式名称是"风雷神门",是日本的门脸、浅草的象征。雷门是公元942年为祈求天下太平和五谷丰登而建造的。几经火灾焚毁,后于1960年重建。雷门正门入口处左右威风凛凛的风神和雷神二将,镇守着浅草寺。雷门最著名的要数门前悬挂的那盏巨大的灯笼,远远可见黑底白边的"雷门"二字,赫然醒目,着实为浅草寺增添不少气派。人们为了祈祷风调雨顺和五谷丰登而供拜这两座神,门内有长约140米的铺石参拜神道通向供着观音像的正殿。作为了解日本民族文化的旅游名胜,有来自世界各国的游客,络绎不绝。

(5) 银座

象征日本自然、历史、现代的三大景点(富士山、京都、银座)之一的银座,与巴黎的香榭丽舍大街、纽约的第五大街齐名,是世界三大繁华中心之一。银座是通过不断填海造地才逐步形成的。银座是许多百年老铺与本土品牌的发祥地。银座大道全长一千米半,北起京桥、南至新桥,大道两旁的百货公司和各类商店鳞次栉比,专门销售高级商品。银座大道后街有很多饭店、小吃店、酒吧、夜总会,有卖文具的百年老店伊东屋,日本第一间面包店——木村屋总本店。从1970年8月起,银座大道禁止一切车辆通行,成为步行商业街,街上有许多茶座,游客可以坐在街心饮茶谈天。入夜后,路边大厦上的霓虹灯变幻多端,构成了迷人的银座夜景。

(6) 东京迪士尼乐园

被誉为亚洲第一游乐园的东京迪士尼乐园,依照美国迪士尼乐园而修建。这乐园从1983年4月15日开放以来已成为男女老少各享其乐的旅游胜地。建造这座乐园,耗资1500亿日元,从1983年开始营业以来,已接待游客2.6亿人次,创下了数倍于投资的巨额利润。东京迪士尼乐园主要分为世界市集、探险乐园、西部乐园、新生物区、梦幻乐园、卡通城及未来乐园等7个区,园内的舞台以及广场上定时会有丰富多彩的化装表演和富趣味性的游行活动。在正门的中心,可以看到高耸的"灰姑娘城"这座主建筑。它的周围还建造了多种风景宫、闲游宫、宇宙宫、幻想宫主题的游乐场和游乐馆,有冒险宫、世界著名故事、传说宫等。每一个游乐宫都配有详细的情节解说和音乐,使人仿佛身临其境。它保持了美国迪士尼乐园的正宗风格,我们可以体会到它的"非日常性"的演出特色。在东京迪士尼乐园里还可以看到大型的游行表演,这些表演让客人流连忘返。

(7) 唐招提寺

位于奈良市的唐招提寺是由中国唐代高僧鉴真和尚亲手兴建的,是日本佛教律宗的总寺院,这座具有中国盛唐建筑风格的建筑物被确定为日本国宝。唐代高僧鉴真(688—763)第6次东渡日本后,于天平宝字三年(759)开始建造,大约于公元770年竣工。寺院大门上红色横额"唐招提寺"是日本孝谦女皇仿王羲之、王献之的字体所书。寺内松林苍翠,庭院幽静,殿宇重重,有天平时代的讲堂、戒坛,奈良时代后期的金堂,镰仓时代的鼓楼、礼堂及天平以后的佛像、法器和经卷。御影堂前东面有鉴真墓,院中植有来自中国的松树、桂花、牡丹、芍药、"孙文莲""唐招提寺莲""唐招提寺青莲""舞妃莲""日中友谊莲"和扬州的琼花等名花异卉。

(8)东大寺

佛寺是728年由信奉佛教的圣武天皇建立的。东大寺是日本华严宗的总寺院。因为建在首都平城京以东,所以被称作东大寺,又称大华严寺,金色光明四大天王护国寺。东大寺大佛殿,正面宽度57米,深50米,为世界最大的木造建筑。大佛殿内,放置着高15米以上的大佛像卢舍那佛。东大寺院内还有南大门、二月堂、三月堂、正仓院等。南大门有很著名的双体金刚力士像。二月堂能够俯视大佛殿和眺望奈良市区。中国唐代高僧鉴真和尚曾在这里设坛受戒。

2.2 韩国

2.2.1 韩国自然环境

韩国位于朝鲜半岛南部,以北纬38°线为休战线,北部与朝鲜接壤。朝鲜半岛地处亚洲大陆的东北部,自北向南延伸,全长1 100千米。韩国的总面积为99 600平方千米。韩国的领海与太平洋最西部的海域交汇。朝鲜半岛北部与中国和俄罗斯接壤,东部濒临韩国东海,与邻国日本隔海相望。除与大陆相连的半岛之外,韩国还拥有3 200个大小岛屿。其中最负盛名的自然当属素有东方夏威夷之称的济州岛。

山地占朝鲜半岛面积的2/3左右,地形具多样性,低山、丘陵和平原交错分布。低山和丘陵主要分布在中部和东部,海拔多在500米以下。太白山脉纵贯东海岸,构成半岛南部地形的脊梁;其向黄海侧伸出的几条平行山脉组成低山丘陵地带,有太白山脉、庆尚山脉、小白山脉等,其中雪岳山、五台山等山峰以风景优美著称。东北至西南走向的小白山脉最高峰为智异山,海拔1915米。汉拿山位于济州岛的中心,海拔1 950米,是韩国的第一高峰。古代相传有神仙在汉拿山上生活,因此过去曾把汉拿山叫作瀛洲山,并且同金刚山、智异山一起被誉为"三座神山"。

平原主要分布于韩国南部和西部,海拔多在200米以下。黄海沿岸有汉江平原、湖南平原等平原,南海沿岸有金海平原、全南平原及其他小平原。

就其幅员而言,韩国拥有相对多的河流,最长的河流分别是洛东江和汉江,是半岛南部地区两条主要河流。洛东江长525千米,流入日本海;汉江长514千米,流入黄海,是中部地区的重要水系。其他河流还有锦江、蟾津江、临津江等。韩国湖泊较少,最大的天然湖是位于济州岛汉拿山顶火山口的白鹿潭,海拔1 850米,湖面直径约30米,周长1千米,深约6米。最大的人工湖是昭阳湖,位于江原道春川市东北13千米处,1973年建成,面积6 930万平方米。此外还有一些面积较小的湖,如插桥湖、木津湖等。

韩国矿产资源较少,已发现的矿物有280多种,其中有经济价值的50多种,有开采利用价值的矿物有铁、无烟煤、铅、锌、钨等,但储量不大。由于自然资源匮乏,主要工业原料均依赖进口。

韩国北部属温带季风气候,南部属亚热带气候,海洋性特征显著。冬季漫长寒冷,夏季炎热潮湿,春秋两季相当短。冬季最低气温达-12 ℃,夏季最高气温可达37 ℃。年平均降水量1 500毫米左右,其中6至8月雨量较大,降雨量为全年的70%。年均降水量约为1 500毫米,降水量由南向北逐步减少。

韩国四季分明,春、秋两季较短;夏季炎热、潮湿;冬季寒冷、干燥,时而下雪。韩国各地区之间温差较大,平均温度为6 ℃至16 ℃。在全年最热的8月份,平均温度为19 ℃至27 ℃,而在全年最冷的1月份,平均温度则在-8 ℃至-7 ℃。

早春时节常常刮风下雨,大风带来亚洲内陆沙漠的"黄沙",俗称沙尘暴,近年来有逐渐增加的趋势。到了4月中旬,天气转暖,韩国农民每年就在这时平整秧田准备种植水稻。夏秋两季多台风,夏季会有梅雨期。

2.2.2 韩国社会概况

2.2.2.1 人文概况

韩国总人口约5 124.57万人(2015年),主要为朝鲜族,属蒙古人种东亚类型,占全国总人口的99%,是一个单一民族的国家。通用朝鲜语,语系未定。在朝鲜历史上,世宗大王(1418—1450年)以前朝鲜人是没有文字的,一直使用中国的汉字。1446年世宗大王创造了谚文(训民正音),即现在的韩文,是一种拼音文字。但韩文并未取代汉文的地位,其大规模使用是在大韩帝国时期,而作为官方文字则是1948年以后。现在韩国的语言中70%左右是汉语的变音,10%是日语的变音,还有10%是英语的变音,剩下的则是朝鲜语的固有词。韩语与朝鲜语略有不同。因为战后朝鲜半岛南北长期分裂,使得北南语言也有了略微差异。

(1)国名:韩国的国名来源于古代朝鲜半岛南部的辰韩、马韩、弁韩等"三韩"部落。"Han"在古韩语中表示"大"或"一"的意思。"三韩"最迟在西汉时便与中国有密切交往,其中辰韩因语言、称谓、器物等与秦朝相似而被称为"秦韩"。《三国志·魏书·乌丸鲜卑东夷传》曾提到:"桓、灵之末,韩濊强盛,郡县不能制,民多流入韩国。"此系"韩国"这一名称的最早记录。公元元年前后,朝鲜半岛进入三国时代,在这之后近两千年的时间里,金氏新罗、王氏高丽、李氏朝鲜先后统一朝鲜半岛,从未以韩国为号。但"韩"仍然作为其政权的别称,如高丽太祖王建曾声称"朕赖三韩山川阴佑以成大业",在1882年签订的《中朝商民水陆贸易章程》中,便称朝鲜人民为"韩民",1894年清朝在向日本开战的诏书中也说"拯韩民于涂炭",而明治维新后的日本则有"征韩论"。1897年10月12日,朝鲜王朝第26代君主高宗李熙即皇帝位,并于次日在敕令中称:"我邦本为马韩辰韩弁韩三韩之地……及高丽时吞并马韩辰韩弁韩,是谓统合三韩……定有天下之号曰大韩。"遂改国号为"大韩帝国",于是,韩国这一名称被重新启用,直至今日。

训民正音

　　训民正音意为教百姓以正确字音。朝鲜王朝第4代国王世宗认为,以当时使用的汉字系标记汉语的文字,不适合标记与之不同结构的朝鲜语言,因此大多数百姓难以学习和使用。于是,他组织创制适合于标记朝鲜语言的文字体系。郑麟趾、申叔舟、崔恒、成三问等一批优秀学者,在多年研究朝鲜语的音韵和一些外国文字的基础上,于1444年创制了训民正音。训民正音文字体系由28个字母(现在只使用24个字母)组成,能准确地标记所有声音,又便于学习和使用,作为文字体系被认为具有独创性和科学性,意义重大。

　　新文字发明后,世宗国王提倡在公文和个人书信中使用训民正音,并责令用训民正音创作《龙飞御天歌》。他还将训民正音作为录用官吏的科举考试的必考科目,并在钱币上刻印了训民正音。训民正音的创制为朝鲜语书面语的发展以及朝鲜文学的发展提供了良好条件。

　　训民正音是世界上少有的知道是谁、具体在什么时间创造的文字之一,因此被韩国指定为国宝第70号,1997年10月被联合国教科文组织列为世界文化遗产。

(资料来源于网络)

　　(2)国旗:1949年3月,韩国文教部审议委员会在确定太极旗为韩国国旗时做了明确解释:太极旗的横竖比例为3∶2,白底代表土地,中间为太极两仪,四角有黑色四卦。太极的圆代表人民,圆内上下弯鱼形两仪,上红下蓝,分别代表阳和阴,象征宇宙。四卦中,左上角的乾即三条阳爻代表天、春、东、仁;右下角的坤即六条阴爻代表地、夏、西、义;右上角的坎即四条阴爻夹一条阳爻代表水、秋、南、礼;左下角的离即两条阳爻夹两条阴爻代表火、冬、北、智。整体图案意味着一切都在一个无限的范围内。

　　(3)国徽:国徽公布于1970年7月。国徽中央为一朵盛开的木槿花。木槿花的底色白色象征着和平与纯洁,黄色象征着繁荣与昌盛。花朵的中央被一幅红蓝阴阳图代替,它不仅是韩国文化的一个传统象征,而且在此代表着国家行政与大自然规律的和谐。一条白色饰带环绕着木槿花,饰带上缝着国名"大韩民国"四字。此特点与朝鲜的国徽设计相同。

　　(4)国歌:《爱国歌》。

　　(5)国花:木槿花。

　　(6)国鸟:喜鹊。

　　(7)首都:首尔。

2.2.2.2　简史

　　(1)史前时期

　　考古研究发现,在数十万年前朝鲜半岛上已有原始人类居住。朝鲜半岛的旧石器时代始于公元前50万年,公元前10世纪开始进入青铜器时代。到了公元前4世纪进入铁器时代。传说公元前2333年(相当于中国尧帝时)天帝庶子桓雄下凡现在的朝鲜半岛,其子檀君建立朝鲜国,定都平壤,史称"檀君朝鲜"。"檀君朝鲜"虽然被当今韩国的教科书认为是其最早的国家,并称之为"古朝鲜",但并未得到史料和考古证实。事实上,檀君神话最早是在13世纪的《三国遗事》中出现,近现代才逐渐被认为是韩国起源,并不能看作是信史。

(2)辰国

大约公元前3世纪至2世纪存在的辰国被认为是三韩(辰韩、马韩、弁韩)的前身,可能是朝鲜民族最早建立的国家。其都城可能在汉江之南。辰国被认为是像三韩一样的联邦制的国家。从辰国能与卫满朝鲜抗衡并能派特使到汉朝的角度上看,辰国应存在稳定的中央集权。三韩中的辰韩沿用了辰国的名字。马韩曾宣称自己是辰国之王。

(3)箕子朝鲜

西周灭商之后,商朝遗臣箕子到朝鲜半岛与当地土著建立了"箕氏侯国"。在中国汉朝的史学家司马迁的著作《史记》中记载,商代最后一个国王纣的兄弟箕子在周武王伐纣后,带着商代的礼仪和制度到了朝鲜半岛北部,被那里的人民推举为国君,并得到周朝的承认而成为诸侯,史称"箕子朝鲜"。根据朝鲜史书《三国遗事》所载,檀君的后人在箕子来到朝鲜之后,带着人民南迁,以免和箕子带来的人形成冲突。这些人后来成为三韩的始祖。箕子朝鲜在公元前2世纪才被卫满朝鲜取代。箕子朝鲜在20世纪60年代以前被认为是韩国历史上最早的国家。

(4)卫满朝鲜

汉初,燕王卢绾叛汉后逃至匈奴,其部将燕国将军卫满率千余人进入朝鲜,并成为箕子朝鲜的宫相,并于公元前194年在平壤一带推翻了箕子朝鲜的政权。这是朝鲜历史上第二个王朝,称卫满朝鲜。公元前108年,汉武帝派兵消灭了卫满朝鲜,并设立了乐浪郡、真番郡、临屯郡、玄菟郡,史称"汉四郡"。

(5)汉四郡和三韩

这一时期(公元前108—313)铁器被广泛生产和运用,使得更加坚硬和锐利的武器与农业工具成为现实,加快了政治上的统一和权力与财富的集中。

公元前2世纪到公元前后,朝鲜半岛北部主要分布着扶余、高句丽、沃沮、东濊等部落国家。西汉在这一地区建立了汉四郡,其中的真番、临屯二郡很快被撤销,玄菟郡也转移到辽东。与此同时高句丽在鸭绿江流域兴起后,开始逐步统一其周边国家,并压迫乐浪郡,最终在313年趁西晋崩溃而吞并乐浪郡。

在朝鲜半岛南部,辰国发展成了由马韩、辰韩和弁韩组成的三韩联盟。辰韩中的6个部落发展成新罗。

(6)三国时期

公元4世纪,朝鲜半岛形成高句丽、新罗、百济三国鼎立的"朝鲜三国时期"。高句丽是这一时期半岛的霸主。5世纪好太王和长寿王统治期间,高句丽进入鼎盛时期,在之后的1个世纪里,仍然保持了在朝鲜半岛强势的实力,控制了朝鲜半岛大部分地区及中国东北的辽东半岛。此后,中国隋唐年间,高句丽不断与中国交战,开始不断陷落,668年为唐朝与新罗联军所灭。据高句丽"好太王碑"碑文的记载,高句丽好太王迫使百济和新罗臣服于高句丽,并且击退了入侵新罗的日本军队。

百济由高句丽建立者朱蒙的两个儿子在今首尔的位置建立。百济吞并了马韩部落,并在4世纪时达到鼎盛时期,统治了朝鲜半岛西部的大部分地区。后受到高句丽扩张的进攻,都城被迫迁往熊津(今公州),后又再次迁往泗沘(今扶余郡)。

前57年,新罗统一了朝鲜半岛东南部地区且吞并了辰韩部族立国。6世纪中叶前,新罗吞并了伽倻。668年,新罗在唐朝的帮助下征服了百济后,灭高句丽统一朝鲜半岛大部分地区。

(7) 统一新罗时期

新罗从百济夺取到被高句丽霸占的汉江流域后,疆域抵达黄海。新罗开始与唐朝结盟共同对付百济和高句丽。公元660年唐联合新罗灭百济,次年进攻高句丽,久围平壤不下而返。668年,唐高宗再次出兵,最终于当年9月攻克平壤,并由大将薛仁贵在高句丽与百济旧地建立安东都护府。之后高句丽政权就退出了历史舞台。

670年至676年唐朝新罗战争后,新罗占领百济故地和原高句丽小部分领土,统一朝鲜半岛大同江以南地区,定都庆州,效仿唐朝的国家制度进行统治,并逐渐过渡到封建社会。

新罗时期,佛教兴盛,花郎徒制度是当时新罗社会的典型特征。新罗政权对具有战功的人赐以土地,实行租庸调赋役制度。改革中央和地方的官僚机构,确立中央集权的统治。735年,新罗将北部疆界扩展到清川江沿岸。新罗时期,韩国农业、手工业都有较大的发展,对外贸易繁荣,和唐朝的政治、经济、文化交往异常频繁。新罗僧人慧超曾泛海前往印度和东南亚诸国,加强了韩国和这些地区的交流。

9世纪末,新罗国力衰弱,各地农民起义不断。900年,起义部队将领甄萱称王,建立后百济国,定都光州;903年起义僧侣金弓裔称王,于新罗北及西北建立"泰封国"(先号摩震国),定都铁原;918年,王建立政权,定国号"高丽",史称"王氏高丽",和原新罗并称为"后三国"。新罗于935年被王氏高丽所灭,新罗时代结束。

(8) 高丽王朝时期

918年,弓裔的部将王建被部将拥立为王,迁都至自己的家乡开城(松岳),改国号为"高丽"。935年,灭新罗;936年,灭后百济,建立高丽王朝。高丽王朝为加强中央集权的统治,在中央设置三省六部,军队实行府兵制。颁布"柴田科"法令,实行官员俸禄田和柴山制度,封建经济进一步得到巩固和发展,农业、手工业和商业繁荣,对外贸易更为频繁,因此现在韩国的英文"Korea"便是由高丽转音而来。高丽建国后,乘渤海国衰落之机向北扩张,把北部疆界进一步延伸到鸭绿江下游南岸。

993年,高丽契丹战争后高丽按协议与宋朝断交,并获得鸭绿江以东土地,并在以后两次战争中击退契丹的入侵。1170年和1173年,以武将郑仲夫为首,发生两次政变,政变军人废立国王,大杀贵族文官,最终建立了武将崔忠献挟持国王的"都房"政权。

1231年,高丽蒙古战争,高丽国王逃至江华岛;1258年,崔氏政权垮台,国王投降蒙古,蒙古则答应撤军。元朝建立后,不肯降元的三别抄继续发动抗元战争;1273年,元军占领济州岛,高丽蒙古战争结束。高丽成为元朝的藩属国,甚至效仿蒙古人剃发风俗,直到 1356 年恭愍王回复时高丽朝廷才重新掌握统治权。

(9) 朝鲜王朝时期

1388 年,高丽国王派都统使李成桂进攻辽东,李成桂则早已决心归附明朝,他从鸭绿江边回兵占领首都开城并发动政变。1392 年,废黜高丽国王,自立为王改国号为朝鲜,向明朝称臣,定都汉城(今首尔)。

朝鲜王朝实行推崇儒学、排斥佛教的政策。对中国采取事大政策。朝鲜王朝时期,统治阶级为进一步加强中央集权,重新调整了君主专制的国家机构,把军队的统帅权集中于中央。朝鲜王朝初期实行"科田法"制度,把全国土地按等级分授给文武两班,并规定可以世袭,使"私田"进一步趋于私有。朝鲜世宗时期国力达到极盛,经过数十年开疆拓土,朝鲜终于形成以鸭绿江、图们江为界的北部疆域。

15 世纪中叶以后,地主阶级利用各种手段兼并土地,扩大私田,残酷地进行高利贷盘剥,引起农民不断反抗,另一方面统治阶级内部党争激烈,矛盾日益尖锐,国力也逐渐衰落。1592 年日本的丰臣秀吉派兵 20 万侵入朝鲜,一度占领平壤。中国派军援朝;1598 年日军被中朝联军击溃,朝鲜将领李舜臣和中国将领邓子龙互相支援,最后都壮烈牺牲,史称"壬辰倭乱",中国称"万历援朝战争"。

1618 年,明朝和后金作战,朝鲜派军援助明朝;1623 年,朝鲜擅自废国王李珲立新君,明登莱巡抚袁可立主张"待中国更立"。1636 年,清军攻占朝鲜,朝鲜国王投降,改向清朝朝贡,成为清朝的属国。

1863 年,朝鲜哲宗死后无嗣,由王族李昰应之子即位,史称朝鲜高宗,李昰应为"大院君"摄政,实行了一系列的改革,加强中央集权,抑制地方封建势力,对外闭关锁国,放火烧毁进入朝鲜抢劫的美国军舰,并多次击退美国军舰的进攻。

1873 年,高宗成年亲政,大院君停止摄政,闵妃外戚集团掌权,日本军舰进入汉江口,迫使朝鲜签订不平等的《江华条约》。韩国进入近代史时期。

1882 年,由于闵妃外戚闵谦镐克扣军饷,爆发了壬午兵变。兵变中起义士兵和汉城市民烧毁日本公使馆,攻入王宫。闵妃化装成宫女逃走,大院君重新掌政。在闵妃请求下,中国派吴长庆率三千兵入朝鲜镇压兵变,囚禁大院君,闵妃外戚集团重新掌权。从此日本和清朝均在朝鲜驻军。1884 年朝鲜发生甲申政变,日本透过这一事件在《中日天津条约》中取得了在朝鲜与中国对等的权利。

1894 年,朝鲜发生甲午农民战争,朝鲜王朝无力镇压,于是要求中国军队入境镇压。6 月 6 日中国军队在牙山登陆,日本军队也以此为借口趁机于 7 月 6 日在仁川登陆,攻占汉城王宫,并且组织亲日派政府平息内乱。1894 年 8 月 4 日日本军队袭击驻朝鲜丰岛的中国军队,挑起了甲午中日战争。中国战败以后朝鲜停止与中国的宗藩关系。

1895 年 4 月,清朝战败,签订《中日马关条约》,承认朝鲜独立,于是日本控制下的朝鲜政府宣布终止与清朝的册封关系。1897 年,朝鲜高宗在俄国支持下,成立大韩帝国,从此朝鲜改国号为"韩"。

1904 年,日俄战争后,俄国战败,朝鲜政权彻底被日本控制。1905 年,签订了《乙巳保护条约》,朝鲜成为日本的"保护国"。1906 年,日本在朝鲜设立日本派出的"统监"政权。1907 年,日本强迫高宗退位,由皇太子继位。1909 年,日本第一任统监伊藤博文在哈尔滨被朝鲜爱国志士安重根刺死。

(10) 日本殖民统治时期

1910年8月,日本迫使大韩帝国签订《日韩合并条约》,正式吞并朝鲜半岛,设立朝鲜总督府,进行殖民统治。日本将大韩帝国王室封为日本贵族,逼迫高宗退位,拥立朝鲜纯宗。

1919年3月1日,因日本禁止在学校内使用朝鲜语,朝鲜半岛展开大规模反抗活动。柳宽顺等青年学生在汉城(首尔)钟路区的塔洞公园发表"三一独立宣言",并把独立宣言传遍全国。这些独立活动唤起了人民的反抗意识,民众冲击各地的日本警察机关,而引致日本警察的暴力镇压,史称"三一运动"。同年,朝鲜独立运动领导人先后在海参崴、上海、汉城成立临时政府。最后,三处临时政府合并于上海"大韩民国临时政府"。临时政府获得孙中山领导的护法政府以及法国、波兰等国的承认。

1939年上海沦陷后,临时政府几次迁移,最终于1940年9月迁至当时中国的战时陪都重庆。在中国政府帮助下,朝鲜复国运动人士在中国成立"韩国光复军"和"朝鲜义勇队"。1941年12月7日太平洋战争爆发,临时政府于12月9日向日本宣战。1942年5月15日,中国军事委员会决定将两支武装合并为韩国光复军,交由临时政府直接统辖。1945年11月23日,大韩民国临时政府迁回国内,光复军也于次年返国。

(11) 现代

1945年2月,根据雅尔塔会议的安排,朝鲜半岛由美国、苏联、英国、中国共同托管;8月15日,日本投降,朝鲜半岛获得解放,美国和苏联随即改变计划,商定以北纬38°为在朝鲜半岛接受日军投降的分界线(三八线),同时,苏联、美国两国军队以北纬38°线为界分别进驻朝鲜半岛北、南半部,朝鲜半岛从此处于分裂状态。在美苏的各自支持下,朝鲜半岛南部于1948年8月成立大韩民国,朝鲜半岛北部于1948年9月成立朝鲜民主主义人民共和国。

1953年10月1日,美国和韩国共同签署了《韩美共同防御条约》,根据这一条约,美国长期在韩国驻军至今。朝鲜战争后,李承晚出任大韩民国总统,首都为汉城(首尔),实行独裁统治。1960年4月19日,李承晚政权被韩国人民推翻,成立了以张勉为首的民主党政府,旋于1961年5月被朴正熙集团的军事政变推翻。朴正熙上台后,以军人政权为基础,实行军事独裁。朴正熙自1963年12月以后,连任第5—9届总统,把持韩国政权达16年之久。他无情镇压在野党和工人、学生运动,经济上采取依赖外资、外援、外债,进口原材料和技术、出口产品的方针,同时发起"新村运动",使韩国经济全面腾飞,被称为"汉江奇迹",因而跻身"亚洲四小龙"。1979年10月,朴正熙被金载圭击毙,总理崔圭夏出任总统。同年12月全斗焕发动政变,夺取了实权;次年8月,全斗焕自任总统,继续推行反民主的独裁统治。1987年全斗焕在人民的反抗和美国的压力下被迫辞职,并遭到审判。同年12月17日,韩国开始第一次总统直选,卢泰愚在大选中获胜,当选为总统。此后韩国经济继续发展,并成功举办了1988年第24届奥运会。1997年金大中当选总统,韩国挺过了亚洲金融风暴,并开启了南北和谈。

2.2.2.3 政治

韩国实行总统制共和制。总统为国家元首。韩国现行宪法是1987年10月全民投票通过的新宪法,1988年2月25日起生效。新宪法规定,韩国实行三权分立、依法治国的体制。根据这部新宪法,总统是国家元首和全国武装力量司令,在政府系统和对外关系中代表整个国家,总统任期5年,不得连任。总统是内外政策的制定者,可向国会提出立法议案等;同时,总统也是国家最高行政长官,负责各项法律法规的实施。总统通过由15~30人组成并由其主持的国务会议行使行政职能。作为总统主要行政助手的国务总理由总统任命,但须经国会批准。国务总理有权参与制定重要的国家政策。总统无权解散国会,但国会可用启动弹劾程序的方式对总统进行制约,使其最终对国家宪法负责。韩国实行一院制。国会是国家立法机构,任期4年,国会议长任期2年。宪法赋予国会的职能除制定法律外,还包括批准国家预算、外交政策、对外宣战等国家事务,以及弹劾总统的权力。韩国法院共分三级:大法院、高等法院和地方法院。大法院是最高法庭,负责审理对下级法院和军事法庭做出的裁决表示不服的上诉案件。大法官由总统任命,国会批准。大法官的任期为6年,不得连任,年满70岁必须退位。

2.2.2.4 经济

韩国在李承晚统治下始终不重视经济发展,朴正熙上台后,确定了外向型经济的发展战略,便开始了著名的"汉江奇迹"。韩国经济开始逐步增长,实现了电子、汽车、钢铁、造船等行业的"三级跳",并在1988年汉城奥运会的推动下,当年就出现了12.8%的经济增长。

韩国农业发展极其缓慢,在国民经济中不占重要地位,在国民生产总值中所占比例日趋下降。粮食自给率不高,且呈下降趋势。韩国是农产品主要进口国家,进口量趋于增长,但其农业市场对外国的参与极为敏感,是个对外开放程度较小的经济部门。现有耕地面积178.2万公顷(合2673万亩),占国土面积的17.89%,人均耕地面积0.54亩,主要分布在西部和南部平原、丘陵地区。随着工业化的进展,农业人口逐渐减少,现有的农业人口约占总人口的6.8%。

2.2.3 韩国节庆与习俗

2.2.3.1 节日

韩国节日主要有:春节、元宵节、端午节、中秋节、佛诞节、开天节等。

(1)春节

农历正月初一,是韩国节日中最隆重的一个。在韩国,新年早上祭祀(向祖先贡献饮食行大礼)祖先。意味着新一年的开始。祭祀结束后孩子们向大人拜年,大人还礼祝愿。春节那一天吃年糕,这有过了年长一岁的意思。家属和亲戚们聚在一起玩掷柶(用4个木块儿玩的韩国传统游戏)、跳跳板(姑娘站在长木板两端轮流地跳的游戏)等游戏,并把有"装福"意思的福笊篱(过滤用的汤勺模样的工具)送给别人或挂在家里。

(2)元宵节

农历正月十五。新年伊始,迎接第一次圆月,祈求一年的丰裕和平安。正月十五早上祈求无病吃"钵饪"(祈求避疮而吃花生、栗子、核桃等坚硬的饮食)和"耳明酒"(为了一年里两耳能很好地听东西而喝的酒)。早餐吃五谷饭(用大米、江米、小豆、大豆、高粱做的饭)和野菜(用能吃的草和树叶做的菜)并且叫对方的名字,对方答复就说"你买我的热呀",这有一年中夏天不要中暑的意思。正月十五的游戏有两种:一是放风筝,有消灭一年的灾难的意思;二是放鼠火,有驱逐妖魔鬼怪和害虫的意思。据说,正月十五晚上,向圆月许三个愿都会实现。

(3)端午节

农历正月初五。端午节是插秧结束后祈求丰年的日子。端午节妇女们用菖蒲洗头(用菖蒲叶洗头头发光泽),玩荡秋千,男人摔跤,还做像车轮一样的车轮饼吃,采用这个食品的名字还把端午节称为车轮节。

(4)中秋节

农历八月十五日。在韩国是仅次于春节的最大的节日。秋夕这天用新谷做好食品向祖先祭祀,然后去扫墓(亲自去祖先墓地放饮食敬礼),还用当年生产的谷、斗、栗子等做成松饼吃,玩拔河、羌羌水越来(大家一起握手画圆圈转转)等游戏。

(5)佛诞节

佛教是韩国最大、最为活跃的宗教之一,拥有数以百万计的信徒。韩国佛教信徒每年五月举行仪式庆祝佛诞日(农历四月初八)。据历史学家介绍,佛祖释迦牟尼大约诞生在2551年前,虽然不知道具体的生辰,但是韩国佛教徒普遍把他的生日定在了农历四月初八,每年的这一天都要举行隆重的仪式欢庆佛祖释迦牟尼的诞生。

(6)开天节

每年的公历10月3日是韩国的公假日——"开天节",亦称"民族奠基日"。"开天节"是纪念传说中的韩民族始祖檀君于公元前2333年建立传说中的古朝鲜的节日,原本定在农历十月初三,但于1949年改成阳历的10月3日。在开天节这一天,政府和民间宗教团体都会举行各种隆重的庆典,而首都首尔地区的祭典主要在社稷坛进行。

2.2.3.2 饮食

韩国饮食以自然为本,主要特点为高蛋白、多蔬菜、喜清淡、忌油腻,味以凉辣为主。作为发酵食品的王国,酱类和泡菜类发酵食品一直是韩国副食的主旋律。其中,泡菜蕴含着韩国人的民族魂,是韩国的又一代名词。韩国人餐餐离不开泡菜,其在饮食当中的地位也是不可颠覆的,没有任何食物能够替代。不过,韩国泡菜跟以酸味为主的中国泡菜不同,自然发酵而成的韩国泡菜更是一种药物,发酵过程中产生的乳酸菌有助于消化,据说还有防癌作用。韩国泡菜还被美国的健康杂志称作为世界上五大最健康的食品之一,而中国泡菜,往往会与致癌和不健康食品联系起来。

韩国人重视过节,遵守节日习俗,在节假日中往往备有丰富的韩国料理。跟中国的几大传统节日一样,韩国也有春节(农历1月1日)、元宵节(农历1月15日)、端午节(农历5月5日)、中秋节(农历8月15日)等节日,所不同的是吃的东西各有特色。春节时准备的食物称为岁馔,其中最主要的还是年糕汤。正月初一,全家人聚在一起吃年糕汤。这个年糕汤有很特别的意思。在韩国过年的当天吃年糕汤就意味着多了一岁,所以年糕汤又称"添岁饼"。元宵节传统饮食有五谷百家饭、野菜、药饭、印糕子、元宵、坚果等。这里主要介绍下药饭。药饭又名药食,主要材料为糯米、核桃、栗子、大枣、松子或者瓜子。韩国人民常常用药饭来招待贵客。在盛大节日或婚礼的日子里,药饭是必备饭食。正月十五吃药饭据说可以避邪,能够过上平安的日子。农历5月5日端午节是插秧结束后祈求丰年的日子。端午节要食用山牛蒡糕,这种糕是用叶子小而背面呈白色的多须状山牛蒡糕合而成的切糕。因其形状酷似车轮,又称为"车轮饼"。其他端午节传统食物还有防暑提神的醍醐汤,美味的鲫鱼饺子,以及止泻止汗、解渴消暑的五味子甜茶。

韩国年糕,也被称为"米糕",在韩国传统饮食中可称得上是节日食品的"台柱子",据说年糕里含有诚心、爱心和孝心的含义,因此节日送礼不能缺了年糕,如孩子的第一个生日、婚礼、六十大寿、送娘家礼等。

韩国的祭祀也是一件很有意义的事情,韩国人十分讲究祭礼食品。提前准备好食品是在节日里祭奠祖先的大事。其中,祭礼用的糕点不能用耀眼的色彩,所以用红豆泥的时候去皮使用。另外,我们在古装韩剧中经常可以看到宫廷餐中有一款很精美的饮食——九折饭。九折饭,顾名思义,由9种材料构成,但由于形态漂亮、做工精美而让人不忍吃下。现在大时节或喜庆事韩国人都会吃九折饭。

饮食合理搭配也是韩国饮食文化优越性的一大方面。如泡菜搭配地瓜食用。泡菜是一个很好的发酵食品。但泡菜过咸,钠含量也高,从而有害健康。而钠含量增加,体内的钾成分就会将钠成分排出到体外。地瓜由于富含钾成分,可以提高钾含量,因此与富含盐的泡菜是绝佳姻缘,尤其对高血压患者,这样的饮食搭配更为安全。而水产品方面,明太鱼由于其热量低,味道鲜美,深受韩国人民喜欢,但是因其卵、肝脏和血液等地方含有剧毒,可能引起食物中毒甚至危害生命,所以搭配食用具有清洁血液作用的水芹是明智的选择。水芹含有丰富的钙、钾、铁质、维生素等成分。其特有的解毒功能和成分可以促进新陈代谢,具有良好的免疫效果。明太鱼汤中加入水芹既可以调和汤味,又能预防食物中毒。

2.2.3.3 礼仪

韩国素有"礼仪之邦"之称,韩国人在交往中十分重视所应具备的礼仪修养。按照传统,韩国家庭成员之间的关系不仅仅是一种维护自身利益的关系,而且涉及的范围很广泛,他们之间的血缘关系应当建立在一种合作和互相支援的传统基础之上。因此家庭成员之间的感情、爱和责任感十分强烈,是无法割断的。家庭里的一家之长被视为权威所在,全家人都应该听从他的命令或遵照他的愿望行事。严格的命令必须服从,不得有违。儿辈或孙辈违抗长辈的愿望被韩国人视为不可想象的事情。

韩国人崇尚儒教,尊重长老,长者进屋时大家都要起立,问他们高寿。和长者谈话时要摘去墨镜。早晨起床和饭后都要向父母问安;父母外出回来,子女都要去迎。乘车时,要让位给老年人。吃饭时应先为老人或长辈盛饭上菜,老人动筷后,其他人才能吃。

韩国人见面时的传统礼节是鞠躬,晚辈、下级走路时遇到长辈或上级,应鞠躬、问候,站在一旁,让其先行,以示敬意。男人之间见面打招呼互相鞠躬并握手,握手时或用双手,或用左手,并只限于点一次头。鞠躬礼节一般不在生意人中使用。和韩国官员打交道一般可以握手或是轻轻点一下头。女人一般不与人握手。

在社会集体和宴会中,男女分开进行社交活动,甚至在家里或在餐馆里都是如此。

在韩国,如有人邀请你到家吃饭或赴宴,你应带小礼品,最好挑选包装好的食品。席间敬酒时,要用右手拿酒瓶,左手托瓶底,然后鞠躬致祝词,最后再倒酒,且要一连三杯。敬酒人应把自己的酒杯举得低一些,用自己杯子的杯沿去碰对方的杯身。敬完酒后再鞠个躬才能离开。做客时,主人不会让你参观房子的全貌,不要自己到处逛。你要离去时,主人送你到门口,甚至送到门外,然后说再见。

韩国人用双手接礼物,但不会当着客人的面打开。不宜送外国香烟给韩国友人。酒是送韩国男人最好的礼品,但不能送酒给妇女,除非你说清楚这酒是送给她丈夫的。在赠送韩国人礼品时应注意,韩国男性多喜欢名牌纺织品、领带、打火机、电动剃须刀等。女性喜欢化妆品、提包、手套、围巾类物品和厨房里用的调料。孩子则喜欢食品。如果送钱,应放在信封内。

若有拜访必须预先约定。韩国人很重视交往中的接待,宴请一般在饭店或酒吧举行,夫人很少在场。

在韩国,长辈对晚辈可以称呼对方的名字,可不带其姓,在社会交往活动中,相互间可称对方为"先生""夫人""太太""女士""小姐"等;对有身份的人可称对方为"先生""阁下"等,也可加上职衔、学衔、军衔等,如"总统先生""总统阁下",韩国丈夫介绍自己的妻子时会说"我夫人"或"我太太"。关系亲密的朋友之间,往往在对方名字之后加上"兄弟""姐姐""妹妹"等称谓。对男性也可称"君",但往往同其姓名连称,如"郑溶君""尹鸿哲君"等。对不相识的男性年长者可以称"大叔"或"大伯",对不相识的女性年长者可以称为"大婶""大娘"。

2.2.3.4 禁忌

韩国政府规定,韩国公民对国旗、国歌、国花必须敬重。不但电台定时播出国歌,而且影剧院放映演出前也放国歌,观众需起立。外国人在上述场所如表现过分怠慢,会被认为是对韩国和韩族的不敬。

韩国人禁忌颇多。逢年过节相互见面时,不能说不吉利的话,更不能生气、吵架。农历正月头三天不能倒垃圾、扫地,更不能杀鸡宰猪。寒食节忌生火。渔民吃鱼不许翻面,因忌翻船。忌到别人家里剪指甲,否则两家死后结怨。吃饭时忌戴帽子,否则终生受穷。睡觉时忌枕书,否则读无成。忌杀正月里生的狗,否则三年内必死无疑。

与年长者同坐时,坐姿要端正。由于韩国人的餐桌是矮腿小桌,放在地炕上,用餐时,宾主都应席地盘腿而坐。若是在长辈面前应跪坐在自己的脚底板上,无论是谁,绝对不能把双腿伸直或叉开,否则会被认为是不懂礼貌或侮辱人。未征得同意前,不能在上级、长辈面前抽烟,不能向其借火或接火。吃饭时不要随便发出声响,更不许交谈。进入家庭住宅或韩式饭店应脱鞋。在大街上吃东西,在人面前擤鼻涕,都被认为是粗鲁的。

2.2.4 韩国旅游资源与主要旅游地

韩国旅游业发展已经有40多年的历史,在历史文化上和中国非常接近。安东和庆州就分别以儒教文化和佛教文化著称。

位于庆尚北道北部的安东是韩国儒教传统文化遗留最多的地方。近年来赴韩国旅游与日俱增。韩国儒学泰斗同时也对日本儒学影响甚巨的李退溪为研究朱子学及培养两班子弟而创办的陶山书院,可谓古色古香。位于洛东江附近的河回民俗村则生动再现了朝鲜时代的市民与两班文化,村内保留有许多当时的"两班"住宅及茅屋草舍。著名的韩国河回假面具即发源于此,有名的安东民俗村也在此附近。安东市还为游客推出许多体验型的旅游项目,游客可以在此品尝传统祭祀饮食,亲手制作丰山传统韩纸,观摩安东烧酒的制作过程,体验当地传统民俗。

新罗千年古都庆州,拥有繁多的古墓与佛教文化,历史遗迹遍布于市区与郊区,目前仍在进行着各种考古发掘工作。据悉,庆州每年吸引国内外游客八九百万人次。漫步庆州,以大陵园为代表的古墓群曲线婀娜,和恬静的村庄自然融合;鲜明的丹青、精致的石雕则充分展示了佛教建筑之精华,使庆州获得了"无围墙之博物馆"的美誉。庆州两件极品珍宝是建于8世纪的佛国寺和附近的石窟庵。它们代表韩国高度精美的佛教艺术,表达了对一个和谐世界的理想,在东亚受到广泛的赞扬,并于1995年被联合国教科文组织列入世界文化遗产名录。

为树立良好的旅游形象,韩国政府将旅游业确定为战略产业,始终维护良好形象,努力营造能吸引游客的旅游环境。韩国旅游界人士指出,举国一致树形象、上下齐心搞促销,是发展韩国旅游业的真实写照。韩国旅游业的发展需要国民的大力支持和广泛参与,教育国民懂得提高国民素质是旅游业发展的基础工程。国民素质提升,人人保护历史文化,也为韩国发展旅游业创造了良好环境。

韩国国土面积虽然仅有9万多平方千米,但迄今向联合国教科文组织申报成功的世界文化遗产就达7处之多,对传统文化的重视可见一斑。充分利用有限条件,力推特色服务,是韩国发展旅游业的一大特色。近年来,随着国际旅游市场竞争日趋激烈,韩国政府要求本国的旅游业不断创新,努力发展体现韩国特色的旅游项目。韩国旅游部门在努力发掘这些历史文化遗迹的同时,将旅游与节日、民俗、饮食等结合起来,使有限的旅游资源得到最大限度的利用。现在韩国每年新推出的特色旅游项目达800个,其中包括吸引百万游客的庆州文化博览会、河回国际面具节等。这些有着浓郁韩国地方特色的旅游项目吸引了来自世界各地的众多游客,有力地推动了韩国旅游业的发展。

(1)华克山庄

坐落在韩国首尔的东北部占地139英亩的峨嵯山,这里远离喧嚣的闹市区,可以享受到郊区特有的清新空气。华克山庄一直以来堪称韩国旅游产业的摇篮,坐落于汉城东北部景观最为优美的汉江江畔,置身于无公害的清新的自然之中,是亚洲第一家集美食休闲娱乐购物为一体的六星级酒店,设有600间客房。目前客人结构仍是日本客人最多,65%左右,韩侨20%左右,中国(包括香港、台湾)、东南亚、蒙古、俄罗斯客人占15%左右,每年有10万~15万客人。

(2)佛国寺

创建于公元752年,它的院落布局极具特色,保存了廊院式平面格对、空间形态。佛国寺的石造古迹都是用花岗岩建造,其形态、建筑方法均为当时土木建筑技术之精髓,华丽宏伟,表现出一种平衡和谐之美,是韩国石造艺术的宝库。佛国寺被誉为韩国最精美的佛寺,是迄今香火始终不断的为数不多的寺刹之一。1995年12月与石窟庵作为一个遗址被列入联合国世界遗产名录。

(3) 梵鱼寺

韩国著名巨刹,统辖所属寺院33所。梵鱼寺最初的建筑在壬辰倭乱(1592—1598年)时被毁,现在的建筑是1713年重建的。大雄殿建筑手法细腻而华丽,堪称李朝时期(1392—1910年)建筑之顶峰。寺内有建于9世纪前后的三层石塔和由四根柱子支撑的一柱门,还有7座殿阁、楼阁,3扇门,11座庵堂等。此外还有受保护植物藤树林与其间的溪谷融为一体,每年5月周围的景致尤为美丽。

(4) 济州岛

济州岛是韩国最大的岛屿,也是济州特别自治道的主岛,由火山喷发形成的,岛中央是由火山爆发而形成的海拔1951米的韩国最高峰——汉拿山。济州岛具有明显的亚热带气候特征,是韩国平均气温最高、降水最充足的地方。温和湿润的气候和由火山喷发塑造出的绮丽风景,使它赢得了"韩国的夏威夷"美誉,吸引着海内外游客。济州岛还有"蜜月之岛""浪漫之岛"的美称。济州岛保留着独特的文化,人称济州岛上有"三多三无":石头多、风多、女人多;无乞丐、无小偷、无大门,这贴切地反映了济州独特的自然文化景观和济州人民朴实的民情。

知识链接

济州大学

济州大学创建于1952年,是大韩民国的一所国立本科大学,是韩国中央政府直属的十所国立重点大学之一。济州大学是学子梦想的始发站,凭借自由的学风,勇于革新和挑战的精神,积极培养全球化和本土一体化时代的新领航人。

济州大学通过不断的革新和挑战,寻求促进大学发展的新颖的、独特的模式,日新又新,奋力前进,注重培养全方位的人才,面向世界,创造人才自由交流和发展的圣地。

济州大学是一所充满活力的新型大学,开设的课程广泛、水平高端。济州大学重点发展有特色的海洋、观光、生物、商科和教育等学科及文化领域学科,从高级国家文凭,本科学位,直到教学类硕士课程,还可获得博士水平的研究机会。济州大学为让学生们能够更加有效率地学习、丰富学生的大学生活,在美丽的环境中构建尖端数字化校园,实现教育环境更高层次的尖端化目标。

济州大学是韩国代表性的研究中心大学,在各领域进行积极的研究和开发,构建完善的研究和产学体系,在科研领域有着显著的成就——如光学生物领域的世界级研究、世界最早因冷冻胚胎干细胞再利用技术而获得美国专利权、设立了干细胞研究中心等,济州大学有着显著的学术成就,正在进行世界最尖端的研究项目,引起广泛关注。

(资料来源于网络)

2.3 马来西亚

2.3.1 马来西亚自然环境

马来西亚面积330 257平方千米,位于东南亚,地处太平洋和印度洋之间。全境被南中国海分成东马来西亚和西马来西亚两部分。西马来西亚为马来亚地区,位于马来半岛南部,北与泰国接壤,西濒马六甲海峡,东临南中国海。东马来西亚为沙捞越地区和沙巴地区的合称,位于加里曼丹岛北部,海岸线长4 192千米,属热带雨林气候,内地山区年均气温22 ℃~28 ℃,沿海平原为25 ℃~30 ℃。

马来西亚境内崎岖多山,有八条大体平行的山脉纵贯南北。其中如塔汉山,海拔2 190米;克罗克山脉主峰基纳巴卢山,海拔4 101米,是马来西亚的最高峰,也是东南亚的最高峰。从远远的海上望去,锯齿形的群峰,俨若堡垒雉堞,雄踞南天。高山峡谷间溪流湍急,多险滩瀑布。山上古木参天,山顶一直云雾迷漫,山中多溶洞,景色壮阔而又秀美。

马来西亚森林覆盖面积大,占全国总面积的74%,且多为原始热带雨林,所以野生动物非常多。马来西亚虎被称为代表性动物,还有世所罕见的珍禽异兽,如独角犀牛、巨猿、豹猫、树蛇、岩羊等。此外,蝴蝶在马来西亚有2 000种以上,这里的蝴蝶色彩绚丽夺目,不少品种世间罕见。

马来西亚阳光充足,雨量充沛,葱翠墨绿的植物,五彩缤纷的奇花,随处可见。常见的植物有椰树、橡胶树、槟榔树等。热带花卉有生长在原始森林中的大王花,盛开时直径达1~2米。它色泽红艳,是世界上最大的花朵,被称为"花王"。此外,还有品种繁多的各色兰花。除了人工栽培的以外,生长在深山老林里的野生兰花清新淡雅,更为珍贵。在马来西亚,兰花、蝴蝶、巨猿被视为当地三宝。

马来西亚的热带雨林丛林是世界最丰富的多元自然生态观察区之一,有14500种花卉植物,600多种稀有的鸟类,210种哺乳动物,150种特殊品种的青蛙,140种本地蛇类,80种奇特的蜥蜴,以及数以万计的昆虫与其他生物。

马来西亚靠近赤道,又是半岛,所以高温多雨。降雨虽多,但雨下得骤,停得也快,极少有连阴雨,是一个拥有永恒夏天和永恒阳光的地方,全年气温变化很小。雨后天气转凉,故有"四季是夏,一雨成秋"的说法,傍晚有季风变化。

2.3.2 马来西亚社会概况

2.3.2.1 人文概况

马来西亚总人口约3064万人(2015年),土著人占67.4%(其中马来人占55%),华人占24%,印度人占7.3%,其他民族占0.7%。马来语为国语,通用英语,粤语、闽南语和普通话的使用也比较广泛。伊斯兰教为国教,其他宗教还有佛教、印度教和基督教等。

(1)国旗:呈横长方形,长与宽之比为2∶1。主体部分由14道红白相间、宽度相等的横条组成。左上方有一深蓝色的长方形,上有一弯黄色新月和一颗14个尖角的黄色星。14道红白横条和14角星象征马来西亚的13个州和政府。蓝色象征人民的团结及马来西亚与英联邦的关系——英国国旗以蓝色为旗底,黄色象征国家元首,红色象征勇敢,白色象征纯净,新月象征马来西亚的国教伊斯兰教。

(2)国徽:中间为盾形徽。盾徽上面绘有一弯黄色新月和一颗14个尖角的黄色星,盾面上的图案和颜色象征马来西亚的组成及其行政区划。盾面上部列有5把入鞘的短剑,它们分别代表柔佛州、吉打州、玻璃市州、吉兰丹州和登嘉楼州。盾面中间部分绘有红、黑、白、黄4条色带,分别代表雪兰莪州、彭亨州、霹雳州和森美兰州。盾面左侧绘有蓝、白波纹的海水和以黄色为地并绘有3根蓝色鸵鸟羽毛,这一图案代表槟榔屿。盾面右侧的马六甲树代表马六甲州。盾面下端左边代表沙巴州,图案中绘有强健的褐色双臂,双手紧握沙巴州州旗。盾面下端右边绘有一只红、黑、蓝3色飞禽,代表沙拉越州。盾面下部中间的图案为马来西亚的国花——朱槿,又称大红花。盾徽两侧各站着一头红舌马来虎,两虎后肢踩着金色饰带,饰带上书写着格言"团结就是力量"。在盾徽上还绘有一弯新月和一颗14角星。新月代表国教,14角星代表各州。

(3)国花:朱槿(又称大红花)。

(4)国鸟:爱情鸟/犀鸟。

(5)首都:吉隆坡。

知识链接

吉隆坡

吉隆坡有"世界锡都、胶都"之美誉,西、北、东三面由丘陵和山脉环抱,巴生河穿城而过。1860年建城,1963年成为马来西亚联邦的首都。短短的一个多世纪,便由"泥泞的河口",一跃而成为著名的观光城市。昔日的矿业小镇,如今高楼林立,交通四通八达,贸易鼎盛,活力无穷,已成为拥有面积(包括郊区)243.6平方千米、居民130万人的大都市,成为马来西亚政治、经济、文化、商业和社交中心。

吉隆坡既有现代化大都会的豪华气派,也不乏古色古香的迷人风韵,风俗传统别具特色,多元文化活力无穷,全方位凸显了马来西亚多民族和睦共存、开拓奋进的独特魅力。

今日吉隆坡的瑰丽,令人难以想象她昔时的坎坷。吉隆坡历经河水泛滥、殖民统治的艰难岁月,从多灾多难的废墟中,飞速演变成东南亚举足轻重的现代化大都市,发展速度一日千里,堪称奇迹。

吉隆坡城市建筑独具特色,市内古老的、现代的、东方的、西方的各式建筑和谐并存,互相映衬。树木苍翠茂盛,风光绮丽,热带植物繁花似锦,争奇斗妍,象征着这个多民族社会的欣欣向荣、和睦共处。

吉隆坡是一个硕大无比的"世界建筑博览馆",外形别致、风格各异的建筑遍布全城。古老的、现代的、东方的、西方的,方形的、圆形的、三角形的、阶梯形的、宝剑形的、腰鼓形的,林林总总,和谐并存,互相映衬,气度非凡。

市内伊斯兰教的清真寺,佛教、印度教的寺庙比比皆是,基督教的教堂穿插其中,达17处之多。横贯全城的巴生河两岸,国会、政府机构、法院等办公大楼林立,河东商贸大楼、居民住宅楼交错密布,商店林立,楼宇高耸。市内建筑各具特色,多元民族、多元文化异彩纷呈。

位于国家广场一侧的司法部和最高法院是古老的"阿杜勒·萨马德建筑",被视为吉隆坡乃至整个马来西亚的象征;国家清真寺造型优美,大尖塔直耸云空,是全马来西亚伊斯兰教徒的向往之地;嘉美克清真寺庄严富丽;年代悠久而又富丽堂皇的火车站最负盛名,它是一座富有英国中世纪风格的城堡式建筑物,是英国文化在马来西亚最突出的表现;以方锥形结构建筑的印度兴都教古庙,则表现出超凡脱俗的大家风范,象征着释迦牟尼教义的无边法力;坐落在八打灵山的精武体育馆,这一貌不惊人的中国式建筑物,体现了华人在这里扎根生存年代的久远;气势非凡的国家纪念碑、国会大厦等新型结构,则反映了东西文化的交融;现代化建筑以88层的国家石油公司双塔大楼最为壮观,是当今世界名冠第一的巨型建筑;位于市中心美芝律的默迪卡体育馆,外观如壮观的古堡,气度非凡。市内高大的建筑物,同高脚斜顶的马来别墅交错层叠,穆斯林式建筑和中国式建筑和谐并存,善良谦恭的铜顶建筑物和灼灼逼人的摩天大厦并肩而立,相互争辉。这一切,构成了一幅精妙绝伦的交融着古代与现代、东方与西方风格的立体图画。

(资料来源于网络)

2.3.2.2 简史

马来西亚独立前的历史,可按照外界影响的主要因素分为四个阶段。

第一阶段:印度文明的支配。从印度输入的印度教和佛教文化,主导了早期马来西亚的历史。从7世纪到14世纪,在苏门答腊的"三佛齐"文明达到高峰,其影响力延伸至苏门答腊、爪哇、马来半岛和婆罗洲的大部分地区。

第二阶段:伊斯兰文明的兴盛。伊斯兰教早在10世纪传至马来西亚,但直到14世纪和15世纪,三佛齐覆灭后伊斯兰教才在马来半岛奠定根基。这个地区分裂成众多以伊斯兰教为主的苏丹国,其中最突出的是马六甲苏丹王朝。伊斯兰文化对马来人产生了深远影响,但是同时它也受到马来民族的影响。

第三阶段:欧洲殖民势力的入侵。葡萄牙是欧洲第一个在马来西亚建立殖民势力的国家,于1511年占领马六甲,紧接着是荷兰。然而,英国先在亚庇、古晋、槟城与新加坡建立基地,最终取得在当今马来西亚领土上的霸权。1824年英荷条约规定了英属马来亚和荷属东印度群岛(即后来的印度尼西亚)之间的界线。

第四阶段:新移民的到来。殖民者为了满足经济的需要,大量引入华人和印度人,以满足在马来半岛和婆罗洲所产生的殖民地经济需求,间接对马来民族的经济和职业上的支配势力造成威胁。

1942年至1945年日本占领这个地区,给英国在东亚的势力以致命打击。虽然日本占领的时期相当短,但是它激起了马来亚和其他地区的反殖民民族主义情绪的高涨。1957年多民族的马来亚联合邦宣告独立。1963年8月31日,英属的新加坡和北婆罗洲、砂拉越宣告独立,并于9月16日参组马来西亚。1965年华人占多数的新加坡被迫独立(因为当时的马来精英惧怕新加坡的华人人口会削弱马来人占多数的人口比例)。马来西亚克服了这个危机,也克服了印度尼西亚-马来西亚冲突的危机,但其内部的矛盾导致了1969年的种族冲突。马来西亚进入紧急状态,政治生活和国民自由受到限制,这个措施维持至今。从1970年开始,马来西亚全国巫人统一机构在华人和印度人领袖的协助下组成国民阵线,在马来西亚几乎达到一党制的地步。

在巫统的统治下,马来西亚经济快速发展,20世纪90年代几乎达到发达国家的水平。经济的发展有助于削弱政治上的不和,但也掩盖了政治上权力转向马来人的趋势。在巫统长期连贯的统治下,华人对经济的垄断和印度人对职业的垄断,皆被巫人有系统地以行政权力打破。马来人建立了商业和职业阶层。马来语成为学校必修语言,有系统的反歧视运动也对马来人有利。虽然这些措施也导致了许多不满,但是总的来说在这些偏向单方面的措施下,一个只对某种族更有利的、一步一步迈向同化的社会产生了。

2.3.2.3 政治

实行君主立宪制。因历史原因,砂拉越州和沙巴州拥有较大自治权。以巫统为首的执政党联盟国民阵线(简称"国阵")长期执政,马来人占政治主导地位,政局稳定。宪法规定:最高元首为国家首脑、伊斯兰教领袖兼武装部队统帅,由统治者会议选举产生,任期5年。最高元首拥有立法、司法和行政的最高权力,以及任命首相、拒绝解散国会等权力。议会,最高立法机构,由上议院和下议院组成,国会下议院议席共222个,议员任期5年。

2.3.2.4 经济

20世纪70年代前,以农业经济为主,依赖初级产品出口。70年代以来不断调整产业结构,大力推进出口导向型经济,电子业、制造业、建筑业和服务业发展迅速。80年代中期受世界经济衰退影响,经济下滑。1997年的东南亚金融危机使马经济遭受严重打击,马货币令吉对美元汇率下跌幅度曾达46%,股市综合指数下挫过半。1998年,马来西亚经济出现13年来首次负增长,失业率和通胀率上升。1999年2月,马来西亚政府以征收撤资税取代对短期外资的管制,外资开始回流。1991年马哈迪在位期间提出"2020宏愿"的跨世纪发展战略,旨在2020年将马来西亚建成发达国家。

马来西亚自然资源丰富,有石油、天然气、铁、金、钨、煤、铝土、锰等矿产。盛产热带林木,渔业以近海捕捞为主,近年来深海捕捞和养殖业有所发展。橡胶、棕油和胡椒的产量和出口量居世界前列。曾是世界产锡大国,但近年来产量逐年减少,2016年锡产量为3900吨。马来西亚鼓励以本国原料为主的加工工业,重点发展电子、汽车、钢铁、石油化工和纺织品等。2016年制造业销售收入7113亿林吉特,增长21.2%,解决就业人口148万。

2.3.3 马来西亚节庆与习俗

2.3.3.1 节日

马来西亚节日很多,全国大大小小的节日有上百个。主要节日有:开斋节、春节、花卉节、国庆节、屠妖节、圣诞节、圣纪年、卫塞节等。

(1) 开斋节

是马来人的新年,也是全国最重要的节日。每逢伊斯兰教历9月,全国穆斯林都要实行白天斋戒禁食,斋月后第一天就是开斋节。节日前夕穆斯林要进行慈善捐赠活动。节日清晨,穆斯林们在教堂举行隆重的祷告仪式,之后互相祝贺。节日里,人们从四面八方赶回家里,同亲人团聚,互相拜访亲朋好友以庆贺佳节。

(2) 春节

是华人的新年,风俗和中国的春节大致相同。这一天是全国公共假日,到处张灯结彩、敲锣打鼓,华人们相互登门,互道"恭喜发财",其他民族人士也登门祝贺。这一天华人还举行团拜,玩龙舞狮,以驱邪逐妖,迎接新的吉祥年。国家总理和夫人及政府官员亲自前来祝贺,还给舞狮者和儿童发"红包"。此外,人们还烧香拜佛,祈求幸福平安。

(3) 花卉节

历时一周。届时,吉隆坡将成为美丽的花园城市,全市到处百花争艳。各公园、酒店也纷纷配合举行形形色色的活动,如寻花赛、花展等。购物中心则用鲜花将门面点缀得花枝招展、引人注目。花卉周的高潮是一项千姿百态、百花齐放的大规模花车游行,每年都会吸引大批国内外游客前来观看。

(4) 国庆节

又名"独立日"。每年这一天,全国人民普天同庆,首都要举行盛大的庆祝游行和集会,全国各地举行庆祝会,各电影院为学生免费放映电影。

(5) 屠妖节

是印度人的新年。10、11月间,在月圆后的第15天看不见月亮的日子举行。清晨,印度教徒在沐浴后,全身涂上姜油,穿上新衣,阖家老小用鲜花祭神。印度庙里挤满了善男信女,妇女们供上槟榔叶、槟榔、香蕉和鲜花,向神顶礼膜拜,祈求幸福。节日里,家家户户香烟缭绕,灯火通明,因此又叫"光明节"。

(6) 圣诞节

和世界各地一样已成为马来西亚的一个重要节日。届时,马来西亚的基督教徒,像世界各地的教徒一样虔诚庆祝佳节。圣诞前夕,各教堂举行夜弥撒,而各购物中心、酒店、老人院与孤儿院等处处可闻圣诞乐曲飞扬。不论是基督徒或非教徒都沉醉在圣诞的气氛中,大家携手同欢,普天共庆。

(7) 圣纪年

是先王穆罕默德诞辰日,也是伊斯兰教徒的节日。每年这一天(伊斯兰教历 3 月 12 日),首都数十万伊斯兰教徒在最高元首的率领下,前往清真寺举行隆重的祷告仪式,然后举行盛大的游行庆祝活动。

(8) 卫塞节

是佛祖释迦牟尼诞辰日。这一天清晨,所有佛教徒都竞相焚香顶礼膜拜。在这一天,人人食素食,而且家家户户都点起油灯,因此又叫"灯节"。

2.3.3.2 饮食

马来西亚是多元社会,在食物等方面同样表露无遗。这里汇集了中国、印度、西方、马来西亚本土民族的食物,使得各种风味的美食琳琅满目。

马来人的主食以米饭和桑粑为主,然后加上蔬菜、洋葱、大蒜、生姜、香料种、小干鱼等,就是比较丰盛的一餐。马来菜主要以牛、鸡及鱼为主材料,加上辣椒及洋葱一起烹调,味道较为辛辣,不同地区的烹调方式亦略有差别。马来人的食物以辣为主,其中较出名的食物有椰浆饭、香喷喷的沙嗲(鸡肉、牛肉及羊肉串)、马来糕点、竹筒饭、黄姜饭等。木薯糕和炸香蕉,是马来人重要的餐后甜点。又香又甜的柑橘类、香蕉、凤梨、西瓜等南国水果,则是主要的餐后水果。

华人食物从街边小摊子到酒店中菜馆,从小食到昂贵的酒席,不一而足。小食方面有酿豆腐、虾面、炒粿条、咖喱面、清汤粉、薄饼、海南鸡饭、瓦煲鸡饭、馄饨面、香港点心、肉骨茶、槟城辣沙等,种类繁多。

印度人的食物也以辣为主味,最普遍的莫过于其拉茶及各类煎饼。其他印度食物还有查巴迪(capati)、打拜(tapai)、多屑(tosei)等。香蕉饭也是有名的。

(1) 暹罗米粉

一种幼细、多筋、容易消化的粉食,加上酱汁、罗望子汁、酸橙汁、鸡肉和虾等佐料,可以使得这道美食更加美味可口。

(2) 娘惹菜

混合马来菜和中国菜的特色,风味别树一帜。

(3) 印度菜

以又红又黄的咖喱及薄饼为主调,分为"南印度""北印度"及"印度-回教"三种不同的风格,著名的咖喱饭、干咖喱牛肉、印度煎面包等,都是旅客喜爱的印度美食。

(4) 罗贴

是一种薄而长未经发酵的面包,有牛角面包的口感,通常配上咖喱一起食用。

(5) 姆尔他苈

罗贴夹上蔬菜、烤肉串、蛋等的夹馅面包。

(6) 椰浆饭

采用大米、肉以及各种蔬菜为原料制作而成,是当地著名的特色美食。

(7) 罗惹

采用生果为主原料,掺以甜辣调味料拌成,味道非常棒。

峇峇、娘惹

　　马来半岛华侨与当地女子通婚所生的子女被称为峇峇,其中女子都叫"娘惹"。马来半岛华侨与当地人通婚由来已久。据史料记载,明永乐时就有福州华侨阮、芮、朴、樊、郝等姓来到马六甲,定居并"娶番生子",久之连姓氏也忘记,变成远、裔、飘、盆、哗等姓。《明史》也记载,马六甲男女发上均打髻,但有些肤色比较淡者,是华人的后裔。由此可知早在明朝就有华人与马来女通婚。英国开辟槟榔屿和新加坡港后,华侨人数增加,但男女比例严重失调。据卜烈尔氏《马六甲海峡英属地统计表》中所显示的数字,1850年新加坡华人有27 988人,其中男25 749人,女2 239人,男女比率为1∶12。这就决定了很多华人必须娶当地女为妻。在服装上,19世纪峇峇的服饰,男人喜欢长袍披身,穿布鞋,戴布帽,留辫子,完全是中国式的打扮,当然也有穿西装系领带、一身光鲜的洋人装扮。女子"娘惹"则穿马来服。马来亚"娘惹"的马来服与传统马来服又略有不同。传统的马来女上衣,前后对襟一样长,平常无装饰,颜色较深,多黑色、红色或其他深色。"娘惹"装前长后短,前多绣花纹,颜色多浅、淡、雅。下服则用马来裙(纱笼)装束,纱笼与中国古装相似。在语言上,马来峇峇由于母亲不懂汉语,孩子与母亲一起学会了马来语,但峇峇所讲的马来话,与地道马来语不尽相同。其一,峇峇马来语夹杂许多闽南方言;其二,峇峇把许多马来语发音做了改变;其三,峇峇用中国语法来讲马来语。这种峇峇马来语自成体系,称为峇峇语。

　　在婚姻上,峇峇虽然是华族男性移民与马来女的混合结晶,然而到了19世纪与20世纪期间,虽然没有明文规定,但"娘惹"却不嫁马来男士,而与男性峇峇成婚。有迹象显示,峇峇中的望族,也重视门第间的门当户对。这种望族间的联姻,不仅可以使彼此的姻亲关系更加紧密,也可以成为彼此间经济合作的纽带。另一方面,娘惹也乐于嫁给来自中国的"新客",可保持纯粹的中国血统,也可以把新客入赘女家,成为有力的助手。马来峇峇的特点是:在人种上是华人与马来人的混血儿,在语言上通行马来语,在信仰上主要信仰回教,在社会习俗上亲母方面多于父方,所以子女多重女而轻男。在衣着上穿马来装,在日常生活上,吃饭不用筷子,以右手代之。华侨与马来女通婚所生子女,一般三代后为峇峇,即"三代成峇"。随着峇峇人数不断增加,逐渐形成峇峇社会。峇峇社会形成于18世纪,在19世纪英国统治时期得到发展。20世纪以来,峇峇群体逐渐融入华人社会。

(资料来源于网络)

2.3.3.3 礼仪

传统的马来人见面礼十分独特。他们在见面时会用双手握住对方的双手互相摩擦，然后将右手往心窝点一点。对不相熟的女士则不可随便伸手要求握手，男子应该向女子点头或稍行鞠躬礼，并且主动致以口头问候。但现在西式的握手问好在马来西亚是最普遍的见面礼。

马来人忌食猪肉、饮酒。在马来餐厅用餐时若看到餐桌上有一个大大的水壶时，别误以为是装着饮用水的茶壶，其实里面的水是用来洗手用的。一般马来人都是用右手抓饭来吃，所以用餐前及用餐后洗手是马来人餐桌上的礼节。

如果在饭桌上或交谈时，与马来西亚朋友相距稍远，使用双手有点困难，又要表示尊重对方，这时可以使用右手递接物品，并且将左手搭在右手的后面，也表示使用了双手递送物品。如果交往的一方的职位比自己高，或比自己年长，也一定要使用双手接送物品，以表示尊重对方。

在马来西亚，除非主人允许，否则不管是到访马来人、华人或印度人的家，都需在入门前先脱鞋子。到马来人家做客，如果主人安排坐在地板上的垫子上，男性应盘腿而坐，女性则应把腿偏向左边而坐。

马来人男女传统礼服分别是：男士为无领上衣，下着长裤，腰围短纱笼，头戴"宋谷"无边帽，脚穿皮鞋。女士礼服也为上衣和纱笼，衣宽如袍，头披单色鲜艳纱巾。在马来西亚除皇室成员外，一般不穿黄色衣饰。目前打工族为了工作穿着方便，一般着轻便的西服，只在工余在家或探亲访友或在重大节日时，才着传统服装。在各种正式场合，男士着装除民族服装或西服外，可穿长袖巴迪衫。巴迪衫是一种蜡染花布做成的长袖上衣，质地薄而凉爽，现已渐渐取代传统的马来礼服，成为马来西亚的"国服"。

马来西亚的穆斯林一般较虔诚，每天都祈祷五次。清真寺是穆斯林举行宗教仪式的地方，对外开放时，女士须穿长袍及戴头巾，否则将被拒之门外。在参观清真寺时必须衣着整齐，女性不可穿着暴露出手臂或腿部的衣着。在进入参观前必须把鞋子脱去。

2.3.3.4 禁忌

马来人视左手为不洁，因此见面握手时，一定要用右手，平时接递东西时，也必须用右手而不能随便用左手，用左手便是失礼。在不得不用左手时，一定要说声"对不起"。马来人认为以食指指人，是对人的一种污辱，所以切勿以食指指人。对女士不可先伸出手要求握手。头被认为是神圣的部位，在亲近儿童时，不可触摸他的头部，否则会引起不快。和伊斯兰教徒共餐时，不要劝酒，要避免点猪肉做的菜肴。马来人不喜欢别人问自己的年龄，若问他人年纪会被视为不礼貌。马来西亚不禁止一夫多妻，所以不要随便闲谈他人的家务事。对长者不能直呼"你"，而要称"先生""夫人"或"女士"。不可穿短裤、短裙进入寺院。在马来西亚，除皇室成员外，一般不能穿黄色衣饰。在和马来西亚人交谈时，不要把双手贴在臀部上，因为这种方式表示发怒。马来西亚人习惯用右手抓饭进食，只有在西式的宴会上，马来西亚人才使用刀叉和勺子。马来西亚人忌讳乌龟，认为乌龟是一种不吉祥的动物。

2.3.4 马来西亚旅游资源与主要旅游地

马来西亚旅游资源十分丰富,阳光充足,气候宜人,拥有很多高质量的海滩、奇特的海岛、原始热带丛林、珍贵的动植物、千姿百态的洞穴、古老的民俗民风、悠久的历史文化遗迹以及现代化的都市。

(1)槟城

槟城,当年英国商船来此躲避风浪的时候,他们给这个美丽的海岛起名为乔治市,华人则称之为槟榔屿。这里最让人着迷的是各种文化的交融聚集,既有南海姑娘的轻柔韵律,也有安娜与国王的感伤情怀。槟城蝴蝶园,是闻名世界的热带蝴蝶庇护所,园内有50多种蝴蝶、青蛙、蝎子及其他昆虫,还有百合花池塘、瀑布、隧道、泥泡地、实验室等。

(2)沙捞越

是马来西亚最大的州,分散着27种部落民族,是一个多文化的地域。在沙捞越,每公顷的树林种类比整个北美洲还多,一棵参天大树上有上千种昆虫。沙捞越地洞是世界上最大的天然洞穴,宽450米,高100米,置身其中,能感受到人类在自然界中的渺小。游人只在获得研究准证及有特定的导游陪同下才允许进入。

(3)吉隆坡

吉隆坡的夜生活充满动感,到处是多姿多彩的娱乐会所,爵士乐、乡谣和西方音乐萦绕酒吧、舞厅,一派大都会的繁华景象。吉隆坡住宿选择相当多,高档的诸如马来王宫风格的伊思塔那大饭店,机场附近的高尔夫休假区等,主要供游客和商务客人使用。在吉隆坡可以品尝到世界各地的名菜,除了马来菜、中国菜、印度大餐、西餐外,还有巴基斯坦餐饮和日本料理。吉隆坡各种商品荟萃,从古董到最具当地特色的手工艺品,从世界名牌时装到物美价廉的电子产品等。云顶高原是马来西亚新开发的旅游和避暑胜地,位于吉隆坡东北约50千米处。在吉隆坡,最引人注目的建筑就是位于市中心丹也大楼前的国家清真寺,它以独特的现代设计表达出传统回教的艺术,装饰和设计都十分精美,最大特色是伞形的屋顶,象征一个独立国家的抱负。

吉隆坡是世界上节假日最多的地区之一。在马来西亚,伊斯兰教的节日是当地进行重大庆典活动的日子,圣诞节也是全国性的节假日,一年一度的中国春节在这里更是热闹非凡。吉隆坡是一个硕大无比的"世界建筑博览馆",外形别致、风格各异的建筑遍布全城。

(4)马六甲

马六甲是马来西亚历史最悠久的古城,马六甲州的首府。它位于马六甲海峡北岸,马六甲河穿城而过。该城始建于1403年,曾是满剌加王国的都城。从16世纪起,历受葡萄牙、荷兰、英国的殖民统治。数百年来,华人、印度人、阿拉伯人、暹罗人及爪哇人相继来到马六甲,经过长期的交流,语言、宗教、风俗习惯等汇成特有的文化风貌。这里有中国式的住宅,荷兰式的红色楼房和葡萄牙式的村落。市内古代修建的街道,至今依然保存较好,街道曲折狭窄,屋宇参差多样,很多住房的墙上镶着图案精美的瓷砖,木门上装着瑞狮门扣,窗上镶龙嵌凤,古色古香,处处显示出马六甲这个历史古都的独特风貌。青云亭是马来西亚最古老的中国庙宇,位于马六甲市西南,始建于1645年,后经重新装修,成为一座用马来西亚楠木建造的木结构庙宇。门口的匾额上写着"南海飞来"四个大字。庙内主要供奉的是观音菩萨,因此也称"观音亭"。青云亭是优美的中国式建筑的典范,庙堂里陈设的木雕和漆器,全是从中国运来的精品。寺内只有一块石碑,上面铭刻着纪念中国明代著名的航海家郑和于1406年访问马六甲的事迹。郑和是到达马六甲最早的中国人。庙门口有一金色的狮子,周身金光耀眼,只有狮子的头顶部的金色已脱落,原来信徒们认为走过狮子身旁,抚摸它们的头顶,会带来意想不到的好运。

(5) 中国山

中国山又名三保山,是为纪念中国明朝三保太监郑和而命名的。此山位于马六甲市郊。关于中国山,流传着"一位中国公主和一口神奇的井"的故事。相传在15世纪60年代,马六甲的统治者是一个年轻而聪明过人的苏丹、曼斯国王。有一天,一艘中国船驶抵马六甲,船的内部到处插满了金针,船长给苏丹送去一封信,声称他奉中国天子之命诏告苏丹:"每一根金针代表我的一个臣民,要是你能数得清有多少根,你就会知道我的权力有多大。"苏丹接到信后,派了一艘船去送回信,船上装了好几袋谷米,信中道:"要是你能数得清这艘船上的谷米,你就能准确地猜到我有多少臣民,也就会知道我的权力有多大。"

(6) 荷兰红屋

建于17世纪,是东南亚地区现存的最古老的荷兰式建筑物。300多年来,一直是政府机关所在地,直至1980年才改为马六甲博物馆。荷兰红屋有厚厚的红砖墙,笨重的硬木门,门前是宽阔的石级。馆内保留了马六甲各个时期的历史遗物,包括荷兰古代兵器,葡萄牙人16世纪以来的服装,马来人婚嫁服饰,金、银、珠宝手工艺品以及在马六甲港口停泊的各类古代船只的图片等。馆内还收藏有稀有的古代钱币和邮票。

(7) 葡萄牙城山

在马六甲市西南,接近马六甲河口,有一座山,是马六甲苏丹拜里米苏拉将中国明成祖赠送的金龙文笺勒石树碑之处,明成祖曾封此山为"镇国山",后名圣保罗山。山的东南麓有一座"没有墙的城门",那是马来西亚历史遗迹。

2.4 新加坡

2.4.1 新加坡自然环境

新加坡位于马来半岛南端、马六甲海峡东出入口,北隔狭窄的柔佛海峡,与马来西亚紧邻,南部隔新加坡海峡,与印尼巴淡岛相望。新加坡土地面积是778平方千米,土地极为有限,为了满足人口的不断增长和经济发展的需要,新加坡通过人工填海来扩大土地面积。在过去的40年中,已经填了100多平方千米的新土地。

新加坡共有大小岛屿50多个,地势起伏和缓,主岛新加坡岛的面积占88%以上,外岛包括裕廊、德光、乌敏岛和著名的圣淘沙。新加坡最长的河流是实里达河,海岸线长近

200千米。由于缺乏大型纵深的河流，新加坡政府专门修建了多个蓄水池，现在的蓄水池增加到17个，集水区面积占全岛三分之二，加上薄膜科技日新月异加速再生水的生产，海水淡化技术成本也更低了。

新加坡地处热带，长年受赤道低压带控制，为赤道多雨气候，长夏无冬，气温年温差和日温差小，年平均温度在24℃至34℃之间；最冷月为1月，新加坡的平均低温徘徊在23℃至24℃。新加坡湿度较高，每日平均相对湿度为84%。降雨充足，也常有雷暴，年均降雨量在2 400毫米左右，每年11月到2月为雨季，吹东北季候风。

2.4.2 新加坡社会概况

2.4.2.1 人文概况

新加坡总人口约560万人（2016年），其中389万人属于本国公民和永久居民（总称"本地居民"）。居于新加坡的外籍人士数目相当多，共有约139万人。新加坡人口密度相当高，每平方千米7315人，是世界上人口最稠密的国家之一。在本地居民中，华人占76.8%，马来人占13.9%，印度裔（以泰米尔人居多）占7.9%，而欧亚混血人口和其他族群则占1.4%。新加坡的华人大部分源自中国福建、广东和海南等地，其中大部分是福建人，其次为潮汕人、广东人、客家人和海南人。

新加坡是一个多语言的国家，其官方语言有四种，包括汉语、英语、马来语以及泰米尔语。基于和马来西亚的历史渊源，《新加坡宪法》明定：马来语为新加坡的国语。英语是新加坡人的第一语言，华语（母语）为华人间的通用语言。新加坡是一个多元民族、多元文化的移民社会，其中有宗教信仰的新加坡人占全国人口的83%。新加坡提倡宗教与族群之间的互相容忍和包容精神，实行宗教自由政策，确认新加坡为多宗教国。在新加坡，佛教与道教的信徒基本上是华人，佛教也是新加坡第一大宗教。其他宗教还有伊斯兰教、天主教、基督教、兴都教及锡克教等。

新加坡市是新加坡共和国首都，位于新加坡岛最南端，在市区新加坡河口上，矗立一座乳白石的"狮头鱼尾"雕像，它是新加坡的象征和标志。

（1）国旗：由上红下白两个相等的横长方形组成，长与宽之比为3：2。左上角有一弯白色新月和五颗白色五角星。红色代表人类的平等，白色象征纯洁和美德；新月象征国家，五颗星代表国家建立民主、和平、进步、正义和平等的思想。新月和五颗星的组合紧密而有序，象征着新加坡人民的团结和互助的精神。

（2）国徽：由盾徽、狮子、老虎等图案组成。红色的盾面上镶有白色的新月和五角星，其寓意与国旗相同。红盾左侧是一头狮子，这是新加坡的象征，新加坡在马来语中是"狮子城"的意思；右侧是一只老虎，象征新加坡与马来西亚之间历史上的联系。红盾下方为金色的棕榈枝叶，底部的蓝色饰带上用马来文写着Majulah Singapura，"前进吧，新加坡"。

（3）国歌：马来语：Majulah Singapura。汉语：《前进吧，新加坡》。

（4）国花：名为"卓锦万代兰"，即胡姬花。

（5）首都：新加坡。

2.4.2.2 简史

(1) 早期历史

新加坡是中国福建、浙江、广东和海南等地商人因长期在东南亚经商而由华人汉族建立的国家。新加坡在19世纪以前早期的历史记载并不多,使用的名字也各不相同。古时新加坡的马来语名为Negeri Selat,意为海峡之国。

1330年,中国元代航海家汪大渊首次来到新加坡岛,在所著《岛夷志略》一书中将之称为"单马锡",据他记载当时已经有华人居住。绘制于明代宣德五年(1430年)的《郑和航海图》称新加坡为"淡马锡",1365年的《爪哇史颂》也把新加坡叫作"淡马锡"。类似的名字还出现在同一时期的一份越南文献上。单马锡、淡马锡都是马来文Temasek的对音,来自梵文tamarasa(黄金)。一直到14世纪末,梵文名字Singapura(意为"狮城")才首次出现。

(2) 英属时期

18世纪中叶(1819—1942),英国正在扩张其在印度的版图以及与中国的贸易,他们急需找到一个能够让其船只停泊、维修的港口,以在与荷兰人的贸易竞争中取得优势。因此,他们于1786年和1819年分别在槟城和新加坡建立了贸易站。1818年末,总督莱佛士爵士在马来半岛的南端建立一个新的贸易港。1819年1月29日,莱佛士在考察了附近岛屿后登陆新加坡,发觉新加坡岛南面拥有发展成为港口的优越条件,水域宽敞,很少受风暴影响,水深适宜,附近的河流也能为往来的船只提供干净的食水。

知识链接

莱佛士

莱佛士全称为托马斯·斯坦福·莱佛士爵士,是英国殖民时期重要的政治家。他对新加坡的开辟、建设、法制和长远的规划蓝图做出了相当多的努力,并立下了不朽的功绩,让新加坡从一个落后的小渔村发展成为世界上重要的商港之一。

莱佛士对新加坡最大的贡献,是将新加坡建立成为全世界极为重要的国际港口之一。直到今天,他的形象还深深地印在新加坡人的脑海中。新加坡许多的建筑物、私人机构、街道和百年名校都是以他的名字命名,比如东华大学莱佛士国际设计学院、莱佛士广场、莱佛士书院、莱佛士医院、莱佛士酒店和莱佛士网络超市、斯坦福路等。

他在新加坡做了一些整顿,以新加坡河为经济命脉,宣布新加坡为自由港,并对新加坡的市区建设规划蓝图,划分华人区(大坡),马来人区(小坡)欧洲人和阿拉伯人区(美芝路),使各个族群和睦相处。此外,他也协助制定新加坡的法律,控制烟、严禁赌博等。

(资料来源于网络)

最初新加坡隶属于英属印度殖民当局管辖。到1820年时，新加坡开始为英帝国产生利润。1824年，新加坡的殖民地地位进一步地得到确立，2个新的条约正式签署。新加坡于1826年成为海峡殖民地，受到英属印度当局的管辖。1832年，新加坡成为海峡殖民地的政府所在地。1867年4月1日，海峡殖民地正式成为英国的直辖殖民地，由位于伦敦的殖民地办公室直接管辖。

随着19世纪60年代中期蒸汽船的发展以及1869年苏伊士运河的开通，新加坡成为航行于东亚和欧洲之间船只的重要停泊港口。19世纪70年代前后，随着当地橡胶种植业的发展，新加坡也成为全球主要的橡胶出口及加工基地。到19世纪末，新加坡获得了前所未有的繁荣，1873—1913年间，当地的贸易增长了8倍。经济的发展也吸引了区域内的移民。到了20世纪初，新加坡的港口成为英帝国极为重要和珍惜的据点之一，新加坡从沼泽遍布的荒地，摇身成为全球第七大港口。

(3) 日据时期(1942—1945)

1941年12月7日，日本攻击了珍珠港，太平洋战争由此打响。日本的目标是要通过攻占东南亚，来取得当地的天然资源，以应付自身的战争需要，因此，作为盟军在东南亚极为重要的据点，日本势必拿下新加坡，来控制往返南海和马六甲海峡的船只，把盟军的出入口阻隔起来。

1942年1月31日，日军占领了整个马来亚半岛。2月15日(农历新年)，白思华中将向日军投降后，日本将新加坡改名为"昭南岛"，行政上称作"昭南特别市"。1945年9月12日，日军投降。

(4) 迈向自治与合并(1945—1963)

1945年9月，英军回到新加坡，1946年3月，军管结束，海峡殖民地也正式解散。1946年4月1日，新加坡成为直辖殖民地。战后的新加坡已经与战前大不相同，人民要求在政府中有更大的发言权。总督的权力被分散，一个由官方人士及被任命的非官方人士组成的顾问组成立。该体系于1947年7月变为两个分开的行政及立法会议。1959年，新加坡取得自治权力。1963年，新加坡连同当时的马来亚联合邦、砂拉越以及北婆罗洲(现沙巴)共组成立马来西亚联邦，从而完全脱离英国统治。

(5) 新马合并(1963—1965)

合并后，新加坡开始和中央政府发生矛盾，对治国方针也有不同的看法。1965年8月9日，马来西亚国会以126:0票将新加坡驱逐出联邦。小岛无奈地被迫独立，这时新加坡共和国正式成立，李光耀任总理。

(6) 新加坡共和国(1965年至今)

独立后，新加坡寻求国际承认，于1965年9月21日加入联合国。同年10月新加坡加入英联邦。作为一个蕞尔小国，世界对于新加坡是否能继续存在表示疑问。除了主权纠纷，其他重要的问题包括住宅短缺、缺乏土地与天然资源，失业率当时高达12%。新加坡开始实施一连串的措施，发展工业及经济。进入20世纪70年代以后，新加坡经济取得高速发展，很快成为东南亚重要的金融和转口贸易中心，成为当时的"亚洲四小龙"之一。与此同时，新加坡人民的生活水平也得到大幅度提高，住房、教育、交通等问题都得到解决。

2.4.2.3 政治

新加坡的政治体制追随的是英国的威斯敏斯特体系,因此总统是国家元首,只拥有象征性的权力。总统的权力包括否决所有可能危及国家安全或种族和谐的政府法案,在总理的推荐下任命内阁官员和部门首长,以及启动腐败调查程序。新加坡拥有一个一院制的议会,其中大多数成员由平均5年一次的民主直接选举产生(投票)。议会与总统构成了完整的新加坡立法机构。议会中的多数党党魁将获总统任命为政府总理,然后再由总理推荐内阁部长和部门首长,经总统任命后组成内阁与政府。新加坡大选必须在议会解散后的3个月内举行。国会最多可拥有99名议员,其中87席以地区直选方式产生,另外可有最多6名非选区议员以及9名官委议员。

2.4.2.4 经济

新加坡是一个经济高度发达的以国有经济占主导的国家,国家通过淡马锡控股等主权财富基金,占有整个新加坡股票市场的一半以上的市值。从20世纪70年代,新加坡开始逐步摆脱了仅仅依靠转口贸易维持生计的局面,逐步过渡到具有高附加价值的资本、技术密集型工业和高科技产业,进而发展到目前的信息产业等知识密集型经济。

金融服务业产值占新加坡国内生产总值的13%以上,从业人员占就业总人口的5.4%。金融服务业提供的金融服务范围在过去数年中急剧扩大,涵盖了财富和资产管理、股票、债券、外汇、金融衍生产品市场等领域。作为亚太地区领先的资产管理中心,新加坡目前管理着总额高达1兆元新币的资产。

电子业约占本国制造业产值的26%,依托于强大的知识密集型制造业,新加坡现已成为电子领域的卓越中心,在半导体、电脑周边产品、数据存储及消费类电子产品等领域独占鳌头。其中最为成功的案例莫过于精工爱普生株式会社。作为全球三大打印机和扫描仪制造巨头之一的精工爱普生株式会社将其电磁兼容测试厂设在了新加坡,这也是它在日本境外的首家测试厂。

新加坡重工业大部分位于西部裕廊工业区。裕廊工业区的工业种类很多,包括造船、修船、钢铁、水泥、夹板、轮胎、化学、汽车装配、纺织等工业。新加坡也是东南亚一个主要的炼油中心,炼油设施分别设在毛广岛和裕廊岛,其炼油产能相当于石油产品消费量的两倍。旅游业在新加坡占GDP比重超过3%。为了刺激旅游经济,新加坡在2010年2月开放了施行40年的赌禁。预计,新加坡2020年将超过韩国和澳大利亚成为亚太地区第二大博彩市场。

2.4.3 新加坡的节庆与习俗

2.4.3.1 节日

(1)中元节

是新加坡华人十分重视的节日。新加坡华人普遍的庆祝方式是邻里之间组织大规模的中元会。中元会每年选一位炉主,主持中元会事务,并向会员收月捐等。从七月初开始,新加坡各大小社团、商家、小贩都庆祝中元节,大街小巷搭棚建坛,将中元会会友一年的会钱购买献祭福物,并请地方戏班演戏、唱歌助兴。中元节又俗称鬼节,由农历七月初一到三十号,整整一个月时间都要设坛拜祭无主阴魂,在这期间有宴会、歌台表演、喊标福物等活动,十分热闹。

(2) 卫塞节

在农历四月十五日,是佛祖释迦牟尼诞辰、成道及涅槃纪念日。新加坡佛教总会在节日的前几天就开始举行一连串的庆祝会,各佛教团体及寺庙张灯结彩,大放光明,象征佛陀的光辉世世代代照耀人间。

(3) 开斋节

马来人最重要的节日当数开斋节。每年回历九月,回教徒从日出到日落都要禁食,戒食一个月后见到新月才可开斋,回教徒会把家里打扫干净,装饰一番,穿上新缝的传统服装,备好各式美食糕点来庆祝开斋节,其热闹气氛与华人的春节不相上下。

(4) 大宝森节

是印度人的节日,又称屠妖节或万灯节,家家户户会把房屋打扫干净,在住屋周围点上灯,迎接守护神和幸运女神,印度兴都教徒会举行盛大庆典,用车载着神像游行庆祝,有些教徒身上背着铁架,刺着银针,向神表示谢恩或赎罪。

2.4.3.2 饮食

新加坡是一个多元种族的国家,因此在新加坡可品尝到各族风味的美食佳肴和小食糕点。在新加坡有各式中餐小炒,其中以粤菜和潮菜最受欢迎。新加坡粤菜以脆皮乳猪和鱼闻名,而潮菜以清蒸鱼和卤鸭驰名。

马来美食最受欢迎的为沙嗲和椰浆饭,而印度美食就是印度薄饼和拉茶。其中南洋最具代表性的菜是"娘惹食物",娘惹美食融合了马来族和华族的烹调特色,著名的美食有叻沙及酸辣汤汁的米线和各式糕点。在新加坡,比较有名的海鲜佳肴就是辣椒炒螃蟹,这道菜连肉带壳加上茄汁及辣椒一起拌炒,令人回味无穷。

2.4.3.3 礼仪

在社交场合,新加坡人与客人相见时,一般都施握手礼,男女之间可以握手。马来人则是先用双手互相接触,再把手收回放到自己胸部。

到新加坡从事商务活动的最佳月份是3月到10月,以避开圣诞节及华人的新年。当地工商界人士多讲英语,见面时要交换名片,名片可以用英文印刷。在会谈中尽可能不要吸烟。新加坡人不喜欢挥霍浪费,宴请对方不要过于讲排场,尤其是在商务活动中,答谢宴会不宜超过主人宴请的水平,以免对方产生其他想法。

在新加坡人眼中,男婚女嫁是件大事,不论华人还是马来人都很重视。马来人的婚事要经过求亲、送订婚礼物、订立婚约等程序。新加坡的华人讲求孝道,如有老人过世,其子孙必须回家中守灵。丧礼一般都很隆重。

2.4.3.4 禁忌

在新加坡,用食指指人,用紧握的拳头打在另一只张开的掌心上,或紧握拳头,将拇指插入食指和中指之间,均被认为是极端无礼的动作。穆斯林忌讳狗、猪和猪制品,还忌讳酒和赌博。印度教徒视牛为圣牛,所以不吃牛肉,但喝牛奶。新加坡人认为"4""7""13"和"69"是触霉头的数字。

2.4.4 新加坡旅游资源与主要旅游地

新加坡是亚洲旅游业最发达的国家之一,独特的地理位置、宜人的气候、优美的自然环境和花园般的城市是其旅游亮点。

(1)鱼尾狮公园

每年有几百万来自世界各地的游客,专程造访鱼尾狮公园,与世界著名的鱼尾狮拍照留念。鱼尾狮塑像的设计灵感来自《马来纪年》的记载,在公元14世纪,一位印尼巨港王子遇到风暴,船漂流至此,他一登陆就看到一只神奇的野兽,随从告诉他那是一只狮子。他于是为这座岛取名为Singapura,在梵文中意即"狮子城"。至于塑像的鱼尾造型,浮泳于层层海浪间,既代表新加坡从渔港变成商港的特性,同时也象征着当年漂洋过海、南来谋生求存、刻苦耐劳的祖祖辈辈。

(2)牛车水

位于新加坡市区,中国城被称为"牛车水",因为原本的居民都以牛车拉水来清扫。如今的牛车水是现代购物中心、各色小贩和百年老店毗邻而居。牛车水最令人兴奋的莫过于农历新年期间。届时,整个地区张灯结彩、各种小店、杂铺都装饰一新,还有不少节日商品和风味小吃。假日期间,公众想祈福的话,不妨到牛车水新加坡佛牙寺参观,此寺庙由"释法照法师"在2002年11月创建,正殿供养一尊庄严的弥勒尊佛,佛牙寺亦为公众提供社会服务。

(3)天福宫

天福宫所在地直落亚逸街位于市区,原本临海,中国移民为求航海平安、酬谢神恩,1839年建了这座道教庙宇,是新加坡最古老、香火也最鼎盛的道教庙宇之一。船员在出海前会来此祈求"妈祖娘娘"能够平安航行,也使得这一带成为商业、宗教及建筑的重心。1973年时新加坡政府将天福宫定为国家级的古迹。

(4)圣淘沙名胜世界

圣淘沙名胜世界坐落于新加坡圣淘沙岛,占地10.49平方千米,耗资近60亿新币。娱乐城拥有东南亚独一无二的环球影城主题公园、全球最大的海洋生物园、赌城、各类娱乐演出以及六家风格各异的星级酒店等。新加坡环球影城包括科幻城市、埃及、纽约、失落的世界、好莱坞大道、史莱克4D电影等七大主题区,都是以好莱坞卖座电影设计出的精彩游乐项目。此外,游客们还可以坐上世界最高的双轨过山车,体验两辆过山车近距离擦身而过的刺激,其中18个是专门为新加坡环球影城设计的。

（5）裕廊飞禽公园

新加坡裕廊飞禽公园坐落于西部裕廊,面积达10.2平方千米。园内建有95个鸟舍、10个活动场和6个池塘,养有600多种、9 000多只飞鸟,飞禽公园也是世界上少数规模庞大的禽鸟公园之一。从园中模拟南极洲环境的企鹅馆到模仿热带雨林候的东南亚鸟舍,裕廊飞禽公园都设法为鸟儿营造一个与自然环境相近的栖息之所。园内的飞禽表演也很吸引人,驯鸟者一声呼唤,巨大的雄鹰、猫头鹰好似"飞将军从天而降",各种鹦鹉在表演者的指挥下不仅会讲"goodbye(再见)""hello(你好)"等英语单词,还会模仿狗叫、猫叫、鸡啼,充分显示了高超的模仿能力。

小印度

小印度是新加坡的印度族群的聚集地,就仿佛是一个印度的缩影,所以被称为小印度,坐落在新加坡中南部的实龙岗路。1819年莱佛士爵士的船航行到了新加坡,在随行的队伍中有很多印度的助手以及士兵等,他们就成了新加坡的土地上第一批的印度移民,再加上后来的移民以及繁殖等,这里的印度人越来越多,就成了这样小聚居地。

（资料来源于网络）

2.5 印度尼西亚

2.5.1 印度尼西亚自然环境

印度尼西亚共和国,简称印度尼西亚或印尼,为东南亚国家之一。由上万个岛屿组成,是全世界最大的群岛国家。疆域横跨亚洲及大洋洲,别称"千岛之国"。印尼由太平洋和印度洋之间的18 110个大小岛屿组成,岛屿分布较为分散,主要有加里曼丹岛、苏门答腊岛、伊里安岛、苏拉威西岛和爪哇岛。各岛内部多崎岖山地和丘陵,仅沿海有狭窄平原,并有浅海和珊瑚环绕。加里曼丹岛,山地从中部向西面伸展,沿海平原广阔,南部多沼泽。苏门答腊岛,山脉自西北向东南斜贯,山脉东北侧为丘陵和较宽的沿海冲积平原,平原东部多沼泽。苏拉威岛,大多为山地,仅沿海有狭窄平原。爪哇岛,北部是平原,南部是熔岩高原和山地,山间多宽广的盆地。伊里安岛,西部高山横亘,有全国最高峰查亚峰,海拔5 030米;南部平原较宽广。印尼处于亚欧大陆和太平洋板块的接触带,火山活跃,地震频繁。境内有火山400多座,其中活火山120多座,约占世界活火山的1/6。爪哇岛火山最多,地震最为频繁。河流众多,水量丰沛,但都比较小。较大的河流有爪哇岛的梭罗河以及加里曼丹岛的巴里托河、卡普阿斯河、马哈坎河,其中梭罗河全长560千米。较大的湖泊有多巴湖、马宁焦湖、车卡拉湖、坦佩湖、托武帝湖、帕尼艾湖等,其中苏门答腊的多巴湖为全国第一大湖,海岸线全长10.80万千米。岛屿之间构成许多海峡与内海,主要有巽他海峡、马六甲海峡、龙目海峡、爪哇海、苏拉威西海、佛罗勒斯海、阿拉弗拉海、班达海等。内海中,除爪哇海、阿拉弗拉海为浅海外,其余均为深海,其中班达海最深达7 000多米。领海中珊瑚礁分布甚广,总面积达到2万平方千米。主要群岛有大巽达群岛、努沙登加拉群岛(又称巽达群岛)、马鲁古群岛和伊里安查雅群岛。全国大部分地区属热带雨林气候(努沙登加拉群岛上的平原、谷地属热带草原气候)。终年高温多雨,湿度大。年平均气温25 ℃~27 ℃,温差很小,无寒暑季节变化。年平均降水量在2 000毫米以上。分旱、雨两季,一般4—9月为旱季,10月至次年3月为雨季,但各地不完全一致。爪哇岛是世界上雷雨最多的地区,有"雷都"之称,平均一年有322天都在打雷,全年雷雨达1 400场次以上,总雨量为4 618毫米。

2.5.2 印度尼西亚社会概况

2.5.2.1 人文概况

印度尼西亚总人口达约2.61亿人(2016年),是世界第四人口大国,有100多个民族,其中爪哇族占47%,巽他族占14%,马都拉族占7%,印尼华人占5%。民族语言200多种,通用印尼语。印尼无国教,但规定一定要信仰宗教,约87%的人口信奉伊斯兰教,是世界上穆斯林人口最多的国家。6.1%的人口信奉基督教新教,3.6%信奉天主教,其余信奉印度教、佛教和原始拜物教等。

(1)国旗:别称荣耀红白,是一面由红白两色横带组成的旗帜。旗面由上红下白两个相等的横长方形构成,长与宽之比为3∶2。

(2)国徽:图案为一只金色飞鹰,飞鹰象征创造力。鹰尾和鹰翼分别由8根和17根羽毛,象征印尼的独立日(8月17日)。飞鹰胸前的盾面的黑道象征赤道,水牛头象征主权属于人民,榕树象征民族意识,棉桃与稻穗象征丰衣足食及社会必须公正之原则,饰物象征人道主义。黑色小盾和五角星象征宗教信仰,也象征"潘查希拉"——印尼建国的五项基本原则。绶带上用印尼文写着"异中有同"。

(3)国歌:《伟大的印尼》。

(4)国花:茉莉花。

(5)首都:雅加达。

2.5.2.2 简史

在公历纪元前后,印度尼西亚是海上交通的要冲,居民都为印度人,主要信仰婆罗门教。5世纪初,法显去耶婆提(今苏门答腊及爪哇)时,据他著的《佛国记》所载,当地盛行婆罗门教,但亦有少量的佛教。稍后,印僧求那跋摩赴华,路经阇婆时,已见佛教甚为流行。据中国史籍《南史》和《梁书》的记载,5世纪中叶至6世纪上半叶,苏门答腊、爪哇和巴厘等地已广信佛法,崇仰三宝。7世纪末,在苏门答腊地区建立了室利佛逝王国。中国高僧义净往返印度时都在此落脚,据其所述该地大小乘并举;但从出土的文物看,密教系的观世音菩萨和多罗菩萨信仰也很普遍。8世纪初,到中国的印度高僧金刚智,曾在室利佛逝滞留,不空即在阇婆拜金刚智为师。可见8世纪前后大乘佛教特别是密教一系在室利佛逝十分流行。8世纪以后佛教由室利佛逝向马来半岛发展,当地王室都信奉密教,在马来半岛建立了大批密教寺院,民间亦多信奉者。

5世纪以后佛教在爪哇广为流传。8~9世纪,在中爪哇建立的夏莲特拉王朝诸王,都信奉大乘佛教与印度教混合的密教,建立了很多寺院,如世界驰名的婆罗浮屠大寺,高达十层,代表十法界,石砌回廊都刻有精美的浮雕,庄严雄伟,是世界美术史上的奇观。

10世纪初,室利佛逝的高僧编集了著名的佛教教义书《圣大乘论》。13世纪庚·安禄在东爪哇创建的新诃沙里王朝和14世纪韦阁耶建立的满者百夷王朝都信奉佛教。爪哇佛教是大乘密教和印度教湿婆派的混合物。他们把佛陀和湿婆看作一体,在崇拜的对象中杂有印度教的很多神祇。15世纪伊斯兰教传入爪哇后,佛教和湿婆派的信仰逐渐衰落,以致绝迹。

前2世纪后半期,在印尼出现了最早的国家叶调。3~7世纪,印尼境内分布着很多小王国和部落。7~11世纪,大国室利佛逝与中国使者商旅不绝于途。苏门答腊和爪哇确实存在着印度教化的国家。随着印度和东南亚群岛间海上贸易的发展婆罗门教和佛教也传到了苏门答腊岛的西岸。1025年,印度泰米尔朱罗王国拥有一支强大的海上力量,经常对室利佛逝进行袭击。从此,室利佛逝开始衰落。14世纪初,在爪哇建立了印尼历史上最强大的满者伯夷。到14世纪末,整个城市几乎被爪哇满者伯夷完全摧毁,幸存者迁居马六甲。爪哇分为东西两部分。西部贫穷,居民讲苏恩达内语,长期处在室利佛逝王国的影响之下。14~15世纪,该地区建立了帕查查兰王国。中部和东部的爪哇人讲爪哇语。8世纪,夏莲特拉王朝在中爪哇建立,这是个信奉佛教的王朝,婆罗浮屠就建于此时。9世纪末,珊阇耶又被来自东爪哇的一个名字叫玛塔拉姆的印度教王朝(今日惹地区)取代。10世纪爪哇地区的权力中心向东转移,海上贸易非常活跃。东爪哇王国在爱尔棱加统治时期(1019—1049)达到顶峰。12世纪末期,在香料贸易中致富的谏议里王朝崛起。1222年,冒险家(海盗)庚安禄篡夺了谏议里王位,把首都迁到了新柯沙里。谏议里王朝的最后一位统治者采取扩张政策,拒绝了元朝忽必烈派来的索贡代表团。他于1292年被叛臣杀害。第二年蒙古舰队登陆,但没能征服它。继任者在蒙古军队撤离后又建立了满者伯夷王朝。据1365年撰写的《爪哇史颂》记载满者伯夷曾统治整个巽他群岛和马来半岛。明朝时郑和下西洋经过了印尼,并在马六甲有外交活动。

到了16世纪,欧洲人抵达现印尼,发现了这些小国。一些欧洲强国开始建立殖民地,荷兰变成了这些欧洲国家里面占领最多领土的国家。荷兰最初通过荷兰东印度公司对这些地区实行殖民统治。1799年东印度公司解散后殖民地被荷兰政府接管,史称荷属东印度。第一次世界大战完结之后,当地人开始争取自治。到了第二次世界大战,日本帝国主义占领了荷属印度尼西亚。1944年日本允诺印度尼西亚独立。1945年6月苏加诺发表了《建国五项原则声明》。日本投降的消息传到印尼之后,苏加诺即发表印尼独立宣言。之后在短短五日间,印尼全国都宣告脱离荷兰东印度公司的管治。1947年7月,荷兰向印度尼西亚共和国发动了"警察行动"的大规模军事进攻。8月联合国安理会下令停火。荷兰又于1948年12月发动了第二次"警察行动",并逮捕了苏加诺。当联合国再次讨论这个问题后,荷兰承认印度尼西亚独立。最终东印度公司在1949年宣布放弃对印尼的管治权,使印尼得以正式独立,苏加诺任印尼第一任总统。

知识链接

苏加诺

　　1927年7月,苏加诺组织印度尼西亚民族联盟。1928年3月将印度尼西亚民族联盟改组为印度尼西亚民族党并任主席,试图通过"不合作"方式争取民族独立。同年12月,印尼民族党与伊斯兰教联盟、至善社、巽他青年会、苏门答腊同盟、泗水研究会等组成印度尼西亚民族政治联盟,苏加诺当选为主席。在反对荷兰殖民统治的斗争中,曾两次被捕,被流放到佛罗勒斯岛和明古鲁。1929年12月被殖民当局逮捕;1930年在万隆法庭发表《印度尼西亚的控诉》长篇辩护词,历数殖民者的罪行;1932年获释后参选印度尼西亚党,任主席;1933年再次被捕。1942年日军侵入印尼后获自由。日本占领印尼期间,曾幻想依靠日本实现印尼民族独立,并担任日本御用组织"民众力量中心"主席,同时又秘密与抗日组织联系。1945年6月1日,发表"印尼建国五原则",主张民族主义、人道主义、民主、社会公平和信仰神道。1945年8月17日,发表《独立宣言》,宣布印度尼西亚共和国成立,并当选为总统。在执政期间,苏加诺奉行独立自主的外交政策,反对帝国主义干涉,对召开1955年的万隆会议,促进亚非人民的团结,做出了重要贡献。他还是不结盟运动的发起人之一。荷兰殖民者重返印尼后,苏加诺于1948年12月被逮捕,并被流放邦加岛。直至1949年8月荷印(尼)圆桌会议承认印尼独立才得释放回到日惹。同年12月再次当选为印尼联邦共和国总统。1955年积极倡导并参加亚非会议,在会上发表了著名的开幕词"这是人类有史以来第一次有色人种洲际会议……"1959年兼任总理,并先后任最高议院主席、最高战时掌权者、民族阵线主席等职务。一贯主张执行反帝反殖的不结盟外交政策,促进亚非人民的团结合作。20世纪50年代以后,苏加诺在国内革命势力和国际形势的推动下,表示要实行"社会主义"。1965年"九三〇事件"以后,其总统权力逐步被军人集团剥夺。1967年3月被撤销总统职权,并遭软禁。1970年6月21日在雅加达病逝。

(资料来源于网络)

2.5.2.3 政治

　　实行总统内阁制度和三权分立。国会是国家最高权力机构,负责制定、修改与颁布国家宪法和大政方针,选举总统和副总统,并对总统实施监督,如总统违宪,人协可弹劾

罢免总统。共有成员 700 名,其中包括国会议员 500 名,地方代表 135 名和各阶层代表 65 名。任期 5 年。地方代表由省级权力机构选举,各阶层代表由社会各界推荐。人协每年召开一次年会,必要时可召开特别会议。现行宪法为"1945 年宪法",规定建国五基(又称"潘查希拉",即信仰神道、人道主义、民族主义、民主和社会公正)为立国基础,人民协商会议为最高权力机构,总统为国家元首、政府首脑和武装部队最高统帅。

2.5.2.4 经济

1968 年以来,特别是 20 世纪 80 年代调整经济结构和产品结构后,经济发展取得一定成就。第一个 25 年长期建设计划中,国民生产总值年均增长 6%,通货膨胀控制在 10% 以内。1994 年 4 月进入第二个 25 年长期建设计划,即经济起飞阶段。政府进一步放宽投资限制,吸引外资,并采取措施大力扶持中小企业、发展旅游、增加出口。1997 年受东南亚金融危机重创,经济大幅衰退,货币贬值、通膨高踞。为摆脱经济困境,政府被迫向国际货币基金组织(IMF)求援。1999 年经济开始缓慢复苏,但整改阻力较大,私企外债、银行呆账等问题难以解决。印尼工业发展方向是加强外向型的制造业,主要部门有采矿、纺织、轻工等。

2.5.3 印度尼西亚节庆与习俗

2.5.3.1 节日

(1)登霄节

伊斯兰教 7 月 7 日是传说中穆罕默德夜游升天之日,所以印尼人又把这个节日称作穆圣夜游升天节。据《古兰经》记载,穆罕默德 52 岁时,在这一天夜里,由天使陪同乘天马由麦加到了耶路撒冷,在那里登霄邀游了 7 重天,见过古代先知及天国和炼狱等,又于黎明时分返回麦加。后来,伊斯兰教徒将耶路撒冷视为圣地,将 7 月 17 日定为登霄节。印尼穆斯林庆祝登霄节活动通常是在夜间进行,举行会礼,诵经祈祷。这一天,每个穆斯林家庭都会举行家庭聚餐,吃椰浆饭及各种清真佳肴。

(2)开斋节

伊斯兰教每年 9 月,全国伊斯兰教徒白天都要斋戒禁食,斋月过后的第一天即 10 月 1 日,教徒们开禁,白天可以进食,这一天便成为开斋节。对印尼人来说,这一天是一年中最重要的节日。法定假日 3 天,但一般都要放两周的假。开斋节的前夕是一个不眠之夜。上至总统,下至百姓,都要到清真寺举行会礼。

(3)宰牲节

12 月 10 日为穆斯林的宰牲节。相传,伊斯兰教先知易卜拉欣这一天在梦中受安拉启示,命他将其子杀后献祭,以考验他对安拉的忠诚。易卜拉欣遵命欲执行时,安拉又命以羊代替。穆斯林教徒按照这一说法,每一年的这一天便宰羊向真主献祭,并将它定为宰牲节。在印尼,宰牲节是除开斋节之外的伊斯兰教第二大节日。

(4) 国庆节

印尼公元 7 世纪建立了分散的王朝，13 世纪末 14 世纪初爪哇形成强大的麻喏巴歇封建帝国，15 世纪先后遭到葡萄牙、西班牙和英国入侵，1602 年荷兰在印尼成立具有政府职权的"东印度公司"，开始了长达 300 多年的殖民统治。1942 年日本入侵，1945 年日本投降后爆发 8 月革命，8 月 17 日宣告独立，成立印度尼西亚共和国。每年这一天都要在总统府前广场上举行隆重的庆祝仪式，各地也要举行以升国旗为内容的庆祝活动。

2.5.3.2 饮食

印尼地处热带，不产小麦，所以居民的主食是大米、玉米或薯类，尤其是大米更为普遍。大米除煮熟外，印尼人喜欢用香蕉叶或棕榈叶把大米或糯米，包成菱形蒸熟而吃，称为"克杜巴"。不过，印尼人也喜欢吃面食，如吃各种面条、面包等。由于印尼人绝大部分信仰伊斯兰教，所以绝大部分居民不吃猪肉，而是吃牛羊肉和鱼虾之类。

印尼是一个盛产香料的国家，印尼制作菜肴喜欢放各种香料，以及辣椒、葱、姜、蒜等，因此印尼的特点，一般是辛辣味香。印尼人喜欢吃"沙爹""登登""咖喱"等。"沙爹"是牛羊肉串，制作方式讲究，先把鲜嫩的牛羊肉切成小块，然后浸泡在香料等的调料里，再用细竹条串起来，用炭火烤，边烤边用调料汁在串肉上洒，使串肉散发出阵阵的香味，烤熟后蘸辣椒花生酱一起吃，味道鲜美可口。"登登"是牛肉干，制作方式也很考究，先把鲜嫩的牛肉切成薄片，再涂上伴有香料的酱油，略放些糖，然后晒干。吃的时候，用油炸，味道也很美。

印尼盛产鱼虾，吃鱼虾也很讲究。除了煎、炸之外，有的鱼开膛后，在鱼肚里涂上香料和辣酱，然后烤熟吃。吃虾时，把活虾放在玻璃锅内，倒上酒精，点上火，盖锅盖，片刻便把活虾煮熟，然后蘸辣酱吃。

印尼风味小吃种类很多，主要有煎香蕉、糯米团、鱼肉丸、炒米饭及各种烤制糕点。印尼人还喜欢吃凉拌什锦菜和什锦黄饭。什锦菜的做法：先将喜欢吃的蔬菜洗净，切好后用各种佐料拌在一起，佐料以花生酱为主，这是印尼的大众菜。什锦黄饭的做法：把姜黄洗净，然后在磋床上搓成末，对水榨出浓汁，加上椰汁、香茅草和小橘叶。将大米洗净，然后放入上述汁叶煮熟，出锅后即成黄米饭。吃时，饭上盖以肉丝、鸡蛋丝、炸黄豆和炸红葱等。印尼人视黄色为吉祥的象征，故黄米饭成为礼饭，在婚礼和祭祀上必不可少。印尼人吃饭不用筷子，而是用勺和叉子，有时也喜欢用手抓饭。抓饭时，先把米饭盛在盘上，然后用右手指将饭捏成小团，送到嘴里一口一口地吃。饭桌边上要放一碗清水，边抓饭，边不时用手蘸清水，以免米饭粘在手指上。喜欢手抓饭的人，觉得这样吃很开胃。

由于印尼盛产咖啡，所以喝咖啡很普遍，如同中国人喜欢茶一样。早餐时，印尼人一般是喝咖啡加面包点心，或者是油炸香蕉。由于地处热带，印尼人喜欢喝各种冷饮。除冰激凌、汽水外，还有品种繁多的冷饮，如用菠萝、椰子、杧果等制作的各种冷饮，伊斯兰教徒不能喝烈性酒，所以印尼人多只喝啤酒。

印尼盛产各种热带水果，尤其是香蕉品种多达几十种。根据香蕉的品种，吃法也不同。有生吃的、有煮吃的、有用油炸的、有用炭火烤的。用油炸的，一般是先将香蕉去皮、切成两半，用稀面裹上，再用油炸。用火烤的，一般是先把带皮的香蕉压扁，然后在炭火上烤熟,吃的时候蘸糖酱一起吃。

2.5.3.3 礼仪

农村地区有嚼佬叶、槟榔的习惯,如主人递上槟榔盘,客人最好尝尝,以答谢主人的盛情。印尼人不喜欢傲慢、粗鲁的人,高声讲话、指手画脚、跷二郎腿都被认为是不礼貌的举动。印尼人敬烟时,总是将烟盒先磕一下,使几支烟露出烟盒,然后再递到客人面前。客人取烟时,一般先将露出烟盒最长的那支烟按进烟盒,然后取露出烟盒最短的一支,以示谦虚。从烟盒中取一支递给客人,或远抛给客人被认为是对人不敬。

印尼人讲究礼节,见面时总要互打招呼,互致问候。伊斯兰教徒之间一般使用阿拉伯语问候,并双手合十至前额表示诚意和衷心祝福。外国人如用印尼语跟印尼人打招呼,他们会感到格外亲切。男士对女伊斯兰教徒(一般戴面纱者)不要主动伸手要求握手。去印尼人家里,在主人没请你就坐前,客人不可贸然就座,请坐后客人应按主人指定的位子就座。告辞时,须向主人道声"谢谢""麻烦您了"等敬语。印尼人中尊卑、上下、长幼等级观念较强。对成年男子一般要用"Park"("老伯""您""先生"之意)相称。下级对上级,虽然上级年纪较轻,也要称呼他"Park ×××",否则会被认为对他不敬。在长者、上级、客人座位前经过,一般要弯腰并将右手伸至右膝处,以示对他们的敬重。

印尼人有一些特殊的习惯,外国客人应注意尊重。他们喜欢打赤脚(尤其在乡下),喜欢席地而坐(男士盘腿、女士跪坐),喜欢用右手抓饭吃(在非正式场合)。伊斯兰教徒一般不喝酒,对不太熟悉的人千万别随便敬酒、劝酒,只有当确切知道他不是伊斯兰教徒时方可敬酒。不少印尼人性格比较幽默,爱开玩笑,如不是出于恶意,即使玩笑过火一点,也不必生气。印尼人跟其他东方民族一样,对问年龄并不特别介意,但对受过西方教育或有地位的人,最好不要问及。

2.5.3.4 禁忌

印尼人忌讳用左手传递东西或食物。忌讳有人摸他们孩子的头部,认为这是缺乏教养的行为。忌讳老鼠和乌龟。与印尼人交谈应避开政治、宗教等话题。不要用左手握手。也不要用左手选择食品或用左手触摸别人,因左手只是在卫生间才用。不要用弯曲手指的方式请别人过来。头部是神圣的,千万不要拍别人的头部,即使对方是小孩子。印尼爪哇人具有神秘的信仰,忌谈诞辰。印尼人不在街道上或走路时吃东西,认为这是不礼貌的。在印尼,与别人谈话或进别人家都要摘下太阳镜。被主人邀请到家里吃饭,客人在开饭或喝酒之前要等候主人的邀请,吃饭时不要多说话,用餐完毕在盘子里留点食物。人们如果召唤小孩和三轮车驾驶员,可以用手势,而在其他场合叫人,应将掌心向下伸出手指做向内屈运动,而不要用一个手指。在印度尼西亚人的心目中,蛇有着崇高的地位,人们敬蛇如敬神,有很多民间传说和传统戏剧中,都涉及蛇的故事,它往往是善良、智慧、德行和本领的象征。

2.5.4 印度尼西亚的旅游资源与主要旅游地

印尼的自然旅游资源与人文旅游资源都相当丰富。首都雅加达不仅是全国的政治、经济、文化中心,还是一个拥有诸多景点,接待国内外游客最多的旅游胜地。主要景点有印尼缩影公园、独立广场、雅加达博物馆、下城和唐人街等。印尼各省也都有代表性的景点,如中爪哇日惹市婆罗浮屠、西爪哇茂物市郊的茂物植物园、万隆市的覆舟山等,还有风景迷人的巴厘岛。

(1) 印度尼西亚缩影公园

坐落在雅加达市郊,面积100公顷。通过印度尼西亚缩影公园,游客可以在一天时间里了解印度尼西亚的岛屿。公园涵盖了印度尼西亚的27个省,表现出了这些地方的文化特色、建筑特色。公园中央设有巨型印尼群岛模型图,四周园地划分为27个区,代表印尼的27个省区,如中爪哇区、巴厘区、雅加达区等。每个区内有当地传统特色的建筑物,并种植当地特有的植物。游客还可乘小船游览"印尼各岛",也可乘空中缆车、小型火车或马车,遍游"全国",领略印尼各地的风光特色。

(2) 雅加达中央博物馆

雅加达中央博物馆是印度尼西亚最大的博物馆。位于雅加达市中心独立广场西边的独立西街。1868年落成。博物馆中设有金银装饰室、青铜室、货币室、古物展览室、史前展览室、木器展览室、民俗展览室、荷兰东印度公司陈列室等。它集中了印度尼西亚的历史文物,并收藏有30万年前爪哇猿人头骨化石,中国的商周青铜器、汉代至明代的陶瓷和古币,爪哇的象首人身佛像,苏门答腊的房屋模型以及皮影戏、木偶戏道具等。

(3) 婆罗浮屠

婆罗浮屠意为"山丘上的佛塔",也称"千佛坛",属佛教东南亚分支建筑文化。坛为实心,由30万块石头紧紧砌合而成,最大的竟重达1吨多。它的外形是呈阶梯状的锥体,总高35米,共分九层。塔基是一个边长为110米的四方形的台,下面六层为折角方形,象征茫茫大地;上面三层变为柔润的圆形,象征着恢宏广宇。底部四周有石级道直通其上。上面三层圆台基上还设有许多小塔(其中第七层32座,第八层24座,第九层16座),共72座环绕大塔,这些小塔上都刻有一个个透光的孔洞,形似竹篓,所以又有人叫这个婆罗浮屠为"爪哇佛篓"。锥体的顶端是一个大佛塔,直径约有10米,与我国北京的妙应寺白塔不但形似而且神似。

这座石塔每层都设有回廊,左右壁面上均刻有精美的浮雕,内容有《佛传》《本生事》《华严五十三参之图》等故事,一幅接一幅,好像一本绵延不绝叫人不忍释卷的连环画,不仅情节引人,就连形象也是那么逼真,更不用提它的雕刻技法有多么细腻动人了。全塔两千多面浮雕,是佛教艺术中的珍品,更是世界闻名的石刻艺术宝库,有"石块上的史诗"之称。今天,婆罗浮屠是南半球上最著名的古迹,它与中国的长城、埃及的金字塔和柬埔寨的吴哥窟一道,合称为东方的四大古迹。

(4) 巴厘岛

巴厘岛是印度尼西亚著名的旅游区,距印尼首都雅加达1 000多千米,与雅加达所在的爪哇岛隔海相望。巴厘岛面积5 560多平方千米,人口约315万。巴厘岛处于热带地区,气候炎热而潮湿。巴厘岛上大部分为山地,全岛山脉纵横,地势东高西低。岛上还有四五座完整的锥形火山峰,其中阿贡火山海拔3 142米,是岛上的最高点。沙努尔、努沙-杜尔和库达等处的海滩,是岛上景色最美的海滨浴场,这里沙细滩阔,海水湛蓝清澈。每年来此游览的各国游客络绎不绝。巴厘岛不但景色优美迷人,其文化和社会风俗习惯的丰富多彩也驰名于世。巴厘人的古典舞蹈典雅多姿,在世界舞蹈艺术中具有独特的地位,亦是印尼民族舞蹈中一枝鲜艳的奇葩。其中,狮子与剑舞最具代表性。巴厘的雕刻(木雕、石雕)、绘画和手工业品也以其精湛的技艺,独特的风格闻名遐迩。在岛上处处可见木石的精美雕像和浮雕,因此,该岛又有"艺术之岛"之誉。玛斯是该岛著名的木雕中心。巴厘的绘画别具一格,大都是用胶和矿物颜料画在粗麻布或白帆布上,主题取材于田园风光和人民生活习俗,具有浓郁的地方色彩。因此,巴厘岛素有"诗之岛""东方的希腊"的美称。位于岛中部的乌穆是绘画中心,博物馆内保存着许多历史文物和巨幅绘画。在岛中部有著名的猴子庙,猴子成群结队。其北有风景优美的比都库湖。著名的京打马尼,气候凉爽,由此可远望顶峰终年烟雾迷蒙的巴都火山。巴都山下的巴都湖也以风光优美著称。岛东南部的格龙宫是著名的古代巴厘王朝法庭所在地,宫殿气派雄伟,四面有护城河,屋顶绘满犯人受刑时的画像。岛西南海滨的丹那乐,岸边高地建有庙宇,因长年海浪冲蚀,使此地与本岛相离 25 米,形成孤岛,每当海潮上涨,庙宇在波涛中似沉似浮,宛如水中宫殿。

独立清真寺

雅加达独立清真寺又称伊斯蒂赫拉尔清真寺,是印度尼西亚国家清真寺,是东南亚最宏大的清真寺之一。建成于 1979 年。该寺占地面积 93.5 公顷,建筑面积 93 400 平方米。屋顶上有一个漆成白色的巨大半圆形顶盖,十分醒目。印尼重大的伊斯兰教活动和仪式都在这里举行,印尼总统及政府要人经常到这里做礼拜。

主体建筑是一个直径 45 米的白色大圆屋顶覆盖的中央礼拜大厅,面积达 10 000 平方米,环绕大厅周围是 5 层附属楼堂,附有宽敞的走廊厅堂,整个建筑全部用大理石铺设,面积达 87 389 平方米,其中仅大理石柱就有 4 400 根。该寺的宣礼尖塔高达 66.6 米,有宽阔的广场草坪地带。

(资料来源于网络)

2.6 泰国

2.6.1 泰国自然环境

泰国位于东南亚的中心,是通往印度支那、缅甸和中国南部的天然门户。从地形上划分为四个自然区域：北部山区丛林、中部平原的广阔稻田、东北部高原的半干旱农田，以及南部半岛的热带岛屿和较长的海岸线。国境大部分为低缓的山地和高原。地形多变，可分为西、中、东、南四个部分。

东北部是呵叻高原，这里夏季极干旱，雨季非常泥泞，不宜耕作。中部是昭披那河（即湄南河）平原。由曼谷向北，地势逐步缓升，湄南河沿岸土地丰饶，是泰国主要农产地。曼谷以南为暹罗湾红树林地域，涨潮时没入水中，退潮后成为红树林沼泽地。泰国南部是西部山脉的延续，山脉再向南形成马来半岛，最狭处称为克拉地峡。

另外，泰国的一般大众习惯将国家的疆域比作大象的头部，将北部视为"象冠"，东北地方代表"象耳"，暹罗湾代表"象口"，而南方的狭长地带则代表了"象鼻"。

气候方面，泰国属于热带季风气候。常年温度不下18 ℃，平均年降水量约1000毫米。11月至2月受较凉的东北季候风影响比较干燥，3月到5月气温最高，可达40 ℃～42 ℃，7月至9月受西南季候风影响，是雨季。10月至12月偶有热带气旋从南中国海经过中南半岛吹袭泰国东部，但在暹罗湾形成的热带气旋为数甚少。另，泰国在世界上素有"佛教之国""大象之国""微笑之国"等称誉。

2.6.2 泰国社会概况

2.6.2.1 人文概况

泰国总人口约6886万人（2016年），全国共有30多个民族，泰族为主要民族，占人口总数的40%，其余为老挝族、华族、马来族、高棉族和山地民族。泰语为国语。佛教为国教。95%的居民信仰佛教，马来族信奉伊斯兰教，还有少数信奉基督教、天主教、印度教和锡克教。华人是泰国的一个重要族群，约有730万人，占总人口的12%。

（1）国旗：国旗呈长方形、长与宽之比为3∶2。由红、白、蓝三色的五个横长方形平行排列构成。上下方为红色，蓝色居中，蓝色上下方为白色。蓝色宽度相等于两个红色或两个白色长方形的宽度。红色代表民族和象征各族人民的力量与献身精神；白色代表宗教，象征宗教的纯洁；泰国是君主立宪政体国家，国王是至高无上的，蓝色代表王室，蓝色居中象征王室在各族人民和纯洁的宗教之中。

（2）国徽：泰国国徽是一个极富宗教神秘色彩的图腾图案。深红色的大鹏是泰国民间传说中鹰身人面的神灵。

（3）国歌：《泰王国歌》。

（4）国花：金链花。

（5）首都：曼谷。

2.6.2.2 简史

泰国的意思是"自由之地"，在其800年的历史中，泰国可以引以为自豪的是它是东南亚唯一一个没有沦为殖民地的国家。泰国的历史分为五个主要的时期：

(1)南朝时期(650—1250)

泰族人在中国南部,即现在的云南、广西和广东,建立了他们的国家。许多人向南移居到湄南河盆地,并在高棉帝国统治下的中央平原定居了下来,并可能接受了高棉帝国的文化。泰族人在约1238年时建立了独立的国家素可泰,标志着素可泰王朝的开端。

(2)素可泰时期(1238—1378)

13世纪时泰族人开始成为这个地区的统治力量,并逐渐宣布从当时存在的高棉和孟王国独立出来。统治者称之为"幸福的黎明",这也常常被认为是泰国历史的黄金时期,这是理想的泰国,物产丰富,君主像父亲般慈善,其中最著名的国王是兰甘杏大帝。然而在1350年,更加强大的大城对素可泰产生了巨大的影响。

(3)大城时期(1350—1767)

大城的君主从一开始就接受了高棉文化的影响。他们不再是素可泰王朝时父亲般慈善、平易近人的君主,而是专制帝王,并采用devaraja(神王)的头衔。在这个时期的早期,大城的统治向邻近的泰公国扩张,并与其邻国发生冲突。17世纪时,暹罗开始同西方国家建立外交和商业关系。

1767年,缅甸入侵,成功攻陷了大城。尽管缅甸人取得了胜利,但是他们对暹罗的统治并没有维持多长时间。年轻的Phya Taksin将军和他的随从突破了缅甸人的重围,逃到了尖竹汶(Chantaburi)。大城沦陷7个月后,他和他的军队乘船返回到都城,赶走了缅甸驻军,收复了大城。

(4)吞武里时期(1767—1772)

著名的Taksin将军决定将都城从大城迁移到靠近海的地点,这样有利于对外贸易,保证武器的采购,并且万一缅甸重新进犯,便于防守和撤退。他在湄南河西岸的吞武里建立了新都城。Taksin的统治并不是一帆风顺的。大城沦陷后缺少中央权威导致王朝迅速瓦解,Taksin统一各府的统治覆灭了。

(5)曼谷时期(1782年至今)

Taksin死后,查库里将军成为查库里王朝的第一世国王,即拉玛一世,从1782年统治到1809年。他即位的第一项举措就是将王室都城从吞武里迁到河对岸的曼谷,并建造了大王宫。拉玛二世(1809—1824)继续修建工作。拉玛三世(1824—1851)重新开始了同西方国家的联系,并发展同中国的贸易。拉玛四世国王(1851—1868)与欧洲国家缔结条约,避免沦为殖民地,并建立了现代泰国。在他统治期间,开展了许多社会和经济改革。拉玛五世(1869—1910)继承父亲进行改革,废除奴隶制,改进公共福利和行政制度。拉玛七世(1925—1935)统治期间,泰国从君主专制政体转变为君主立宪政体。拉玛八世(1935—1946)时国家由暹罗更名为泰国,1939年起实现民主政治制度。现任国王普密蓬·阿杜德是查里库王朝的拉玛九世国王。

普密蓬·阿杜德

普密蓬·阿杜德国王生于1927年12月5日,是泰国国王拉玛五世之孙、拉玛八世阿南塔之弟,两岁丧父。他的名字,普密蓬·阿杜德,意思是"土地的力量,无与伦比的力量"。1933年,6岁的普密蓬随着母亲移居瑞士洛桑,1945年,第二次世界大战结束,普密蓬归国,不久以后,1946年6月,其兄泰王拉玛八世驾崩,年仅19岁的普密蓬登基,是为拉玛九世。1948年,拉玛九世因为在瑞士的一场交通意外中导致右眼失明,拉玛九世虽然是在瑞士完成他的学位,但他经常访问法国,也是在这个时候,他于巴黎邂逅了泰国驻法大使的女儿诗丽吉,两年后(1950年),22岁的拉玛九世与18岁的诗丽吉结婚。1952年,拉玛九世回国正式接掌王权并在位至2016年10月13日逝世。

普密蓬·阿杜德本人学识过人、多才多艺、乐善好施,这奠定了他在泰国人心目中的地位。他喜欢演奏钢琴和萨克斯,曾经与世界著名爵士乐大师杜克·埃林顿、莱诺·汉普顿等人同台演出。"他是全世界最酷的国王",汉普顿在1987年出版的泰文杂志《你好》发表的文章中写道。1964年,奥地利音乐与戏剧艺术学院授予普密蓬国王名誉音乐博士学位。普密蓬国王还是快艇和风帆好手,曾代表泰国参加国际快艇赛得过奖牌,还曾驾风帆横渡泰国湾。他精通7门外语,绘画与摄影均达到专业水平。截止到20世纪末,普密蓬国王获得全球各大学授予的荣誉学位达136个,这使他成为世界上拥有荣誉学位最多的人。在君主制日益衰微的当今世界,像普密蓬国王这样深受民众拥戴、才华出众又拥有极大影响力的君主实在不多了。

(资料来源于网络)

2.6.2.3 政治

泰王国宪法规定:泰王国是以国王为国家元首的民主体制国家。议会全称立法议会。立法议会代行国会职责,下设24个专门委员会,主要负责审议制定有关法律文件,对政府政策和工作进行监督。立法议会主席兼任国民大会主席,有权任命200名制宪会议委员。司法属大陆法系,以成文法作为法院判决的主要依据。司法系统由宪法法院、司法法院、行政法院和军事法院构成。

2.6.2.4 经济

实行自由经济政策,属外向型经济,较依赖美、日、欧等外部市场。20世纪80年代,制造业尤其是电子工业发展迅速,经济持续高速增长。1996年被列为中等收入国家。1997年金融危机后陷入衰退。1999年经济开始复苏。工业主要门类有:采矿、纺织、电子、塑料、食品加工、玩具、汽车装配、建材、石油化工、软件、轮胎、家具等。工业在国内生产总值中的比重不断上升。2009年制造业生产指数增长7.4%,商用运输机械设备增长5.0%,纺织业增长2.5%,建材业、食品加工业、橡胶业也有不同幅度的增长。

2.6.3 泰国节庆与习俗

2.6.3.1 节日

(1)宋干节

每年4月13日至15日,是泰国的新年,全国放假四天。每当此刻,举国欢庆,曼谷尤甚。在节日里孩子会把水泼到长者的手上,在水花四溅中祈求祝福。最受尊敬的佛像——帕辛佛(Sihing)将被展出,会有上千佛教弟子向他泼水。庆典活动还包括打水仗,这在炎炎4月的泰国是一种降温的好办法。

(2)火箭节

又称竹炮节,泰语称"汉邦菲"。它是泰国民间祈雨的一种风俗仪式,于每年雨季将至前举行,一般进行两天。有盛大的火箭游行和地方舞蹈,并在公园内发射火箭,极具民间气息。

(3)农耕节

农耕节(plowing day)是泰国的重要节日,每到农耕时节泰国都要在曼谷大王宫旁边的王家田广场举行大典。农耕节大典始于13世纪的素可泰王朝。节日由占卜师选择在每年5月(泰农历六月)的一个吉日良辰举行,用于预祝当年农田风调雨顺、五谷丰收。仪式由国王主持。农耕仪式一般在大皇宫北面的皇家田广场举行,历时2小时,仪式隆重热烈,吸引众多游人观看。

(4)鬼节

泰国的鬼节每年都于6月中旬在黎府举行,非常受当地人民的重视,主要是向上天祈求风调雨顺,希望来年稻米丰收。

(5)守夏节

守夏节也叫佛教的四旬斋节,佛教徒在此期间要净化思想,积功德,并停止一切诸如喝酒、赌博和杀戮等恶行。他们相信做的这些好事可以给自己带来终生幸福和兴旺发达。泰国的守夏节亦称坐守居节、入夏节、入雨节等,是泰国最重要的佛教传统节日,每年泰历八月十六日举行。守夏节在泰文中叫作"考攀萨"。该词来自梵巴文,"考"意为"进入";"攀萨"意为"雨季""雨期"。

(6)水灯节

公历11月,泰历12月月圆之日,水灯节是泰国的主要节日,亦是泰国民间最热闹、最富诗意的传统节日。司仪把香棒、硬币、蜡烛、菱叶和鲜花放在莲花形的托叶(水灯)上。然后点燃蜡烛和香,把水灯放到水边,希望它的烛光随水远行。其中火焰代表梦想和长寿的实现。沿着河岸,游客们可以买到事先做好的水灯,一起参加庆祝。水面上千万朵闪烁的火花上上下下,代表了人民的希望和梦想。最热闹的地区是第一世皇桥两岸、考遴公园、空洛港等地。

(7) 大象节

泰国是世界上产象大国,被称为"象之国",大象在泰国文化中享有很高地位,是力量与优雅的象征。创办于1960年的大象盛会于每年11月的第三个周末,在产象最多的素辇市举行。一年一度的象节,是泰国素辇府富有特色的传统宗教节日,其主要表演者是大象。

(8) 猴节

每年11月的最后一个周日,是罗波里小镇一年一度的"猴子节"。每年的这个时候,罗波里镇的居民都会在供奉有猴子神像的桑菩凯寺,为猴子准备美食大餐,让它们一次吃个够。2010年已经是第19届了。

2.6.3.2 饮食

泰国美食国际知名。无论是口味辛辣的还是较为清淡的,和谐是每道菜所遵循的指导原则。泰式烹调实质上是由有几百年历史的东方和西方影响有机地结合在一起,形成了独特的泰国饮食。泰国美食的特点要根据厨师、就餐人、场合和烹饪地点情况而定,以满足所有人的胃口。泰国烹饪最初反映了水上生活方式的特点。水生动物、植物和草药是主要的配料,避免用大块的肉。后来的影响使得泰国饮食中也使用相当大块的肉。

因为有佛教背景,所以泰国人避免食用大块动物的肉。大块的肉被切碎,再拌上草药和香料。泰国传统的烹饪方法是蒸煮、烘焙或烧烤。由于受到中国影响,引入了煎、炒和炸的方法。自17世纪以来,烹饪方法一直受到葡萄牙、荷兰、法国和日本的影响。在17世纪后期,葡萄牙传教士在南美洲习惯了红辣椒的味道,于是在泰国菜中引入了红辣椒。

泰国人非常擅长"暹罗-伊势"的外国烹饪方法,并替换一些成分。印度饮食中使用的酥油被椰子油取代,椰子汁代替了其他乳制品。减少使用过于强烈的纯香料,增加了新鲜的草药,比如柠檬草和高良姜。最后,在泰国咖喱中使用较少的香料,而增加新鲜草药的使用量。通常人们都知道泰国咖喱的辣味很强烈,但持续时间短,而其他咖喱,由于香料味道强烈,辣味会持续很长时间。泰国菜上菜不是按照一定的顺序,而是一次上齐,这样用餐的人就可以尽情享受各种味道相互补充,相互结合。

完整的泰餐应该包括一份汤,一份有调味品的咖喱菜,鱼和蔬菜。加香料的色拉可以代替咖喱菜。汤也可以是辛辣的,但是咖喱应该被不辣的菜取代。每道菜和整顿餐都必须在口味和材质上协调。

2.6.3.3 礼仪

当泰国人互相打招呼时,不会采用典型的握手方式,而以双手合十,状似祷告,泰国人称"wai"。一般来说,年幼的先向年长的打招呼,而年长的随后回礼合十。以足部指向他人是不礼貌的行为。所以,与人对坐应该避免这种情况出现,向某人指示任何东西,请用手。泰国人认为"头部"在字义上或象征上是身体上的最高部分,不能随便触摸别人的头部,不然则被认为是对别人的不恭和蔑视。坐着时,忌别人拿物品越过其头顶。泰国人的社交聚会中,年轻人会在年长人士前刻意地把头部垂下,不高于年长人士的身高,以免留下"看不起"他们的印象。诚然,这不是经常可以做到的,不过,他们的努力是受到重视的。公开宣示男女之间的爱意行为是难以接受的。泰国有些十分西化的年轻夫妇在公共场所手牵手,但是这种情况只在开明的社群中可见。

在泰国,发脾气是下下之策,特别是公然地发脾气,至于想要的也将无法得逞。泰国人认为这样子代表了卑劣的仪态,保持冷静和平抑情绪则是上上之策。若泰国人以你的名字代替姓氏称呼你时,如:卜克先生或玛莉女士,千万不要感到惊讶。因为,他们是这样互相称呼的,一般尊称"kun"(先生、太太、女士)在名字前。佛教是泰国的国教,全国有佛寺18 000多座,僧侣多达15万人,家家户户都供奉佛经佛像,早晚必须祈祷,求佛保佑平安无事,各学校都设有宗教课程。按照古老习俗,男子成年后,必须削发为僧,出家一次,就连国王也不例外。

2.6.3.4 禁忌

(1)泰国人非常尊重国王和王室成员,泰国法律有对王室不敬罪的处罚条例,即使外国人也不可触犯。不要随便谈论或议论王室。遇有王室成员出席的场合,最好是留意其他人的动作,跟着照做。

(2)泰国人视头部为神圣之地,因此不要随便触摸别人的头部。如果你无意中碰及他人的头部,应立即诚恳地道歉。特别忌讳外人抚摸小孩(尤其是小和尚)的头部,小孩子的头只允许国王、僧侣和自己的父母抚摸。

(3)泰国人认为左手和脚都不干净。左手只能用来拿一些不干净的东西,重要东西用左手拿会招来嫌弃,在比较正式的场合,还要双手奉上。脚部是卑贱的,不能用脚踢门和用脚指点东西。绝对不能把脚掌冲向佛。入座时,不要跷起脚或把脚底对着别人。对妇女的要求更为严格,双腿必须并拢,否则会被认为是不文明,缺乏教养。

(4)公众场合不要做出过于亲昵的举动,如拥抱、亲吻等,仅在某些海滩允许裸体晒日光浴。

(5)与人谈话时不得戴墨镜,手势要适度,不得用手指着对方说话。从别人面前走过时(不管对方是坐着或站着),必须弓着身子,表示不得已而为之的歉意。妇女从他人面前走过时,更应如此。

(6)通常泰国女性都是比较保守的,不要在未经她们同意的情况下触摸她们的身体。

(7)泰国人很注意个人清洁,虽然天气很热,但着装还是非常讲究。

(8)避免使用暴力和粗鲁的语言,遇事要克制忍耐。这也是泰国人"乐天安命"的处世态度。

(9)泰国人不用红笔签名。因为泰国人死后要用红笔在棺材口写上其姓氏。

(10)在人经常走过的地方,如门口、房顶等禁止悬挂衣物。

(11)泰国人在泰历的每年12月15日要举行水灯节,在观看水灯时一定要注意,无论那水灯多么精致美丽,都绝对不能捡起来。

(12)进入寺庙要脱鞋,服装应整齐、端庄,最好不要穿短裤。女性避免碰触僧侣,如奉献财物,可请男士代劳,或直接放在桌上。

(13)泰国禁赌,即使在酒店房间也不能玩牌或打麻将。

2.6.4 泰国旅游资源与主要旅游地

泰国是亚洲重要的旅游国家之一,迷人的热带风情及独具特色的佛教文化是吸引游客的重要因素。泰国是一个历史悠久的佛教国家,这里到处是金碧辉煌、尖角高耸的庙宇、佛塔,无处不有精致美观的佛像、石雕和绘画,这些在长年青绿的椰林掩映下的古迹,为泰国妖媚动人的热带风光增添了无限绚丽的色彩。

(1)曼谷

以大皇宫、湄南河为主线的旅游景点群,分布于曼谷市区以及周边地带;在曼谷市区最为著名的如大皇宫,玉佛寺,五世王金柚木行宫,四面佛,金佛寺,黎明寺,湄南河,唐人街;在曼谷周边还分布着另一种品位的旅游景点,如素有泰国的迪士尼美誉的"梦幻世界游乐场",暹罗水上乐园,赛福瑞海洋公园,野生动物园,玫瑰花园,三攀象园,蜡像馆,北榄鳄鱼潭,古城76府等,都是曼谷一带远近闻名的旅游景点。

知识链接

玉佛寺

玉佛寺位于泰国首都曼谷大王宫东北角,是泰国最著名的佛寺,三大国宝之一。玉佛寺是泰国大王宫的一部分,面积约占大王宫的四分之一。玉佛寺建于1784年,是泰国曼谷王族供奉玉佛像和举行宗教仪式的场所。漫步玉佛寺,宏伟的楼宇亭榭,精巧别致的长廊高塔,或巧夺天工、玲珑别透,或金玉璀璨、高耸挺拔。

玉佛寺集中了泰国各佛寺的特点,寺外屹立着仿照中国佛寺守护神塑造的威武庄严金刚像。寺内有巍峨的玉佛殿,供奉曼谷王朝一世王至八世王神像的先王殿,佛骨殿,藏经阁,钟楼及灿烂的金塔。寺内四周有长约一千米的壁画长廊,绘有178幅以印度古典文学《罗摩衍那》史诗为题材的精美彩色连环画,并附有泰文译诗。在玉佛寺内还陈设着几块《三国演义》大瓷屏风,其上彩绘的人物栩栩如生。

玉佛殿是玉佛寺的主体建筑,雄伟大殿正中的神龛里供奉着被泰国视为国宝的玉佛像。玉佛被供奉在11米高的金制礼坛上,四周立有多尊金佛,背后的墙上绘有精美的壁画:在天上、人间和地狱的背景衬托下是佛陀成道的故事,两侧墙上画的是佛传和佛本生的故事。玉佛高66厘米,宽48厘米,由一整块碧玉雕刻而成。据泰国历史记载,1434年在泰国北部清莱府一尊裂开的大石膏佛像里发现了这尊玉佛。随后,玉佛被运到泰国各地及老挝的万象等地供信徒膜拜。1780年,泰国吞武里王朝郑信王将玉佛迎回泰国,供奉在郑王寺殿内。1782年曼谷王朝拉玛一世王在曼谷建立王宫和佛寺,将玉佛迎奉至玉佛寺内,同时还制作了三套适应不同时节的价值连城的金缕衣衫。每当换季时节,泰国国王都亲自为玉佛更衣,以保国泰民安。

(资料来源于网络)

（2）普吉岛

泰国最大的岛屿、安达曼海的"珍珠"——普吉岛，是东南亚具有代表性的旅游度假胜地。它的魅力首先在于那美丽的大海，岛屿的西海岸正对安达曼海，那里遍布原始的沙滩，每个沙滩都有各自的优点和魅力，阳光普照之下，大大小小的海滩闪烁着安达曼海拍岸的浪花。令人神往的海滩和一幢幢饭店旅馆恭候着来自世界各地的游客。这里的海滩类型丰富，有清静悠闲的海滩，也有豪华的、像是私人度假的海滩。

（3）芭堤雅

芭堤雅以阳光、沙滩、海鲜名扬天下，被誉为"东方夏威夷"，是世界著名的新兴海滨旅游度假胜地。位于首都曼谷东南154千米、印度支那半岛和马来半岛间的暹罗湾处，市区面积20多平方千米，风光旖旎，气候宜人，年平均温度20℃左右。每年接待游客100多万人次，收入外汇折合泰币70多亿铢，是泰国旅游业的重要支柱之一。

（4）苏梅岛

苏梅岛是泰国的第三大岛，是继普吉岛之后的一个新兴岛屿，这里标榜的就是纯朴和自然，酒店资源非常丰富，已经成为规模，同样是傍海而立的酒店，都拥有私人的沙滩，岛上旅游资源恰到好处，不多，但个个经典，最著名的旅游景点如大金佛，惟妙惟肖的祖父祖母石，森林探险之旅的南门大瀑布，红树林泛舟之旅，还有苏梅岛上不可不尝试的熏香SPA，泰式按摩遍布大街小巷，绿柠果中心酒吧街一带是晚上休闲和吃海鲜的好去处；离岛之旅活动，目前已经开发的如安通国家公园，月光岛上闻名于世的"满月派对"，龟岛的潜水等，都打造了苏梅岛以原始纯朴为主题的旅游度假形象。

（5）珊瑚岛

珊瑚岛距芭堤海岸10余千米。由海岸乘船约需2小时，如乘坐快艇仅需30分钟。岛上的白沙和深蓝色的海水交织成一幅绚丽的南国画卷。珊瑚岛海域水质洁净，透过水面，可看到水深达数米之下的海底生物世界。旅游者乘坐装有玻璃底的小舟，尽情俯览千姿百态的鱼虾和珊瑚。那里有全套的潜水设备出租，游客可尝试海底潜水。岛的周围是芭堤雅主要的水上运动区，备有空中降落伞、滑板、帆板、水上飞摩托艇等娱乐项目。

（6）皮皮岛

皮皮岛是由北部的大皮皮岛和南部的小皮皮岛及周围4座小岛组成的群岛，1983年被定为泰国国家公园。这是一个深受阳光眷宠的地方，柔软洁白的沙滩，宁静碧蓝的海水，鬼斧神工的天然洞穴，未受污染的自然风貌，使得它一举成为近年来炙手可热的度假胜地之一。随意地坐在海堤边上，漫天的星星覆盖了整个天空，轻柔凉爽的海风迎面拂来，听着阵阵的海浪声，看着月色下的海景，这一切都让你以为身在梦境。其实，这些都是唾手可得的，喜欢宁静的人在皮皮岛住上几天，一定会产生世外桃源般的美好感觉。

（7）清迈

清迈作为泰国北方唯一一个璀璨的玫瑰，成为泰国皇室避暑的胜地，那里的气候四季如春，是泰国最凉爽的地方，又因那里接近闻名于世的"金三角"地带，所以也是一个充满神秘色彩的地方。清迈距离曼谷约800千米，是真正能够接触泰国民族文化的地方，那里的"苗族手工艺村"，原始的市集文化，素贴山佛寺，原始的象群部落，以及清新的自然空气，造就了她成为另一种泰国旅游的新面貌，还有举世闻名的"泰国泼水节"，全泰国最热闹的地方就在清迈,也是清迈全年旅游最旺盛的时候,在感受泰国民族文化的同时,享受一个清净的度假氛围是清迈旅游主题。

2.7 印度

2.7.1 印度自然环境

印度,是印度共和国(Republic of India)的简称,位于亚洲南部,是南亚次大陆最大的国家,最悠久的文明古国之一,具有绚丽的多样性和丰富的文化遗产和旅游资源。与孟加拉国、缅甸、中华人民共和国、不丹、尼泊尔和巴基斯坦等国家接壤,与斯里兰卡、印度尼西亚和马尔代夫等国隔海相望。濒临孟加拉湾和阿拉伯海,海岸线长5 560千米。印度全境分为德干高原和中央高原、平原及喜马拉雅山区等三个自然地理区。

印度属于典型的热带季风气候,年平均降水量各地差异很大,2 000至4 000毫米不等。最冷的1月份,北方平均气温为15 ℃,南部平均气温则高达27 ℃,气候干燥,为印度最佳旅游季节。夏季从3月份开始,雨水较少,天气干燥闷热,大部分地区气温可高达40 ℃以上,西南沿海平原在29 ℃至32 ℃之间。

2.7.2 印度社会概况

2.7.2.1 人文概况

印度总人口约13.24亿人(2016年),印度斯坦族占46.3%,泰卢固族8.6%,孟加拉族7.7%,马拉地族7.6%,泰米尔族7.4%,古吉拉特族4.6%,坎拿达族3.9%,马拉雅拉姆族3.9%,奥里雅族3.8%,旁遮普族2.3%。英语和印地语同为官方语言。约有82%的居民信奉印度教,其次为伊斯兰教(12%)、基督教(2.3%)、锡克教(1.9%)、佛教(0.8%)和耆那教(0.4%)等。

(1)国旗:呈长方形,长与宽之比为3∶2。自上而下由橙、白、绿三个相等的横长方形组成,白色长方形中心绘有24根轴条的蓝色法轮。橙色象征勇敢和自我牺牲精神,也是教士法衣的颜色,舍身为国的英雄们的颜色;白色象征纯洁的真理;绿色表示信心,代表人类生命所依存的生产力。

(2)国徽:图案来源于孔雀王朝阿育王石柱顶端的石刻。圆形台基上站立着四只金色的狮子,象征信心、勇气和力量。台基四周有四个守卫四方的守兽:东方是象,南方是马,西方是牛,北方是狮。守兽之间雕有法轮。图案下面有句用梵文书写的、出自古代印度圣书的格言——唯有真理得胜。

(3)国歌:《人民的意志》。

(4)国花:荷花。

(5)国鸟:蓝孔雀。

(6)国树:菩提树。

(7)首都:新德里。

2.7.2.2 简史

"印度"一名来自印度古代文明的发祥地之一——印度河,古代印度的地理概念指整个南亚次大陆。我国最早知道印度是在西汉张骞出使西域的时候,最初称印度为身毒,后来称为天竺、贤豆等。唐代高僧玄奘西行之后在其著作中始称印度,这一称谓沿用至今。

公元前2500年左右,印度河流域出现了灿烂辉煌的城市文明——哈拉帕文明。但在自然灾害和外族入侵的双重打击下,哈拉帕文明逐步消亡。约公元前14世纪,来自南俄草原的游牧民族雅利安人进入印度地区征服了当地土著,于公元前4世纪初期在印度逐步建立奴隶制国家,从而形成高度发达的文明。婆罗门教形成于这一时期,以神的名义制定的种姓制度一直影响到今天。公元前6世纪之后,印度进入了十六大国时期,内战频繁,并出现了反对婆罗门教统治地位的沙门思潮,佛教、耆那教随之兴起。内部的纷争也招致了外部的入侵,波斯、希腊人相继攻入印度。公元前323年孔雀王朝统一了北印度,伟大的阿育王皈依佛教并大力推广佛教。孔雀王朝于公元前185年灭亡,印度进入列国时代。直到公元4世纪,古代印度的第一个统一的封建王朝笈多王朝兴起,带来了两个世纪的和平与繁荣。在笈多时期,从古老的婆罗门教演化出来的印度教兴起并逐渐占据主导地位。也正是在这一时期,古代印度文化达到了巅峰。

从公元8世纪开始,信仰伊斯兰教的阿拉伯人不断侵入南亚次大陆,同时也将伊斯兰教传入此地,使印度文明增添了新的色彩。伊斯兰教与印度教成为古代印度的两大宗教,佛教与耆那教日渐式微。1526年,信仰伊斯兰教的蒙古-突厥贵族建立了莫卧儿帝国。

18世纪中期到19世纪中期,英国殖民者逐步控制了南亚次大陆,使这里成为大英帝国最重要的原料供应地。19世纪末期开始,印度人民开展了不屈不挠的独立运动,其中以甘地为首的不合作运动为民族主义事业赢得群众支持做出了重大贡献。1947年,印度终于独立。之后经过两次印巴战争,南亚次大陆形成了目前的印度、巴基斯坦、孟加拉国三个国家。

印度与巴基斯坦在克什米尔问题上一直存在争端,但是自2002年开始的双边会谈和互信措施的建立正在减弱这一地区的紧张局势。目前印度的经济成就引人注目,然而也面临了多项挑战,例如严重的人口过剩、环境恶化、大量的贫穷人口以及印度国内的种族以及宗教冲突。

克什米尔问题

　　克什米尔是"查谟和克什米尔"地区的简称,位于印度、巴基斯坦、中国、阿富汗之间,面积约为19万平方千米。克什米尔问题是"分而治之"的殖民政策造成的。18世纪中叶,印度次大陆开始沦为英国的殖民地。第二次世界大战结束后,印度摆脱英国的殖民统治获得独立。1947年6月,英国最后一任驻印度总督蒙巴顿提出了把印度分为印度和巴基斯坦两个自治领的"蒙巴顿方案"。根据"蒙巴顿方案"的规定,印度教徒居多数的地区划归印度,穆斯林占多数的地区归属巴基斯坦。但对克什米尔的归属问题却规定由各王公土邦自己决定加入印度或巴基斯坦,或保持独立。当时,克什米尔地区77%的人口为穆斯林,他们倾向加入巴基斯坦;克什米尔土邦王是印度教徒,他先是既不想加入印度,也不愿加入巴基斯坦,但最后又倾向加入印度。因此,印巴分治时,克什米尔的归属问题未能得到解决。印、巴分治后不久,双方为争夺克什米尔主权于1947年10月在克什米尔地区发生大规模武装冲突,即第一次印巴战争。1947年12月,印度将克什米尔问题提交联合国安理会。1948年8月和1949年1月,联合国印巴委员会先后通过关于克什米尔停火和公民投票的决议,印巴均表示接受。1949年1月双方正式停火,7月划定了停火线。克什米尔分为印控区和巴控区,印巴分别在各自控制区内建立了地方政府。

(资料来源于网络)

2.7.2.3 政治

　　印度是一个资本主义联邦制共和国,实权由总理掌握。印度副总统在总统无法行使权力时接任总统,并不能自动接任总统。行政权力由以总理为首的部长会议(即印度的内阁)行使。议会多数党向总统提名总理人选,由总统任命总理。然后再由总理向总统提名副总理及其他内阁成员。印度国务院设国务卿一名、国务委员若干名,不设副国务卿。印度的立法权归议会所有。议会分为上下两院。上院称为联邦院,下院称为人民院。宪法于1950年1月26日生效。宣称印度为联邦制国家,是主权的、世俗的民主共和国。采取英国式的议会民主制。公民不分种族、性别、出身、宗教信仰和出生地点,在法律面前一律平等。总统为国家元首和武装部队的统帅,由联邦议会及邦议会组成选举团选出,每届任期五年。总统依照以总理为首的部长会议的建议行使职权。

2.7.2.4 经济

　　印度独立后经济有较大发展。农业由严重缺粮到基本自给,工业形成较为完整的体系,自给能力较强。20世纪90年代以来,服务业发展迅速,占GDP的比重逐年上升。目前,印度已成为全球软件、金融等服务业重要出口国。

印度于1991年7月开始实行全面经济改革,放松对工业、外贸和金融部门的管制。1992—1996年实现经济年均增长6.2%。"九五"计划(1997—2002年)期间经济年均增长5.5%。1999年起实行第二阶段经济改革。2007年,出台"十五"计划,深化第二阶段经济改革,加速国有企业私有化,实行包括农产品在内的部分生活必需品销售自由化,改善投资环境,精简政府机构,削减财政赤字。

2.7.3 印度节庆与习俗

2.7.3.1 节日

(1) 丰收节

也叫庞格尔节,在公历3月中左右,盛行于南印度。节日期间,家家户户要打扫清除,人们要穿戴一新,做甜牛奶米粥敬奉太阳神,而后全家分食。出嫁的女儿要回娘家团聚。人们还要举行敬牛仪式,给牛洗澡、染牛角,好食待牛,牵牛游行或举办赛牛会等。

(2) 佛陀日

也叫"吠舍节",在公历4、5月间的月圆日,是佛教节日。南传佛教认为,佛陀释迦牟尼诞生、成道、涅槃都在这一日,因而定为佛陀日。这一天,佛教信徒要举行法会,到佛庙敬香拜佛。

(3) 扎格纳特乘车节

公历6、7月间,是印度教节日。扎格纳特意为"世界主宰",即克里希纳神,是印度教大神毗湿奴的化身。节日期间,印度各地凡有扎格纳特庙宇的地方都要举行沐浴节。沐浴节后15天,将扎格纳特等神像安放在礼车之上,放上供品,送到附近的寺庙中去,信徒们会敲锣打鼓,载歌载舞,格外热闹。

(4) 杜尔迦节

印度教节日,是印度东部孟加拉地区的最大节日。当地人民主要庆祝恒河女神杜尔迦下凡。节日期间,信徒会塑立杜尔迦女神像,大念杜尔迦经,举行庙会,到第十天,人们开始举行盛大的赛神会并游行,最后把神像抛入河中。

(5) 灯节

印度的灯节在气候宜人的10月至11月间举行,即印历8月见不到月亮之后的第15天。这时候使人窒息的盛暑消退,一年中最宜人的季节就要来临。商人们都习惯在这天更换新账本,以求开市大吉,财源茂盛,因此,一些印度人把灯节说成是他们的新年。灯节庆祝活动长达半个月之久。在此期间,各公园、庙宇、商业中心,广场布置得像御苑仙境一般,文艺节目也丰富多彩,引人入胜。公园内,人山人海,熙熙攘攘。一队队头戴金色船形帽,身穿金色闪光服装的乐队,盘腿坐在临时搭起的小楼上,吹奏着悠扬的乐曲。到处是出售灯笼蜡烛、焰火鞭炮、节日礼品的摊头。各地方风味小吃的摊贩们更是忙得不亦乐乎。园内还有算命先生和巫师搭起的帐篷。各种文艺节目,如舞蹈、骑象、玩蛇、耍狗熊等,让人目不暇接。每晚定时放三次焰火,焰火绑在几根高杆上,点燃一根,火花便穿梭放射,其他杆上的焰火也腾空而起,现出满天瑰丽的彩花。

(6)洒红节

在公历2、3月间,是印度教节日,也是全国性的大节日。此节源于印度史诗《摩诃婆罗多》,在印度的地位恐怕仅次于灯节。这个节日一过,印度的天气就变得炎热起来,所以它是印度的春节,又称霍利节,是最古老的节日之一,代表着色彩单调的冬天终于结束,并预示着春天土地的丰饶。关于洒红节的来历也有一个故事。从前有个叫希兰亚卡西普的邪恶国王,强迫臣民尊他为神,而小王子普拉拉德却依然坚持对毗湿奴的信仰。国王为此让他的妹妹、不怕火烧的霍利嘉抱着普拉拉德跳进火堆之中,妄图除掉小王子。然而事与愿违,霍利嘉被烧为灰烬,普拉拉德却因为毗湿奴的保护安然无恙。百姓们为了庆祝,便向小王子身上泼洒红颜色,因此,人们把每年印历12月的望日定为洒红节。洒红节的第二天,人们便用水和各种颜料互相泼洒、涂抹。夜晚,人们把用草和纸扎的霍利卡像抛入火堆中烧毁。印度人在洒红节期间还要喝一种乳白色饮料,据说可保来年平安健康。洒红节来临时,人们不管相识与否,都可以向对方泼红水,或是用各种颜色的粉泼洒对方,用各色颜料把对方涂成大花脸。除了人之外,汽车也不能幸免。入夜后,人们还会播放音乐,载歌载舞。如果是在乡村,还要点上一堆篝火,象征烧死霍利嘉和摧毁邪恶。

(7)十胜节

十胜节是印度教节日,也是全国性的重大节日。根据印度历法,十胜节是从頞湿缚庾阇月的第一天开始,一连庆祝10天。一般是在公历9、10月。十胜节来源于史诗《罗摩衍那》,具有几千年的传统。该节日是庆祝印度教教徒心目中的英雄罗摩与十首魔王罗波那大战10日,并最后大获全胜,故称"十胜节"。十胜节期间,印度各地沉浸在节日的喜庆之中。不管是地处偏远的乡下,还是车水马龙的都市,到处都群情鼎沸、热闹非凡。在印度北部和中部地区,庆祝活动更是规模宏大而隆重。"十胜节"的前9天,各地搭台演戏,从罗摩降生开始,一直演到罗摩最后彻底战胜罗波那。这种活动被称之为"罗摩里拉"。"罗摩里拉"一般都是在露天举行。9、10月份是印度一年中最舒服季节的开始,在天高气爽的夜晚,一轮明月高挂星空,怡人的凉风轻轻吹来,在悠扬的印度民族乐曲声中,观看一次生动的"罗摩里拉",的确是一种难得的享受。只是这种演出一演就是三个小时,甚至时间更长,舞蹈节奏格外的慢。如果对印度舞蹈语言不是内行,很难领会其中奥妙。可是,印度观众,无论是大人,还是孩子,尽管对"罗摩里拉"的剧情可以说早已烂熟于心,但每年前往观看的人仍然络绎不绝。

2.7.3.2 饮食

印度人做菜喜欢用调料,如咖喱、辣椒、黑胡椒、丁香、生姜、大蒜、茴香、肉桂等,其中用得最普遍最多的还是咖喱粉。咖喱粉是用胡椒、姜黄和茴香等20多种香料调制而成的一种香辣调料,呈黄色粉末状。印度人对咖喱粉可谓情有独钟,几乎每道菜都用,咖喱鸡、咖喱鱼、咖喱土豆、咖喱菜花、咖喱饭、咖喱汤……每个餐馆都飘着咖喱味。除了咖喱粉,印度市场上还出售各种调料粉,赤、橙黄、绿、棕,五颜六色。由于宗教的原因,印度人的饮食习惯也不同。虔诚的印度教徒绝对不吃牛肉,因为他们把牛奉为神牛。穆斯林不吃猪肉,但大啖牛肉,因此,杀牛和吃牛肉常成为印度教徒和穆斯林冲突的导火索。由于印度教徒占人口的多数,牛肉是禁忌,因而,在欧洲市场上价格最贵的是牛肉,在印度是最便宜的,10至15个卢比一公斤,价格之低廉令人咋舌。猪肉也比较便宜,因为穆斯林和高种姓的印度教徒都不吃猪肉,低种姓的印度教徒和基督教徒才吃猪肉。羊肉价格最贵,因印度教徒和穆斯林都吃。虔诚的印度教徒和佛教徒是素食主义者,不沾荤腥。耆那教徒更是严格食素,连鸡蛋都不吃,但可以喝牛奶,吃乳酪和黄油。印度的素食者大约占人口的一半。印度的牛奶价格便宜,质量也很好,男女老幼,都喝牛奶。奶制品如冰激凌、奶酪、酸奶、蛋糕等,质量也属上乘。一公斤一盒的冰激凌只要几十个卢比。

印度人的主食主要有米饭和一种叫"加巴地"的烙成的小薄饼,还有一种油炸的薄饼,又香又脆。印度的蔬菜主要有花菜、圆白菜、西红柿、黄瓜、豆角、土豆、洋葱、冬瓜等,烧菜时会放不少咖喱粉,全是清一色的黄色。长时间的熬煮使维生素尽失,令人觉得可惜。印度人的早餐已经西化,一般是一杯牛奶,几片面包,果酱、黄油,但中午饭和晚饭则是地道的印度风味,每餐都有豆子汤。印度的豆子种类繁多,有大如蚕豆的红豆,还有黄豆、豌豆等,这些豆子都加上香料和盐,用来做汤。

印度最驰名的一道菜大概是"炖杜里鸡",其名声犹如北京烤鸭。做法是把鸡腿、鸡块涂满香料,放在炉子里用炭火烧烤而成。出炉时味鲜肉嫩,十分可口。

印度人进餐时一般是一只盘子、一杯凉水,把米饭或饼放在盘内,菜和汤浇在上面。多数印度人进食时不用刀叉或勺子,而是用右手把菜卷在饼内,或用手把米饭和菜混在一起,抓起来送进嘴里。留洋的知识分子或中产阶级家庭则使用刀、叉和勺子。

印度的甜食可谓"名副其实",甜得发腻。甜食种类很多,有煎的、炸的、烘的、烤的,一应俱全,但每一道甜食都无一例外地甜得要命。多数印度人都嗜食甜食,印度人容易发胖,大概与吃过多的甜食有关。印度人的晚餐也晚得名副其实,最早的在晚上8点左右,晚的在10点左右。

由于长期是英国的殖民地,印度人也像英国人一样,有喝午茶的习惯。印度的茶是奶茶,做法是把牛奶掺水煮开,再把茶叶倒进去,煮沸后用小筛子把茶叶滤出,加糖后即可饮用。

2.7.3.3 礼仪

印度人有四大传统礼仪,分别是出生、葬礼、婚姻和普迦仪式。

(1)生礼

在印度的传统上十分重男轻女,因为女儿结婚时,父母必须准备一笔丰厚的嫁妆,如果没有嫁妆,女儿是嫁不出去的。印度人庆祝小孩出生与平安成长的方式,就是到寺庙进行"普迦仪式"、唱颂祈祷文,然后和亲朋好友举行餐宴。印度小孩出生后,父母都会找人为他们占卜,小孩的名字多半取自英雄或神祇。小孩的生辰八字尤其受到重视,因为这决定小孩未来的婚姻对象。

(2)葬礼

印度教徒死亡时,都会在河坛举行火葬仪式。印度教徒去世后,家人会以黄色或白色绢布包裹尸体,然后放在两根竹制担架上,以游行方式抬到河坛火葬地点。传统上,将死者抬送到火葬场的任务,应该由家属担任,但是现在大部分都交给专人处理。在印度,专门处理丧葬事宜的人,都是被视为种姓地位最低的贱民。一般送葬的仪式都非常简单,但是比较富有的人家,可能会请乐师在前面演奏,浩浩荡荡地游行。

(3) 婚礼

印度人的婚礼是社会地位的代表,也是一生中重大的仪式。印度青年到了适婚年龄,都会由父母代为寻找社会阶级、语言相同,以及星相可以配合的对象。印度婚礼仪式相当烦琐,结婚之前,双方家长会透过充当媒人的祭司讨论嫁妆事宜,女方必须答应男方提出的嫁妆数量后,双方才选定黄道吉日开始筹备婚礼。婚礼前一天,新娘必须根据传统化妆方式,开始抹油、沐浴、更衣、梳头、画眼线、抹唇砂,并且在脚上涂以红色、在额头点红色蒂卡、在下巴点黑痣,接着还要用植物染料在手脚上绘饰汉那图案,然后洒香水、佩戴首饰和发饰,最后是把牙齿染黑、嚼槟榔、擦口红,才算大功告成。婚礼当天,新郎官骑着一匹白马浩浩荡荡地来到新娘家。这时女方家里已经架起火坛,双方亲友在祭司念诵的吉祥真言中,绕行火坛祝祷。之后,新娘在女伴的簇拥下走到火坛前面,由祭司将新娘的纱丽和新郎的围巾系在一起,代表婚姻长长久久。印度婚礼的晚宴是在新娘家里进行,一对新人坐在婚宴中接受亲友的祝福。婚礼当天晚上新郎是在新娘家过夜,翌日才将新娘迎娶回家。

(4) 普迦仪式

普迦是印度教中向神祇膜拜的仪式,普迦仪式必须由祭司担任。仪式中信徒会将神像装饰后抬出寺庙游行庆祝,并且奉献鲜花、椰子、蒂卡粉等供品。最后再由祭司手持油灯,在神像前面进行"阿拉提(arati)"。"阿拉提"的过程中,信徒用手轻轻覆盖祭司手中的灯火,然后在自己的眼睛上碰触一下,代表接受神祇赐予的力量。通常在普迦仪式结束后,信徒可以分到一些祭祀过的鲜花、蒂卡粉或水,称为"波拉沙达(prasada)"。所以在印度,只要看到印度人从寺庙膜拜出来,额头上几乎都涂有红色或白色的粉末。

2.7.3.4 禁忌

印度的禁忌很多,由于宗教不同,地区不同,禁忌也有差异。带普遍性的禁忌有:睡觉时,不能头朝北,脚朝南,据说阎罗王住在南方;晚上忌说蛇;婴儿忌照镜子,否则会变成哑巴;父亲在世时,儿子忌缠白头巾、剃头;3 和 13 是忌数,因为湿婆神有 3 只眼睛,第三只眼睛是毁灭性的,13 是因为人死后有 13 天丧期;妇女在怀孕期间,忌做衣服、照相;忌用左手递接东西。在市场上陈列的花环,禁止用鼻子嗅或用手摸,有上述行为将受到人们的厌恶。在印度忌吹口哨,特别是妇女。在饭店、商店等服务性行业中,客人若用吹口哨的方式来招呼侍者则被视为冒犯他人人格的失礼行为。头是印度人身体上最神圣的部分,故旅客不可直接触摸他们的头部。千万不要拍印度孩子的头部,他们认为这样会伤害孩子。即使在朋友家里,也不要赞扬孩子,许多印度人认为这种赞扬会引起恶人的注意。印度人禁止穿戴皮革制品(腰带、表带、鞋、衣服),特别是在圣地,因为印度教徒不杀牛,穆斯林不杀猪,耆那教徒不杀人和动物或昆虫。进入印度的庙宇或清真寺,要脱去鞋子,要跨过门槛而不能踩着门槛而过。光脚进寺庙,事先要在入口处洗好脚以表示礼貌。凡进入回教寺庙者,均不能穿短裤或无袖背心,也要求脱鞋。凡进入锡克教寺庙者,必先戴上头巾或帽子,然后脱鞋才可进入。

2.7.4 印度旅游资源与主要旅游地

印度的旅游业和服务业也比较发达,在国民经济中占有相当的比例。旅游业是印度政府重点发展产业,也是重要的就业部门,提供两千多万个岗位。入境旅游人数近年来逐年递增,旅游收入不断增加。主要旅游点有阿格拉、德里、斋浦尔、昌迪加尔、那烂陀、迈索尔、果阿、海德拉巴、特里凡特琅等。

(1)泰姬陵

位于离新德里 200 多千米的阿格拉(Agra)城内,是莫卧儿王朝帝王沙贾汉为爱妃马哈尔所造的陵墓。其爱妃玛哈尔 38 岁死去,悲痛欲绝,动用了几万工人,耗费巨资,花了 16 年时间,才在 1648 年建成泰姬陵。难怪连印度诗翁泰戈尔都说,泰姬陵像"一滴爱的泪珠"。凡是见过泰姬陵的人,都被它那洁白晶莹、玲珑剔透的身影所倾倒。这是一座全部用白色大理石建成的宫殿式陵园,是一件集伊斯兰和印度建筑艺术于一体的古代经典作品。在世人眼中,泰姬陵就是印度的代名词。这座被誉为世界七大奇迹之一的宏伟陵墓,正如万里长城一样,浓缩着一个伟大民族和文明古国数千年的灿烂文化。由于泰姬陵在早中晚所呈现出的景色各不同,因此成为世界上唯一一个早中晚游览票价不一样的景点,对于印度本国游人而言,白天仅 20 卢比,而早上 7 时前或下午 5 时后却都升至 110 卢比。另外,您千万要记住,不要在星期五前往,因为那天只为当地穆斯林开放。

(2)阿格拉红堡

坐落在亚穆纳河畔,有着 400 多年的历史、高达 20 多米的城墙,是以前统一印度的蒙末尔王朝皇帝的宫殿,全部用红色沙石筑成,上面布满了精美的艺术雕刻,至今仍清晰可见,它标志着蒙兀儿朝代的兴盛发达。法地普尔西格里法地布尔古城、西格里陵墓距亚格拉不远,便是法地布尔西格的废墟遗址。当爱克巴皇帝厌倦了阿格拉,便特别到此兴建新的首都,但只经过 14 年便因水源不足而再度迁都回阿哥拉。到了今天,法地布尔西格里的护城墙、城门及皇宫依然保存良好。皇宫庭院中安放了印度圣人奇斯提的陵墓,西格里陵墓以云石建成,四周则围以精雕细镂的云石屏风。远看似一颗宝石镶嵌于粉红色砂岩的庭院之中。

(3)达尔湖

位于雪山脚下的达尔湖的美名不仅仅因为其美景,还因为它无限的活力。因为它独立于周围的环境,保留了世上无双的一种独特的生活方式。水上船屋和西卡拉社区在达尔湖上已经存在了几个世纪。人们可以不必登上陆地而完全生活在水上。在湖上的木制小型店铺可以见到医生、裁缝、面包师等,而旁边就是独特的水上蔬菜园和莲花塘。在每天早上的水上市场上您可以购买各种各样的必需品和工艺品。

(4)爱的花园

爱的花园是在 1619 年著名的蒙末尔朝代皇帝贾汗姬为了表达他对皇后——努尔加汗的爱情而建立的。在巨大的法国梧桐树荫下,爱的花园里静立着一条石亭,五彩亮丽的花吐露着芬芳。

(5)拉达

被称作"隐者王国"的拉达周围被雪山包围着,附近有清澈的湖水、佛家墓地,是个充满神秘的地方。这里有13个主要庙宇,其中的海密斯庙宇因为受到王族的支持,所以显得格外突出。

(6)桑志

桑志是一处丘陵地带。从公元3世纪到公元12世纪这里建造了许多佛塔、寺庙寺院和石柱等。在桑志释迦牟尼通过一些象征物来体现佛法。莲花象征释迦牟尼的诞生,菩提树象征释迦牟尼成佛,法轮象征释迦牟尼的说法,佛塔象征释迦牟尼的涅槃,足迹和宝座象征释迦牟尼的显尊。

(7)阿旃佛陀石窟

阿旃佛陀石窟中包括未完成的共有30个。它的历史可以追溯到公元前200年和250年。这个石窟距离阿乌朗喀帕德104千米,它可以说是建筑雕刻及绘画等艺术的综合体。阿旃陀现保存了两个最基本的佛教建筑物,即支提和毗诃罗石窟。

(8)那烂陀

那烂陀的意思是莲花盛放的地方。这里的大学有上万名学生,2 000多名教师和900万卷藏书。在5世纪到12世纪曾成为学问研究的中心地。释迦牟尼和玛哈比拉都曾访问过这个地方。1951年在那烂陀成立了国际佛教研究中心。

知识链接

释迦牟尼创立佛教

释迦牟尼少年时代接受的是婆罗门教的传统教育,兼习兵法与武艺,是一个骑射击剑的能手。成年后,娶了同族摩诃那摩长者的女儿耶输陀罗为妻,生有一子名罗睺罗。相传释迦牟尼14岁那年曾驾车出游,在东南西三门的路上先后遇着老人、病人和死尸,亲眼看到那些衰老、清瘦和凄惨的现象,非常感伤。最后他在北门外遇见一位出家修道的沙门,从沙门那里听到出家可以解脱生死病老的道理,便萌发了出家修道的想法。29岁(一说19岁)时,他不顾父亲的多次劝阻,毅然离开妻儿,舍弃王族生活,出家修道。

离家之后,释迦牟尼先到王舍城郊外学习禅定,后又在尼连禅河畔的树林中独修苦行,每天只吃一餐,后来七天进一餐,穿树皮,睡牛棚。六年后,身体消瘦,形同枯木,仍无所得,无法找到解脱之道。于是便放弃苦行,入尼连禅河洗净了身体,沐浴后接受了一个牧女供养的乳糜,恢复了健康。之后他渡过尼连禅河,来到伽耶城外的荜钵罗树(后称菩提树)下,沉思默想。

据说,经过七天七夜,终于恍然大悟,确信已经洞达了人生痛苦的本源,断除了生老病死的根本,使贪、瞋、痴等烦恼不再起于心头。这标志着他觉悟成道,成了佛。佛即佛陀,意为觉者、知者。这一年释迦牟尼35岁。

释迦牟尼成佛后,开始他的传教活动。首先在鹿野苑找到曾随他一道出家的阿若陈如等五个侍从,并向他们讲说自己获得彻悟的道理,佛教史上称这次说法为初转法轮。释迦牟尼不久又旅行各地,足迹遍布恒河流域。所到之处,专心讲道。奠定了原始佛教基本教义,并组成了传教的僧团。

(资料来源于网络)

本章小结

本章介绍了日本、韩国、马来西亚、新加坡、印度尼西亚、泰国、印度等国家的自然环境、人文概况、简史、政治、经济、主要节日、饮食、礼仪、禁忌、旅游资源与主要旅游地,展示了这些国家与中国文化的深厚渊源。

复习思考题

1. 日本有哪些礼仪禁忌?
2. 韩国的主要旅游景点有哪些?
3. 新加坡国名的由来?
4. 马来西亚的美食有哪些?
5. 到印度旅游有哪些注意事项?

案例分析

"宋干节"是泰国的传统新年,每年的四月十三日开始,共历时三天。节日的第一天称作"马哈宋干日",标志着过去一年的结束,下来的一天称作"望闹",节日最后一天也就是四月十五日称作"望泰龙宋",标志着新的一年来临。许多在城里工作的外乡人都返回故里去欢庆新年。因此,像曼谷这样的城市在节日期间会显得格外冷清。"宋干"在泰语中意思为"移走"或是"换地方"。因为在"十二宫图"中这一天是太阳转换位置的时候。"宋干节"同样也被称为"泼水节",因此许多人相信水可以将霉运冲走。

结合上述案例,谈谈你对泰国节日的看法。

参考书目

[1] 刘秀梅,高照明.中外民俗[M].郑州:郑州大学出版社,2006.
[2] 王兴斌.中国旅游客源国概况[M].北京:旅游教育出版社,2011.
[3] 刘德生.世界自然地理[M].北京:旅游教育出版社,2004.
[4] 龚抒.欧洲国家概况[M].北京:世界知识出版社,2002.

3

欧洲客源国概况

教学目标
知识目标
1. 了解欧洲地区主要客源国的自然地理和人文地理。
2. 掌握欧洲地区主要客源国的民俗风情和旅游资源。
3. 掌握欧洲各个国家旅游业发展现状。
能力目标
1. 能够正确运用民俗风情知识,接待欧洲各客源国游客。
2. 能够根据旅游业发展现状以及各国自然旅游资源,结合各国风土人情,预测各客源国未来发展趋势,针对其来华旅游特点,进行客源开发。

导入案例

　　导游员小王将要接待一个来自英国的旅游团队,这是小王第一次接待来自西方的旅游者,为了更好地做好接待工作,小王向自己所在的旅行社的经理请教。经理告诉他:"给每一个团员发一份日程安排表最为重要,而且既定的日程安排不要随意变动。"

　　思考:这位旅行社经理的话有道理吗?

3.1 俄罗斯

3.1.1 俄罗斯自然环境

　　俄罗斯位于欧洲东部和亚洲北部,其欧洲领土的大部分是东欧平原。北邻北冰洋,东濒太平洋,西接大西洋,西北临波罗的海芬兰湾。国土面积1 707.52万平方千米(占苏联领土面积的76%),居世界第一位,东西最长为9 000千米,南北最宽为4 000千米。陆地邻国,西北面有挪威、芬兰,西面有爱沙尼亚、拉脱维亚、立陶宛、波兰、白俄罗斯,西南面是乌克兰,南面有格鲁吉亚、阿塞拜疆、哈萨克斯坦,东南面有中国、蒙古和朝鲜,东面与日本和美国隔海相望。海岸线全长37 653千米。

俄罗斯地形以平原和高原为主,主要有两大山脉:乌拉尔山脉、大高加索山脉;两大平原:东欧平原、西西伯利亚平原;两大高原:中西伯利亚高原、东西伯利亚山地。西部几乎全属东欧平原,向东为乌拉尔山脉、西西伯利亚平原、中西伯利亚高原、北西伯利亚平原和东西伯利亚山地、太平洋沿岸山地等。西南耸立着大高加索山脉,最高峰厄尔布鲁士山海拔5 642米。

俄罗斯大部分地区处于北温带,气候多样,以温带大陆性气候为主,但北极圈以北属于寒带气候。温差普遍较大,1月平均温度为1 ℃~35 ℃,7月平均温度为11 ℃~27 ℃。年降水量平均为150~1 000毫米。西伯利亚地区纬度较高,气候寒冷,冬季漫长,但夏季日照时间长,气温和湿度适宜,利于针叶林生长。

从西到东大陆性气候逐渐加强,冬季寒冷漫长。北冰洋沿岸属苔原气候(寒带气候),太平洋沿岸属温带季风气候。从北到南依次为极地荒漠、苔原、森林苔原、森林、森林草原、草原带和半荒漠带。

俄罗斯境内有欧洲第一长河——伏尔加河,全长3 685千米,同时也是俄罗斯的母亲河。除此之外,西伯利亚地区的鄂毕河、叶尼塞河(水流最湍急)、勒拿河(全国最长)也是俄罗斯的重要河流。俄罗斯境内的贝加尔湖是世界上最深、最大的淡水湖,同时还有世界知名的湖泊里海。

俄罗斯资源总储量的80%分布在亚洲部分。森林覆盖面积8.67亿公顷,占国土面积50.7%,居世界第一位。林材蓄积量807亿立方米,水资源4 270立方千米/年,居世界第二位。俄罗斯矿产资源主要有煤(库兹巴斯)、石油(秋明油田、第二巴库油田)、天然气、铁(库尔斯克)、锰、铜、铅、锌等。石油探明储量290亿吨(2016年数据),占世界探明储量的4%~5%,居世界第八位。天然气已探明蕴藏量为48万亿立方米,占世界探明储量的1/3强,居世界第一位。煤蕴藏量2 000亿吨,居世界第二位。铝蕴藏量居世界第二位,铁蕴藏量居世界第一位,铀蕴藏量居世界第七位,黄金储藏量居世界第四至第五位。

3.1.2 俄罗斯社会概况

3.1.2.1 人文概况

俄罗斯人口总量约1.44亿人(2016年),位居世界第9名,欧洲部分人口约占全国人口的4/5,而广大东部地区人口密度每平方千米不足3人。城市人口占全国人口的73%,性别比为0.88。

俄罗斯共有民族130多个。其中俄罗斯人占79%,为主体民族。主要少数民族有德意志、鞑靼、乌克兰、楚瓦什、巴什基尔、白俄罗斯、摩尔多瓦、乌德穆尔特、亚美尼亚、阿瓦尔、马里、哈萨克、奥塞梯、布里亚特、雅库特、卡巴尔达、犹太、科米、列兹根、库梅克、蒙古、印古什、图瓦等。

俄语是俄罗斯联邦的官方语言。各共和国有权规定自己的国语,有130多种语言,并在该共和国境内与俄语一起使用。目前,俄语是四个独联体国家的官方语言。

主要宗教为东正教,其次为伊斯兰教。俄居民55%信奉宗教,其中91%信奉东正教,5%信奉伊斯兰教,信奉天主教和犹太教的各为1%,0.8%信奉佛教,其余信奉其他宗教。

俄罗斯人被认为是最具宗教品格的一个民族,在现实生活和文学作品中,东正教所宣传的爱与宽恕的思想处处可见。在陀思妥耶夫斯基、果戈理、列夫·托尔斯泰等著名俄罗斯作家的作品中都充满了种种宗教的哲理。

(1) 国旗:采用传统的泛斯拉夫色,旗面由三个平行且相等的横长方形组成,由上到下依次是白、蓝、红三色。

(2) 国徽:俄罗斯的国徽为盾徽。红色盾面上有一只金色的双头鹰,鹰头上是彼得大帝的三顶皇冠,鹰爪抓着象征皇权的权杖和金球。鹰胸前是一个小盾形,上面是一名骑士和一匹白马。

20世纪末,国家杜马从法律上确定了双头鹰是俄罗斯的国家象征。

(3) 国歌:《俄罗斯,我们神圣的祖国》(自2000年12月25日起使用至今)。

(4) 国花:向日葵。

(5) 首都:莫斯科。

3.1.2.2 简史

俄罗斯人的祖先为东斯拉夫人罗斯部族。15世纪末,大公伊凡三世建立了中央集权制国家——莫斯科大公国。1547年,伊凡四世自封为"沙皇",其国号称俄国。16~17世纪,伏尔加河流域、乌拉尔和西伯利亚各族先后加入俄罗斯,使它成为一个多民族国家。17世纪中期乌克兰和俄罗斯合并为统一的国家。1689年8月彼得一世正式亲政。经过1700—1721年的北方战争,俄罗斯得到了通往波罗的海的出海口,使俄罗斯从内陆国变为濒海国。17世纪它击溃了波兰和瑞典封建主的入侵。1812年俄罗斯消灭了入侵的拿破仑军队。1825年12月贵族革命者在彼得堡举行起义(即12月党人起义),被镇压。1861年2月俄国废除农奴制。1898年成立了俄国社会民主工党(苏联共产党前身),在它的领导下,俄国工农群众经过1905年第一次俄国革命和1917年2月推翻罗曼诺夫王朝的资产阶级民主革命(即二月革命),于1917年11月7日取得了十月社会主义革命的伟大胜利,建立了世界上第一个社会主义国家。1917年11月7日(俄历10月25日)成立了俄罗斯苏维埃联邦社会主义共和国。共和国成立不久,经过三年艰苦的国内战争,粉碎了14个帝国主义国家的武装干涉和地主资本家的武装叛乱,保卫了苏维埃政权。1922年12月30日,苏维埃社会主义共和国联盟正式成立,俄罗斯联邦同乌克兰、白俄罗斯和外高加索联邦(包括阿塞拜疆、亚美尼亚和格鲁吉亚)一起加入。1990年6月12日,俄罗斯联邦第一次人代会通过《俄罗斯联邦国家主权宣言》。1991年12月21日,苏联11个共和国领导人在哈萨克斯坦首都阿拉木图决定,苏联在联合国安理会的席位由俄罗斯继承。12月25日,俄罗斯苏维埃联邦社会主义共和国最高苏维埃决定,将国家正式名称改为"俄罗斯联邦"(简称俄罗斯)。1992年4月16日,俄罗斯第6次人代会决定将国名改为"俄罗斯",从而恢复了历史上的名称;17日,最后决定使用两个同等地位的正式国名"俄罗斯联邦"和"俄罗斯"。

3.1.2.3 政治

俄罗斯国家元首是总统,总统由公民按照平等、直接的原则,以不记名的投票方式选举产生,任期为4年。总统同时也是俄罗斯联邦武装力量总司令。总统和政府是国家执行权力机关。政府主席(总理)经过俄罗斯下议院国家杜马协商后由总统任命。俄罗斯联邦会议是国家的立法权力机关。它由上议院联邦委员会和下议院国家杜马组成。俄罗斯宪法、民法、行政管理条例和刑法是俄罗斯司法机构的执法依据。俄罗斯的司法机构包括俄联邦宪法法院、俄联邦最高法院、俄联邦最高仲裁法院和各级地方司法机关,(联邦主体、州、地区和市级的司法机构)和仲裁法庭系统。

3.1.2.4 经济

俄罗斯是世界经济大国,但经济结构非常不合理,绝大部分收入来自于资源行业,包括石油、天然气、矿石和木材等,因此经济受这类商品价格的波动影响非常大。苏联时期它是世界第二经济强国。苏联解体后其经济一度严重衰退。2009年之后俄罗斯的经济在大量出售资源的情况下得以迅速发展。近年来,经济保持7%的增长率。2009年,经济遭到重创,自2000年以来首次出现负增长。2010年,俄经济触底回升,财政金融状况明显好转。但由于世界经济复苏缓慢,俄经济增长出现先高后低的放缓趋势。2015年,俄罗斯完成国内生产总值1.33万亿美元,居欧洲第5位,世界第13位;完成人均国民生产总值8447.42美元,居世界第71位。

2010年,俄罗斯对外贸易总额6484亿美元,比上年增长38.25%;其中出口额4 000亿美元,增长32.63%;进口额2484亿美元,增长46.64%,贸易顺差1516亿美元。俄对外贸易商品出口结构仍以能源矿产等资源性产品为主,2010年俄能源类商品出口占出口总额67.5%。进口结构以机电产品为主,占进口总额44.4%。2010年俄罗斯的前十大贸易伙伴及双边贸易额依次为:中国、荷兰、德国、意大利、乌克兰、白俄罗斯、土耳其、美国、日本、法国。

2010年吸收外国投资1147亿美元,同比增长40.1%,其中,外国直接投资138.1亿美元,同比下降13.2%。外资主要投向零售和批发贸易、生产加工、交通通信、矿产资源开发、金融等领域,投资合计1048.38亿美元,占对俄投资总额的91.4%。投资主要来源地为荷兰、德国、塞浦路斯、中国、卢森堡、英国、法国、爱尔兰等。

3.1.3 节庆与习俗

3.1.3.1 节日

(1)新年:1月1日。

(2) 东正教圣诞节:1月7日。

(3) 祖国保卫者日:2月23日(原苏联建军节)。

(4) 卫国战争胜利日:5月9日。

(5) 国家主权宣言通过日(国庆日):6月12日(1990年)。

(6) 人民团结日:11月4日(纪念莫斯科打败波兰入侵)。

(7) 和谐和解日、十月革命节、军人荣誉日:11月7日(原十月革命纪念日)。

(8) 宪法日:12月12日。

(9) 宇航节:4月12日(1962年苏联为纪念加加林首次太空航行而定)。

(10) 谢肉节:谢肉节又名"狂欢节",是俄罗斯一年中最热闹的节日之一。举办谢肉节的时间在复活节过后的第八周,一共有七天,每一天都有不同的名称:第一天为迎节日,第二天为始欢日,第三天为大宴狂欢日,第四天为拳赛日,第五天为岳母晚会日,第六天为小姑子聚会日,第七天为送别日。人们在谢肉节期间举行各种娱乐活动,如化装晚会、跳假面舞等。

知识链接

俄罗斯套娃

俄罗斯套娃,是俄罗斯特有的木制玩具,一般由多个一样图案的空心木娃娃一个套一个组成,最多可达十多个,通常为圆柱形,底部平坦可以直立。最普遍的图案是一个穿着俄罗斯民族服装的姑娘,叫作玛特罗什卡,这也成为这种娃娃的通称。

相传俄罗斯民族有两个表亲相邻、表兄妹童年时相伴长大,后来表兄远走他乡,由于思念家乡的表妹他每年都做一个木娃娃,一年比一年做的娃娃大。数年后,见到表妹就将一排木娃娃送给表妹以表达思念之情,后人模仿称套娃,又叫吉祥娃娃。另一说:在旧俄罗斯农村,Matryona 和 Matriosha 是两个非常普通的妇女的名字。学者们指出,这两个名字中含有拉丁词根"mater",意思就是母亲。听到这个名字,人们很容易联想到农民家庭里的母亲,通常是一个健壮能干,略有些肥胖、生了许多孩子的俄罗斯妇女形象,而胖嘟嘟的木娃娃肚子里又藏着这么多小娃娃,于是"套娃"就自然而然成了雕刻精致、色彩鲜亮的木娃娃们的名字了。

3.1.3.2 饮食

俄罗斯人在饮食上讲究量大实惠,油大味厚。他们喜欢酸、辣、咸味,偏爱炸、煎、烤、炒的食物,尤其爱吃冷菜。总的讲起来,他们的食物在制作上较为粗糙一些。一般而论,俄罗斯人以面食为主,他们很爱吃用黑麦烤制的黑面包。除黑面包之外,俄罗斯人的特色食品还有鱼子酱、酸黄瓜、酸牛奶等。吃水果时,他们多不削皮。在饮料方面,俄罗斯人很能喝冷饮,具有该国特色的烈酒伏特加,是他们最爱喝的酒。

用餐之时,俄罗斯人多用刀叉。他们忌讳用餐时发出声响,并且不能用匙直接饮茶,或让其直立于杯中。通常,他们吃饭时只用盘子,而不用碗。参加俄罗斯人的宴请时,宜对其菜肴加以称道,并且尽量多吃一些,俄罗斯人将手放在喉部,一般表示已经吃饱。

3.1.3.3 礼仪

(1)社交礼仪

在人际交往中,俄罗斯人素来以热情、豪放、勇敢、耿直而著称于世。在交际场合,俄罗斯人惯于和初次会面的人行握手礼。但对于熟悉的人,尤其是在久别重逢时,他们则大多要与对方热情拥抱。在迎接贵宾时,俄罗斯人通常会向对方献上"面包和盐",这是给予对方的一种极高的礼遇,来宾必须欣然笑纳。

在俄罗斯,人们非常看重人的社会地位。因此对有职务、学衔、军衔的人,最好以其职务、学衔、军衔相称。

俄罗斯人交际时通常在三种情况下使用"你":①对16岁以下的儿童;②近亲之间与同事之间(年轻人之间);③年轻人对年轻人。对老年人、陌生人(儿童除外)和领导人则称"您"。对儿童可直呼其名,而对老年人、陌生人和领导人则应呼其名字加父称。目前在俄罗斯"先生""同志""公民"三种称呼并存。一般在商业机构、新闻媒体和官方机构中人们习惯相互称"先生";以前在苏联时期普遍使用的"同志",现在仍然在国有企业、军队、公安部门使用;而"公民"通常在公共场所使用,比如:火车站、商店等。在公开发言时,一般在发言人的姓后面加上"先生""同志"或其相应职称,比如:"现在请扎罗夫教授讲话"。在非常正式的信函中收件人的姓前面应加上"先生"或其相应职称。大部分俄罗斯人都在家中用餐,只在上班的午休时间才去餐馆。遇有喜庆或举办婚礼时,俄罗斯居民通常都在餐馆举行,由邀请人付费。朋友聚会一般在家庭环境下进行。客人通常都带给主人小礼品(蛋糕、酒)和鲜花。

(2)服饰礼仪

俄罗斯大都讲究仪表,注重服饰。在俄罗斯民间,已婚妇女必须戴头巾,并以白色的为主;未婚姑娘则不戴头巾,但常戴帽子。在城市,俄罗斯人多穿西装或套裙,妇女往往还要穿一条连衣裙。前去拜访俄罗斯人时,进门之后务要自觉地脱下外套、手套和帽子,并且摘下墨镜,这是一种礼貌。

3.1.3.3 禁忌

(1)认为镜子是神圣的物品,打碎镜子意味着灵魂的毁灭,但如果是打碎杯、碟、盘,则意味着富贵和幸福,因此在喜筵、寿筵和其他隆重场合,特意打碎一些杯盘以示庆贺。

(2)视熊为森林之主,不喜欢黑猫,但偏爱马。

(3)忌用左手去握手问好。

(4)忌讳黑色及数字"13"。

(5)喜欢数字"7"(意味着成功与幸福)。

普希金及其作品

普希金(1799—1837),俄国最伟大的诗人之一、浪漫主义文学的杰出代表,现实主义文学的奠基人,现代标准俄语的创始人。他的作品是俄国民族意识高涨以及贵族革命运动在文学上的反映。他出生于莫斯科的一个贵族家庭,由于歌颂自由和解放,1820年被沙皇流放到南俄。1824年又被幽禁在他父母的领地海洛夫村。12月党人起义失败后,1826年9月沙皇"赦免"普希金,将他召回莫斯科。1837年2月,普希金在彼得堡因决斗腹部受重伤去世。普希金的作品达到了内容与形式的高度统一,他的抒情诗内容丰富、感情深挚、形式灵活、结构精巧、韵律优美。他的散文及小说情节集中、结构严谨、描写生动简练。他的作品是"反映俄国社会的一面镜子"。

普希金抒情诗内容之广泛在俄国诗歌史上前无古人,既有政治抒情诗《致恰达耶夫》《自由颂》《致西伯利亚的囚徒》等,也有大量爱情诗和田园诗,如《我记得那美妙的一瞬》和《我又重新造访》等。普希金一生创作了12部叙事长诗,其中最主要的是《鲁斯兰和柳德米拉》《高加索的俘虏》《青铜骑士》等。普希金剧作不多,最重要的是历史剧《鲍里斯·戈都诺夫》。此外,他还创作了诗体小说《叶甫盖尼·奥涅金》、散文集小说《别尔金小说集》及关于普加乔夫白山起义的长篇小说《上尉的女儿》。

3.1.4 旅游资源与主要旅游地

俄罗斯地域辽阔,历史悠久,民族众多,旅游资源比较丰富,主要旅游景点如下:

(1) 克里姆林宫

克里姆林宫在莫斯科市中心,濒莫斯科河,曾为莫斯科公国和18世纪以前的沙皇皇宫。"十月革命"胜利后,成为苏联党政领导机关所在地。始建于1156年,初为木墙,后屡经扩建,至19世纪40年代建成克里姆林宫,主要有大克里姆林宫、多宫、圣母九天教堂、参议院大厦、伊凡大帝钟楼等。宫内塔楼中最宏伟的有斯巴达克、尼古拉、特罗伊茨克、保罗维茨、沃多夫兹沃德等塔楼,1937年,在塔楼上装置五角红宝石星。

(2) 彼得大帝夏宫

彼得大帝夏宫位于芬兰湾南岸的森林中,距圣彼得堡市约30千米,占地近千公顷,是历代俄国沙皇的郊外离宫。夏宫是圣彼得堡的早期建筑。18世纪初,俄国沙皇彼得大帝下令兴建夏宫,其外貌简朴庄重,内部装饰华贵。当时的许多大型舞会、宫廷庆典等活动都在这里举行,彼得大帝生前每年必来此度夏。1934年以后,夏宫辟为民俗史博物馆。如今,夏宫已成为包括18世纪和19世纪宫殿花园的建筑群,由于它的建筑豪华壮丽,夏宫因而被人们誉为"俄罗斯的凡尔赛"。夏宫的主要代表性建筑是一座双层楼的宫殿,当年彼得大帝住在一楼,他的妻子叶卡捷琳娜一世(彼得大帝的第二个妻子)住在二楼,楼上装饰极为华丽,舞厅的圆柱之间,都以威尼斯的镜子做装饰。

(3)冬宫

冬宫坐落在圣彼得堡宫殿广场上,原为俄国沙皇的皇宫,十月革命后辟为圣彼得堡国立艾尔米塔奇博物馆的一部分。冬宫初建于1754—1762年,是18世纪中叶俄国巴洛克式建筑艺术最伟大的纪念物,1837年一场大火将其焚毁,1838年至1839年重建。第二次世界大战期间,冬宫再次遭到严重破坏,战后修复。1917年11月7日(俄历10月25日),参加十月革命的起义群众攻下冬宫,在这里逮捕了资产阶级临时政府各部部长,这座昔日皇宫又回到人民手中。

(4)斯莫尔尼宫

斯莫尔尼宫位于圣彼得堡市,建于19世纪初叶,是一座外观典雅的三层建筑。原为贵族女子学院,曾是苏共列宁格勒州委和市委机关所在地。斯莫尔尼宫正面长220米,主体建筑的两翼伸出,每翼各长40米,组成宫中的主要庭院。20世纪60年代又在正门增建8根壮丽的圆柱和7个拱形门廊,和其右侧巴洛克式建筑风格的斯莫尔尼修道院浑然一体,形成巧妙的组合,合称斯莫尔尼建筑群。"斯莫尔尼"一词来自俄语"沥青",初建时这里属沥青厂。1917年"十月革命"期间,布尔什维克党军事革命委员会设在斯莫尔尼宫,为十月革命司令部。1917年11月7日至9日在大厅内举行第二次全俄苏维埃代表大会。1917年11月中旬至1918年3月列宁曾在这里办公和居住过。

(5)莫斯科大彼得罗夫大剧院

莫斯科大彼得罗夫大剧院(简称大剧院)始建于1776年,是俄罗斯历史最悠久的剧院,坐落在莫斯科斯维尔德洛夫广场上。建筑既雄伟壮丽,又朴素典雅,内部设备完善,具有极佳的音响效果。剧场呈椭圆形,正面是大舞台,高达18米,台前是深深的乐池,中间是一排排的观众席。其他三面是贴墙的包厢,总共五层,高21米。总统包厢在二层正中央,还有两个贵宾包厢设在舞台的左右两侧。包厢里放着几把鎏金包缎椅子,平时只供观赏。剧场可容纳2 200名观众,整个内部装饰完全是宫廷式的,仅房顶的大吊灯就把13 000块水晶和无数小烛台照得闪闪发光。

(6)普希金广场

普希金广场位于莫斯科市中心,旧称苦行广场,因旧时广场上建有苦行修道院而得此名。1937年,为纪念俄国伟大诗人普希金逝世100周年,当时的苏联政府把苦行广场改名为普希金广场。广场上耸立着4米多高的普希金青铜纪念像。广场上有个小花园,园中有花岗石台阶、红色大理石喷泉、饰灯等,景色优美。

(7)阿尔巴特街

阿尔巴特街是莫斯科市中心的一条著名步行街,紧邻莫斯科河,是莫斯科的象征之一。著名诗人普希金从1830年起居住在这条大街上,普希金故居就坐落在阿尔巴特街53号。阿尔巴特街曾是艺人和画家荟萃的天堂,保存有许多古色古香的建筑。阿尔巴特街的小店铺一家挨一家,商品种类极其繁多,如暖和的护耳皮帽,精心编制的大草鞋,琳琅满目的耳环、坠子,各种古怪的护身符,别致的小包,印有明星头像的T恤衫,年代久远的宣传画,伪造的证件,古董,雕塑,绘有俄罗斯历届领导人形象的玩偶套人……街头作画的艺人是阿尔巴特街上一道亮丽的风景。

(8) 俄罗斯国家大剧院

俄罗斯国家大剧院是俄罗斯历史最悠久的剧院,是世界著名的音乐、戏剧、文化中心,也是俄罗斯及其文化艺术的象征。1825年,俄罗斯著名设计师博韦对剧院进行了改建,改建后的国家大剧院既雄伟壮丽,又朴素典雅,内部设施完备,音响效果极佳。观赏大厅共6层,可容纳2 000多名观众。

3.2 德国

3.2.1 德国自然环境

德国位于欧洲中部,东邻波兰、捷克,南接奥地利、瑞士,西接荷兰、比利时、卢森堡、法国,北接丹麦,濒临北海和波罗的海,是欧洲邻国最多的国家。面积为35.7万平方千米,国界线长3 757千米,海岸线长2 389千米。

德国地势北低南高,呈阶梯状,南北农业有较大差异,分为4个地形区:德国北部是平均海拔不到100米的平原,临北海和波罗的海,地势低平,气候夏季凉爽,冬季阴冷,土壤较为贫瘠,主要利用草场发展畜牧业,也种黑麦、燕麦和马铃薯;中部是由东西走向的高地构成的山地;西南部是莱茵河谷地区,莱茵河两旁谷壁陡峭的山地为森林和高山牧场;东南部是巴伐利亚高原和阿尔卑斯山区,河谷地带日照时间较长,土壤肥沃,盛产烟草、葡萄等水果和用于酿造啤酒的啤酒花,阿尔卑斯山脉中的楚格峰(海拔2 963米)是德国境内的最高峰。

德国西北部为温带海洋性气候,往东部和南部逐渐过渡为温带大陆性气候,气候多变,盛行西风。德国气温适中,气温变化不大,最冷的1月份平均在摄氏零度左右,山区约-10 ℃,12月至3月为冬季,阿尔卑斯山区冬季一直到5月,夏季平均在20 ℃,最热月份为6月至8月。

德国主要河流有莱茵河(流经境内865千米)、易北河、威悉河、奥得河、多瑙河。较大湖泊有博登湖、基姆湖、阿莫尔湖、里次湖。

德国自然资源较为贫乏,除硬煤、褐煤和盐的储量丰富外,在原料供应和能源方面很大程度上依赖进口,三分之二的初级能源需进口。天然气储量约3 820亿立方米,能满足国内需求量的1/4。硬煤探明储量约2 300亿吨,褐煤约800亿吨;其他矿藏的探明储量为:钾盐约130亿吨,铁矿石16亿吨,石油5 000万吨,天然气约5 000亿立方米。东南部有少量铀矿。德国森林覆盖面积为1 110万公顷,占全国面积约三分之一。水域占2%。

3.2.2 德国社会概况

3.2.2.1 人文概况

德国全国总人口约8 267万人(2016年),主要是日耳曼人。在德国北部有丹麦少数民族居住,萨克森地区则有少部分索布斯拉夫人口,全国仍有少数犹太人居住。德国境内有大约700万定居的外国人,包括外国雇员、政治庇护人士及其家属。还有一些来自土耳其、克罗地亚、意大利、俄罗斯、波兰以及越南的移民。德国境内有外来背景的居民有1 530万,约占全国人口两成。

德国官方语言是德语,属于印欧语系日耳曼语族。

德国是16世纪早期马丁·路德领导宗教改革的原乡,目前大约5 300万居民具有基督信仰:新教和天主教各有大约2 600万信徒。基督新教主要分布在北部和东部,大部分新教徒属于新教路德教派(德国福音教会);天主教主要在南部和西部。另有90万东正教徒(主要来自希腊和塞尔维亚)。除此之外还有330万人口信奉伊斯兰教,大部分来自土耳其,包括土耳其人和库尔德族人。德国还有约23万佛教徒和9万印度教徒,多为华人、印度人与其他亚洲人。当今德国的犹太人人数约12万,数量居西欧第三位,几乎都信奉犹太教。在前东德地区,宗教热情明显低于西德地区。只有5%的人每周至少参加一次礼拜,而西部则有14%。联邦基本法保障思想、良心和信仰自由,因此德国没有国教。

(1) 国旗:呈横长方形,长与宽之比为5∶3。自上而下由黑、红、金(黄)三个平行相等的横长方形相连而成。1949年9月德意志联邦共和国成立,依然采用魏玛共和国时期的三色旗;同年10月成立的德意志民主共和国也采用三色旗,只是在旗面正中加了包括锤子、量规、麦穗等国徽图案,以示区别。1990年10月3日,统一后的德国仍沿用德意志联邦共和国国旗。三色国旗可在机场、宾馆、宴会和其他场合悬挂。

(2) 国徽:德国国徽是德意志联邦共和国当前使用的国徽,以一只鹰为主体,并以三种颜色(黑、黄、红)与其国旗相互辉映,于1950年开始采用,而本国徽号亦于1990年圣诞节前成了两德统一后之新国徽。新国徽为金黄色的盾徽,盾面上是一头红爪红嘴、双翼展开的黑鹰,黑鹰象征着力量和勇气。

(3) 国歌:《德意志之歌》的第三段。

(4) 国花:矢车菊。又名蓝芙蓉、荔枝菊、翠蓝,属于菊科。

(5) 国鸟:白鹳。

(6) 国石:琥珀。

(7) 首都:柏林。

3.2.2.2 简史

公元前德国境内就居住着日耳曼人。公元2~3世纪逐渐形成部落。843年德意志从法兰克帝国分裂出来,962年建立神圣罗马帝国。通过长期的对外征战,德意志占领了捷克、意大利北部和波兰西部,并远征俄罗斯、匈牙利,13世纪中期走向封建割据。18世纪初普鲁士崛起,根据1815年维也纳会议,组成了德意志邦联,1848年德国各地爆发革命,普鲁士宰相俾斯麦领导了艰苦卓绝的军事和外交斗争,普鲁士于1866年的"七星期战争"中击败奥地利,次年建立北德意志联邦,1871年统一的德意志帝国建立。德意志完成了以普鲁士为主体的统一。该帝国1914年挑起第一次世界大战,1918年因战败而宣告崩溃。1919年2月德意志建立魏玛共和国。1933年希特勒上台实行独裁统治。德国于1939年发动第二次世界大战,给世界人民带来深重灾难。在同盟国军民的顽强打击下，1945年5月8日德国战败投降。

战后，根据雅尔塔协定和波茨坦协定，德国分别由美、英、法、苏四国占领，并由四国组成盟国管制委员会接管德国最高权力。柏林市也划分成4个占领区。1948年6月，美、英、法三国占领区合并。翌年5月23日，合并后的西部占领区成立了德意志联邦共和国。同年10月7日，东部的苏占区成立了德意志民主共和国。德国从此正式分裂为两个主权国家。

1989年民主德国局势发生了急剧变化。自同年5月起，大批公民出走联邦德国。10月初，许多城市相继爆发了规模不等的示威游行，要求放宽出国旅行和新闻媒介的限制等。10月18日，民主德国总统昂纳克宣布辞职。11月9日，"柏林墙"开放。11月28日，联邦德国总理科尔提出关于两个德国实现统一的十点计划。

1990年2月13至14日，民主德国总理莫德罗首次访问联邦德国。3月18日，民主德国人民议会实行自由选举，德梅齐埃任总理后，两德统一的步伐大大加快。5月18日，两德在波恩签署关于建立货币、经济和社会联盟的国家条约。8月31日，双方又在柏林签署两德统一条约。9月24日，民主德国国家人民军正式退出华约组织。10月3日民主德国正式加入联邦德国。民主德国的宪法、人民议院、政府自动取消，原14个专区为适应联邦德国建制改为5个州，并入联邦德国，分裂40多年的两个德国又重新统一。

3.2.2.3 政治

德国自1949年起是一个采用议会民主的联邦制国家，联邦议会由两院组成，各联邦州在教育、警察和其他方面享有高度独立的自主权。

德国的国家元首是联邦总统，任期5年，由联邦大会间接选举产生。联邦大会由联邦议院议员以及同样数目的各州代表组成，专门负责选举国家元首。联邦总统的权力受到限制，其角色大部分是象征性的。

联邦议院和联邦参议院一起组成了德国的立法机构。联邦议院现拥有598席，代表由单一选区两票制选举产生，任期4年，设有联邦议院议长一人，在国内外礼仪上享有仅次于联邦总统的第二高地位。联邦参议院拥有69席，代表各联邦州，议员由16个联邦州政府指派，通常包含德国地方政府首长，即邦总理。联邦参议院议长由州总理轮流担任，在国内外礼仪上享有第三高地位。联邦参议院可以投票否决联邦议会通过的法案。

联邦总理虽然在国内外礼仪上仅享有第四高地位，却是德国联邦的政府首脑。联邦总理往往是议会多数党的成员，由议会选举产生。联邦政府设一位副总理，由联邦总理从各政府部长中确定一人，在联邦总理缺席时代理行使联邦总理的职权。现行的德国《基本法》力图避免重蹈魏玛共和国的覆辙，规定了例如总理的间接产生、政党必须获得5%选票或3个直选席位才能进入议会、只有下院全体议员都同意继任者后才能免去总理、军队除救援外不许使用于国内事务等，也正因为如此，到目前为止的历届德国政府都是联合内阁。此外，基本法中的1至20款（"人的尊严不可被侵犯"等）被看作是不许被更改的部分。德国联邦的宪法体制由基本法、统一协议以及其他国际协议组成，各州另外有自己的宪法，但受联邦宪法体制约束。

德国拥有一个分立的联邦司法系统，且违宪审查权采取集中制，故设有联邦宪法法院、联邦最高行政法院、联邦最高普通法院以及对财政、劳工以及社会议题方面有管辖权的法院。各州另外设有州宪法法院。公民在有充分理由情况下可以通过行政诉讼撤销或废止政府行政的行政行为,通过宪法诉讼解除政府立法。因为德国为欧盟的成员,欧洲法院的判决对其有拘束性。通过欧洲法院确保欧共体与欧盟条约适用的一致性,这样就确保了宪法解释的统一性、欧盟条约在全欧洲解释的统一性,并保护了公民的基本权利。

柏林墙

"柏林墙"是指环绕西柏林的一道围墙。东德(民主德国)政府根据人民议院1961年8月12日通过的法令,于8月12～13日夜间修筑。目的是制止东德居民包括熟练技工大量流入西德。原为铁蒺藜围成的路障,后改筑成2m高、顶上拉着带刺铁丝网的混凝土墙。在正式的交叉口和沿线的观察塔楼上设置警卫。1970年,虽然东西德之间关系有所改善,东德政府还是把柏林墙加高到3 m以阻止居民逃向西方。到1980年,围墙、电网和堡垒总长达1 369 km。除筑墙外还严格限制西柏林与东德之间的人口流动。后根据东、西德政府1971年12月20日签署的协议,限制略有减少。1989年下半年,东欧各国政局剧变。民主德国在向德国西部移民浪潮的冲击下,于1989年11月9日,将存在了28年零3个月的柏林墙推倒,促进了德国的统一。

柏林墙与朝鲜半岛上的"三八"线一样,均为第二次世界大战后的产物,它们可称得上是欧亚大陆上的两条"姊妹墙"。

3.2.2.4 经济

德国是欧洲最大经济体,国内生产总值排名世界第四(国际汇率)。德国是欧盟和欧元区的创始成员之一。凭借其在2012年1.516万亿美元的出口额,德国是世界第三大出口国。出口额占超过三分之一的国家输出。在2013年,德国在全球取得了2 700亿美元的贸易顺差,成为全球最大的资本输出国。2015年,德国国内生产总值达到3.363万亿美元,人均国内生产总值为41 313美元。服务业约贡献了GDP总量的70%,工业29.1%,农业0.9%。德国的多数产业在工业,特别是在汽车、机械、金属和化工品。

德国是全球工业科学含量第三高的经济体,仅次于美国和日本。然而它的社会市场经济体系却出现重大问题,长期为许多社会问题所拖累。经济结构的僵化导致高失业率,成为长期而非周期性的经济问题,人口老龄化问题也给社会保障体系造成了莫大的压力。东德的经济发展也是一个长期的、耗资巨大的挑战。

德国是全球八大工业国之一。鲁尔区是德国的传统煤钢工业区。慕尼黑(宝马汽车总部所在地)、汉堡、斯图加特(奔驰和保时捷总部所在地)、沃尔夫斯堡(大众汽车总部所在地)也形成了强大的制造业集群。柏林、莱比锡、德累斯顿则是德国东部的工业重镇。新兴工业集中在慕尼黑一带。德国的主要部门有电子业、航太工业、汽车制造、精密机械、装备制造、军工生产等。德国工业产品以品质精良著称,技术领先,做工细腻,但成本较高。德国的工业品在世界享有盛誉,而德国也是西欧最大汽车生产国。

3.2.3 德国节庆与习俗

3.2.3.1 节日

(1)新年:德国人对除夕之夜和元旦新年是比较重视的,他们认为新年过得好坏直接关系到一年的命运。除夕之夜,人们用烟火、灯光、喧哗之声来镇妖除魔、辞旧迎新。在德国黑森林山区的一些小村庄,有除夕之夜全村出动举行除夕游行的习俗,村民们在做完除夕弥撒之后,手执灯笼,在教堂钟声的伴随下,喜气洋洋地开始除夕游行。人们一路高唱颂歌,感谢上帝赐福人间。此时牧师或市长也要先后致辞,祝大家新年快乐、万事如意。深夜12时整,由新婚伴侣敲响钟楼的大钟,阵阵悦耳的钟声表示新年的到来。

(2)圣诞节:圣诞节在每年的12月25日,这是耶稣基督诞生的日子。有关耶稣的确切生卒年已无从考证,12月25日这个日子是罗马天主教会在公元354年规定的。圣诞节是德国一年一度最大的、也是最热闹的节日,同时它也是欧美信奉基督教的国家最盛大的节日。

(3)狂欢节:狂欢节是德国的一个古老的传统节日,有关节日的来历众说不一。一种说法认为狂欢节是德国农民的春节,农民们通过各种活动来表达他们抵御恶魔、驱逐严冬、迎接春天、庆祝丰收的喜悦心情。另一种说法则是根据天主教的习俗,耶稣被钉死在十字架后的第三天复活,这一天为复活节。复活节前的40天是耶稣开始传教前,在旷野守斋祈祷的40个昼夜,天主教称为封斋节。在整个封斋节的40天里,禁止天主教徒食肉、娱乐、婚配等一切喜庆活动。为此人们趁封斋节到来之前尽情地欢宴、畅饮、狂歌曼舞、化装游行,举行各种庆祝活动。如今,狂欢节已成为以天主教为主的国家和地区的一个世界性大节日,就其内容而言,它大概已不单单是农民的节日或是宗教的节日,其间还包含了丰富的历史内涵与民族特色。

在德国,从每年11月11日11时起狂欢节就算开始了,一直到第二年复活节前40天为止,前后要持续两三个月。但它的高潮是在最后一个星期,特别是这周的星期日、星期一和星期二。在这"发狂的"三天里,狂欢节会达到顶峰。

(4)复活节:复活节是基督教纪念耶稣复活的节日。传说耶稣被钉死在十字架上,死后第三天复活升天。后来教会规定每年春分月圆后的第一个星期日(3月21日—4月25日之间)为纪念日。德国政府规定复活节休息两天。在节日里,家人团聚,品尝各种传统食品,亲戚朋友见面要互相祝贺。

(5)德国统一日:10月3日,东、西德在柏林墙倒下后统一的日子。

3.2.3.2 饮食

德国人喜欢肉食,尤其喜欢吃香肠。他们制作的香肠有1500种以上,许多种类风行世界,像以地名命名的"黑森林火腿",可以切得跟纸一样薄,味道奇香无比。德国的国菜就是在酸卷心菜上铺满各式香肠,有时用一整只猪后腿代替香肠和火腿,那烧得熟烂的一整只猪腿,德国人可以面不改色地一个人干掉它。德国菜以酸、咸口味为主,调味较为重。烹饪方法以烤、焖、串烧、烩为主。蓝格的桌布上摆着一筐面包,客人在等待中可以慢慢享用,德国面包很有嚼劲,牙齿好的人才能品尝出味道。德式的汤一般比较浓,喜欢把原料打碎在汤里,这大概与当地天寒地冻的气候有关。据说德国人生性比较俭朴,水煮香肠,一锅浓浓的马铃薯豆子汤,加上有名的腌制酸菜和面包,一顿饭便打发了。此外,德国美食还有著名的德式清豆汤、德式生鱼片、德式烤杂肉、德式肉肠、酸菜、德式苹果酥、煎甜饼等。

德国和中国大部分地区一样,一日三餐。早餐一般在七点,午餐一点,晚餐七点。有的地方午餐和晚餐之间喝午后咖啡,吃蛋糕。与中国的饮食习惯不同,德国人最讲究、最丰盛的不是午餐、晚餐,而是早餐。在旅馆或政府机构的餐厅,早餐大都是自助形式,有主食、肉类、蔬菜、饮料、水果等,不仅品种丰富,且色香味俱佳,而在普通百姓家,不论其家境穷富,其早餐的内容一般都大同小异:首先是饮料,包括咖啡、茶、各种果汁、牛奶等,主食为各种面包,以及与面包相配的奶油、干酪和果酱,外加香肠和火腿。德国人吃饭的效率很高,他们可以在短短的10分钟内把那些丰盛的食品搭配完毕并吃完,为其一上午紧张的工作提供能量。德国人的午餐一般多在单位食堂或快餐馆就餐,是名副其实的快餐,如一个由土豆、沙拉生菜和几块肉组成的拼盘,外加一杯饮料。德国人的家庭晚餐通常是冷餐,内容是很丰盛的:一盘肉食的拼盘;鲜嫩可口的蔬菜,如小萝卜、西红柿、黄瓜;新鲜的水果,如葡萄、樱桃。有的家庭主妇还做出各种风味的干酪,主食是面包。晚餐时间比较宽余,一家人围坐在桌前,边吃边聊。

除了一日三餐外,有些德国人习惯在下午四五点钟"加餐",即喝杯咖啡或茶、吃块蛋糕或几块饼干。中上层家庭喜欢在此时邀请朋友来家里品茗聊天。在这样的聚会上,客人可以品尝到饮誉四海的德国糕点,德国妇女一般都练就一手烤制点心的手艺。不过在当今快节奏的社会生活中,这种午后清闲的享受也只有在周末、假期或休假时才有可能。

德国的啤酒、葡萄酒在全世界享有盛名。德国是世界饮酒大国,酒类年消耗量居世界第二位,其中啤酒的销量居世界首位。啤酒、葡萄酒是德国家家必备的饮料,朋友相聚必有酒来助兴。德国的气候条件很适合葡萄的生长,全国有13个葡萄种植区、60个大型种植场、2 600个小型种植地,主要集中在德国西南部和北部的阿尔河、莱茵河七峰岭及摩泽河两岸。最大的葡萄种植区诺依施塔特拥有2 000公顷葡萄园,在这里绿油油的葡萄架一眼望不到头,整个空气中都弥漫着诱人的葡萄清香。一串串芳香扑鼻的葡萄,红艳艳地闪着晶莹的亮光,令人垂涎,摘一颗放在嘴里蜜汁浸齿,香溢舌间。

3.2.3.3 礼仪

(1)服饰礼仪

德国人不喜欢服装的花哨,但都很注重衣冠的整洁,穿西装一定要系领带。在赴宴或到剧院看文艺演出时,男士经常穿深色礼服,女士则穿长裙,并略施粉黛。在东部地区,已婚者都带上金质戒指。

(2)仪态礼仪

德国人对工作一丝不苟,在社交场合也举止庄重,讲究风度。德国妇女的特点是素,这不光是体现在穿着打扮上,也体现在言谈举止上。与德国人相处时,几乎见不到他们皱眉头等漫不经心的动作,因为他们把这些动作视为对客人的不尊重,是缺乏友情和教养的表现。

(3)见面礼仪

德国人比较注重礼节形式。在社交场合与客人见面时,一般行握手礼。与熟人朋友和亲人相见时,一般行拥抱礼。在与客人打交道时,总乐于对方称呼他们的头衔,但他们并不喜欢听恭维话。对刚相识者则不宜直呼其名。

(4)餐饮礼仪

德国人在宴会上和用餐时,注重以右为上的传统和女士优先的原则。德国人举办大型宴会时,一般是在两周前发出请帖,并注明宴会的目的、时间和地点。一般宴会则是在八至十天前发出。他们用餐讲究餐具的质量和齐备。宴请宾客时,桌上摆满酒杯、盘子等。他们有个习俗,那就是吃鱼的刀叉不能用来吃别的。

(5)商务礼仪

德国人对工作严肃认真,思考总是深刻敏锐。德国人的时间观念很强,因此,一旦约定时间,迟到或过早抵达都被视为不懂礼貌。他们在谈判时态度明朗,谈生意时一般使用商业名片。德国不但货物品质好,服务质量也属上乘。

知识链接

爱因斯坦

爱因斯坦(1879—1955),犹太人,举世闻名的德裔美国科学家(有瑞士国籍),是现代思想家及哲学家,现代物理学的开创者和奠基人,相对论——"质能关系"的提出者,"决定论量子力学诠释"的捍卫者。

爱因斯坦1900年毕业于苏黎世联邦理工学院,入瑞士学籍。1905年获苏黎世大学哲学博士学位,曾在伯尔尼专利局任职,在苏黎世工业大学、布拉格德意志兼任大学教授。1913年返德国,任柏林威廉皇帝物理研究所所长和柏林洪堡大学教授,并当选为普鲁士科学院院士。1921年获诺贝尔物理学奖,在物理学的许多领域都有贡献,比如阐明布朗运动、建立狭义相对论并推广为广义相对论、提出光的量子概念,并以量子理论完美地解释光电效应、辐射过程、固体比热、发展了量子统计。1933年因受纳粹政权迫害,迁居美国,任普林斯顿高级研究所教授,从事理论物理研究,1940年入美国国籍。爱因斯坦被美国《时代周刊》评选为"世纪伟人"。

3.2.3.4 禁忌

（1）口味清淡,不喜油腻、过辣的菜肴。
（2）不爱吃海参,忌食狗肉、核桃。
（3）忌讳数字"13"和星期五。
（4）忌讳在公共场合窃窃私语,不喜欢他人过问自己私事。

3.2.4 德国旅游资源与主要旅游地

德国旅游业发达,每年有大量游客到德国旅游。著名景点有科隆大教堂、柏林国会大厦、波恩文化艺术展览馆、罗滕堡、慕尼黑德意志博物馆、海德堡古城堡、巴伐利亚新天鹅石宫、德累斯顿画廊等。

（1）勃兰登堡门

位于柏林市中心菩提树大街和6月17日大街的交会处,是柏林市区著名的游览胜地和德国统一的象征。公元1753年,普鲁士国王弗里德利希·威廉一世定都柏林,下令修筑共有14座城门的柏林城,因此门坐西朝东,弗里德利希·威廉一世便以国王家族的发祥地勃兰登命名。初时此门仅为一座用两根巨大的石柱支撑的简陋石门,1788年,普鲁士国王弗里德利希·威廉二世统一德意志帝国,为表庆祝,遂重建此门。当时德国著名建筑学家卡尔·歌德哈尔·阆汉斯受命承担设计与建筑工作,他以雅典古希腊柱廊式城门为蓝本,设计了这座凯旋门式的城门,并于1791年竣工。重建后的城门高20米,宽65.6米,进深11米,门内有5条通道,中间的通道最宽。据史书记载,中间的通道在1918年德皇退位前仅允许皇族成员行走。门内各通道之间用巨大的砂岩条石隔开,条石的两端各饰6根高达14米、底部直径为1.70米的多立克式立柱。为使此门更辉煌壮丽,当时德国著名的雕塑家戈特弗里德·沙多又为此门顶端设计了一套青铜装饰雕像:四匹飞驰的骏马拉着一辆双轮战车,战车上站着一位背插双翅的女神,她一手执杖一手提辔,一只展翅欲飞的普鲁士鹰鹫立在女神手执的饰有月桂花环的权杖上。在各通道内侧的石壁上镶嵌着沙多创作的20幅描绘古希腊神话中大力神海格拉英雄事迹的大理石浮雕画。30幅反映古希腊和平神话"和平征战"的大理石浮雕装饰在城门正面的石门楣上。此门建成之后曾被命名为"和平之门",战车上的女神被称为"和平女神"。

（2）无忧宫

位于德意志联邦共和国东部勃兰登堡州首府波茨坦市北郊。宫名取自法文,原意"无忧"或"莫愁"。无忧宫及其周围的园林是普鲁士国王腓特烈二世(1745—1757)时期仿照法国凡尔赛宫的建筑式样建造的。整个园林占地2.9平方千米,坐落在一座沙丘上,故也有"沙丘上的宫殿"之称。无忧宫全部建筑工程前后延续了约50年之久,为德国建筑艺术的精华。无忧宫前是平行的弓形6级台阶,两侧由翠绿丛林烘托。宫殿前的大喷泉是用圆形花瓣石雕组成,四周用"火""水""土""空气"4个圆形花坛陪衬,花坛内塑有神像,尤以维纳斯像和水星神像造型最为精美、生动。据说,整个宫内有1 000多座以希腊神话人物为题材的石刻雕像。正殿中部为半圆球形顶,两翼为长条锥脊建筑。殿正中为圆厅,门廊面对一座大喷泉。瑰丽的首相厅的天花板装潢极富想象力,四壁镶金,光彩夺目。室内多用壁画和明镜装饰,辉煌璀璨。宫的东侧有珍藏 124 幅名画的画廊,多为文艺复兴时期意大利、荷兰画家的名作。在无忧宫的花园内有一座六角凉亭,被称为中国茶亭。茶亭采用了中国传统的伞状圆形屋顶、上盖碧瓦、黄金圆柱落地支撑的建筑结构。亭内桌椅完全仿造东方式样制造。亭前矗立着一只中国式香鼎。据说当年普鲁士国王常在此品茶消遣。

(3)科隆大教堂

是世界上最完美的哥特式教堂,位于德国科隆市中心的莱茵河畔。东西长 144.55 米,南北宽 86.25 米,厅高 43.35 米,顶柱高 109 米,中央是两座与门墙连砌在一起的双尖塔。这两座 157.38 米的尖塔像两把锋利的宝剑,直插苍穹。整座建筑物全部由磨光石块砌成,占地 8 000 平方米,建筑面积 6 000 多平方米。在大教堂的四周林立着无数座小尖塔,整个大教堂呈黑色,在全市所有的建筑中格外引人注目。

3.3 英国

3.3.1 英国自然环境

英国位于欧洲西部,是由不列颠岛(包括英格兰、苏格兰、威尔士)以及爱尔兰岛东北部的北爱尔兰和周围 5 500 个小岛(海外领地)组成的。英国本土位于欧洲大陆西北面的不列颠群岛,被北海、英吉利海峡、凯尔特海、爱尔兰海和大西洋包围。国土面积 24.41 万平方千米(包括内陆水域),其中英格兰地区 13.04 万平方千米,苏格兰 7.88 万平方千米,威尔士 2.08 万平方千米,北爱尔兰 1.36 万平方千米。隔北海、多佛尔海峡、英吉利海峡与欧洲大陆相望。它的陆界与爱尔兰共和国接壤。海岸线总长 11 450 千米。全境分为四部分:英格兰东南部平原、中西部山区、苏格兰山区、北爱尔兰高原和山区。

英国境内的主要河流有塞文河(354 千米)和泰晤士河(346 千米)。北爱尔兰的内伊湖,面积 396 平方千米,居全国之首。英国气候属温带海洋性气候。受盛行西风控制,全年温和湿润,四季寒暑变化不大。通常最高气温不超过 32 ℃,最低气温不低于-10 ℃,平均气温 1 月 4 ℃~7 ℃,7 月 13 ℃~17 ℃。年平均降水量约 1 000 毫米。北部和西部山区的年降水量超过 2 000 毫米,中部和东部则少于 800 毫米。每年 2~3 月最为干燥,10 月至来年 1 月最为湿润。

英国主要的矿产资源有煤、铁、石油和天然气。硬煤总储量 1,700 亿吨。铁的蕴藏量约为 38 亿吨。西南部康沃尔半岛有锡矿。在柴郡和达腊姆蕴藏着大量石盐。斯塔福德郡有优质黏土。康沃尔半岛出产白黏土。奔宁山脉东坡可开采白云石。兰开夏西南部施尔德利丘陵附近蕴藏着石英矿。在英国北海大陆架石油蕴藏量为 10 亿~40 亿吨。天然气蕴藏量为 8 600 亿~25 850 亿立方米。

3.3.2 英国社会概况

3.3.2.1 人文概况

英国总人口约 6 564 万人(2016 年),主要由英格兰人、苏格兰人、威尔士人和北爱尔兰人组成,还有少数犹太人、印度人、巴基斯坦人和美国人等。居民主要居住在英格兰中部和东南部、奔宁山脉两侧、苏格兰中部、威尔士南部沿海,而奔宁山区、威尔士中部、苏格兰南部和北部则人口稀少。

官方和通用语均为英语。威尔士北部还使用威尔士语,苏格兰西北高地及北爱尔兰部分地区仍使用盖尔语。

在英国,每个人都享有宗教自由,因此,在英国各中心地区也形成了多种不同的宗教信仰蓬勃发展的局面。英国有两个"官方的"教堂:即英格兰教堂(英国圣公教会)和苏格兰教堂(长老教派),除此之外,各种不同的宗教和数不胜数的教派在英国都可以找到自己的代表。

绝大多数的英国人都信奉基督教,尽管当前去教堂做礼拜的信徒人数并不多,每周大约只有 110 万人。穆斯林是英国国内最大的非基督教团体(超过 150 万人),此外,佛教、印度教、锡克教和犹太教也拥有大量的信徒,而且数量还在不断增长。

悠远而多元化的宗教历史在英国的另一个产物就是遍布英国各地令人叹为观止的教堂、寺院和修道院建筑。格拉斯敦伯雷修道院,是以往凯尔特举行宗教活动的地方,曾经在亚瑟王的传奇故事中扮演过重要的角色;坎特伯雷大教堂的戏剧色彩也非常浓厚,相传圣奥古斯汀于公元 597 年从罗马来到英国传福音,五年之后,他主持修建了坎特伯雷大教堂。

有很多个性鲜明的历史人物都脱胎于英国的宗教历史,其中包括在英国发动新教改革的亨利八世、充满神秘色彩的圣帕特里克,现在每年世界各地都庆祝他的节日,以及大名鼎鼎的罗宾汉传奇故事中 12 世纪时的狮心王里察德等。

(1)国旗:呈横长方形,长与宽之比为 2∶1。为"米"字旗,由深蓝底色和红、白色"米"字组成。

(2)国徽:即英王徽,中心图案为一枚盾徽,盾面左上角和右下角为红地上三只金狮,象征英格兰;右上角为金地上半站立的红狮,象征苏格兰;左下角为蓝地上金黄色竖琴,象征爱尔兰。盾徽两侧各由一只头戴王冠、代表英格兰的狮子和一只代表苏格兰的独角兽支扶着。盾徽周围用法文写着一句格言,意为"恶有恶报";下端悬挂着嘉德勋章,饰带上写着"天有上帝,我有权利"。盾徽上端为镶有珠宝的金银色头盔、帝国王冠和头戴王冠的狮子。

(3)国歌:《天佑女王》。

(4)国花:玫瑰花。

(5)首都:伦敦。

3.3.2.2 简史

公元前地中海的伊比利亚人、比克人、凯尔特人先后来到不列颠。公元1~5世纪大不列颠岛东南部为罗马帝国统治。罗马人撤走后，欧洲北部的盎格鲁人、撒克逊人、朱特人相继入侵并定居。7世纪开始形成封建制度，许多小国合成七个王国，争雄达200年之久，史称"盎格鲁-撒克逊时代"。829年威塞克斯国王爱格伯特统一了英格兰，8世纪末遭丹麦人侵袭，1016—1042年为丹麦海盗帝国的一部分，其后经英王短期统治，1066年诺曼底公爵渡海征服英格兰。1215年约翰王被迫签署大宪章，王权遭抑制。

1337—1453年英法进行"百年战争"，英国先胜后败。1536年威尔士与英格兰合并。1588年击败西班牙"无敌舰队"，建立海上霸权。1640年英国在全球第一个爆发资产阶级革命，成为资产阶级革命的先驱。1649年5月19日宣布成立共和国。1660年王朝复辟。1688年发生"光荣革命"，确定了君主立宪制。1707年英格兰与苏格兰合并，1801年又与爱尔兰合并。18世纪后半叶至19世纪上半叶，成为世界上第一个完成工业革命的国家。

19世纪是大英帝国的全盛时期，1914年占有的殖民地比本土大111倍，是第一殖民大国，自称"日不落帝国"。第一次世界大战后开始衰败。英国于1920年设立北爱尔兰郡，并于1921—1922年允许爱尔兰南部脱离其统治，成立独立国家。1931年颁布威斯敏斯特法案，被迫承认其自治领在内政、外交上独立自主，大英帝国殖民体系从此动摇。第二次世界大战中英国经济实力大为削弱，政治地位下降，随着1947年印度和巴基斯坦的相继独立，到20世纪60年代，英帝国殖民体系瓦解。1973年1月英国加入欧洲共同体。

历史上，英格兰、苏格兰、威尔士和爱尔兰是四个国家。后来，英格兰和威尔士由联姻合并，再后来，都铎王朝的最后一个国王伊里莎白一世无后，便传位给她的外甥，苏格兰国王詹姆士，于是苏格兰和英格兰合并。后詹姆士的儿子查理被克伦威尔的革命军推翻，克伦威尔统治期间武力征服了爱尔兰。1923年，英国国会决定将爱尔兰分为2部分，南部的23个郡独立为爱尔兰共和国，北部的4个郡作为北爱尔兰仍留在英国。

虽然英国在第二次世界大战后国力减弱，经济不景气，但在丘吉尔、艾德礼等首相的领导下逐渐恢复了元气。保守党"铁娘子"撒切尔夫人在1979年当选为首相后，便大力推行改革，倡议保守主义，成功削减福利开支和削弱工会的力量，令英国经济复苏和保持国际上的影响力，然而与玛格利特·撒切尔同党继任者梅杰首相任内，英国经济又陷衰退。其后工党托尼·布莱尔于1997年当选为首相后，提倡又被称为"第三种道路"的社会自由主义，令英国经济一直繁荣。现在，英国不仅国家富强、在国际政治和外交舞台上依旧扮演举足轻重的角色，而且经济表现胜过其他发达国家，也是失业率最低的西方国家之一。英国是英联邦成员，并在1973年正式加入欧盟。2016年7月特里莎·梅就任英国第54任首相。

2016年6月24日，英国脱欧公投结果落定，英国将脱离欧盟。2017年2月8日，英国议会下院投票正式通过政府提交的"脱欧"法案，授权首相启动"脱欧"程序。

3.3.2.3 政治

英国是一个单一制、君主立宪的民主国家，它的政府体系（即所谓西敏制）直接影响了许多其他国家的政治体制,包括加拿大、印度、澳大利亚和牙买加等英联邦成员国。英国没有成文的宪法,但宪法惯例具有宪法的作用;各种成文法和普通法共同组成了所谓的英国宪法。英国的国家元首和理论上最高权力的拥有者是英国君主,目前为伊丽莎白二世。实际上,女王只拥有象征性的地位,其权力的形式受到惯例与民意的约束。但是君主基本上还是可以行使三个重要的权利:被咨询的权利、提供意见的权利和警告的权利。一个君主在位的时间越长,经验与学识越丰富,他的意见就越会受到内阁和首相本人的重视,而这种君主与内阁之间的交流是在每周例行的秘密会议中进行的。事实上在英国,拥有最高政治权力的人是内阁首相,他必须得到下议院的支持。"君临国会"代表了英国的国家主权。

英国政府正式名称为"女王陛下政府"或"国王陛下政府"(取决于在位君主),负责英国的行政功能。首相为政府首脑,由英国君主任命,但是依惯例此人必须是下议院中最有可能获得下议院支持的议员。首相获任命后再挑选其他部长和行政首脑,组成政府。大约 20 名最资深的政府部长和首相本人组成内阁。

政府对议会负责,回答议会质询。政府提出的任何议案如果未获议会通过,就将可能面临议会的不信任动议,而这项不信任投票一旦通过则将迫使首相或宣布辞职,或解散议会重新举行大选。实践中,各政党指任一名"党鞭",以保证所有该党的议员根据党的政策投票。这确保了一个在下议院中有较大比例优势的政党能够组成一个稳定的政府。但是,一个只在下议院拥有微弱多数的政党组成政府,甚或是一个多党组成的联合政府,就会比较脆弱。

议会是英国政治的中心舞台,它是最高立法机关,政府就是从议会中产生,并对其负责。英国的国会为两院制,由上议院和下议院组成。

英国全国被划分为许多个选民人数基本相同的选区(选区的划分由一个独立的委员会决定),每个选区选举一名下议院议员。大多数选区议员是一个政党的成员,但是无政党背景的人士也可以参加选举,而且在正式法律中政党并不拥有十分重要的地位。几乎所有时候在下议院总有一个拥有绝对多数的政党,该党的领袖被君主任命为首相。下议院第二大党的领袖则成为反对党领袖。议会中一般都会有一个超过半数的政党,这要归功于英国采用的简单多数投票制度(由于缺少比例代表机制,政党之间的差距容易被扩大,因此占优势的政党很难不获得超过多数席位)。这也使得多党联合政府出现的可能性变小。一般情况下英国君主会询问那位将组政府的未来首相,他的政府是否可能在下议院生存下来,而在一个政党占多数的情况下这不会是一个问题。但在特殊情况下君主会要求一名议员"组成一个获得议会多数支持的政府",这时一个未获下议院半数议席的政党就必须组成一个多党联合政府。但后一种情况只在战争时期出现过。需要注意的是政府的组成不需要下议院的投票,而只需要君主的任命。对议会开幕时君主的致辞投票是议会所获得的第一个对新政府表达意见的机会。

上议院曾经是一个世袭的贵族议院,但是目前英国正在对上议院进行重大改革,现在的上议院成员有部分还是世袭贵族,其他则是获任命的议员(所谓终身贵族,即他们无法将贵族头衔传给后代)。上议院有权审查下议院通过的法案,并通过必要的修正案,还可以要求推迟它不赞成的立法,最长可达 1 年。一般而言政府都会接受上议院提出的修正案,以节省时间,并避免发生两院冲突的窘境。

英国选举制度

下议院议员是通过普选产生的。凡英国公民,年满18周岁或自选举登记公布日起12个月内将满18岁者,在没有法定的丧失选举权的情况下,并且居住在规定选举登记的选区内,均可以参加下议院的选举投票。投票人要参加议会选举必须在所在选区进行登记,并列名在选举登记之中。整个英国被分为659个选区,每个选区的选民人数约为5万名,每一个选区都要选出一名代表成为下议院中的议员,所以,下议院一共由659名成员组成。根据最新的《2000政治党派、选举及全民投票法案》,规定原来由几个边界委员会共同履行的职权通归选举委员会执行,再由选举委员会根据《政治党派、选举及全民投票法案》建立4个边界委员会,在英格兰、苏格兰、威尔士和北爱尔兰各有一个。每个边界委员会由2到4名成员组成。

只有选举委员会的委员或副委员长才有资格担任其成员。选举委员会直接对英国议会负责,而并非对任何政府部门负责的独立机构,其最明显的功能是在大选的规划角色:包括各选区候选人的登记功能,以及全民投票和政府行政区域划定等有关选举的重大事宜。

3.3.2.4 经济

英国能源资源丰富,在欧盟国家中居首位,不仅拥有大量的石油和天然气资源,而且煤炭储量也十分丰富,钢和铝也有一定的储量,沿海渔业资源比较丰富。

英国是世界经济强国,是世界第五大经济体,欧洲第二大经济体。2015年英国国内生产总值达到2.858万亿美元,人均GDP 43 876美元。英国是最早开始工业化进程的资本主义国家。第一次工业革命首先发生在英国;1850年,英国在世界工业总产值中占39%,在世界贸易中占21%,均居垄断地位;第一次世界大战期间,英国的经济实力遭到严重打击,英国占有250年的海上霸权丧失了;第二次世界大战以后,英国的经济力量遭到严重的削弱,殖民地市场进一步缩小;20世纪60年代后期推行的高税、福利和国有化政策使英国经济处于极端困境地;然而,英国由于工业发展历史较长,有比较完整的国民经济体系和工业体系,所以仍属世界上有较强经济实力的国家;1973年,英国加入欧洲经济共同体,改变了其依赖英联邦各国和发展中国家的统治,转而加强与欧洲国家的贸易关系。1979年,以撒切尔夫人为首的保守党政府开始治理"英国病",其措施是:强调发挥市场经济作用,减少国家干预,紧缩开支,降低税收,整顿福利,调整工业,取消外汇管制,推行私有化和货币主义政策,使英国经济有了明显的恢复;近年来,该国服务业在国内生产总值中的比重不断增大,已占71.1%,而工业比重却逐渐缩小,仅占27.1%;英国是世界上第三大对外投资国,主要债权国之一;英国还是世界上最大的无形贸易进出口国之一。

英国工业基础是钢铁制造、重工业、棉纺织、煤矿、造船。制造业当前仍是英国产业的重要组成部分;工业主要有钢铁制品、宇航、化学工业、塑料制品工业、纺织、制鞋、制衣及电子仪表工业、机动车及运输设备、能源供应等;此外,医药、电子(包括计算机)、航空技术等领域有突出的发展;另外,目前外国在英国投资企业也成为其经济重要组成部分之一。

英国的服务业在国民经济中占有重要的地位,商品批发、零售、旅馆业十分发达,金融、保险等更是在世界上处于领先地位;其服务业产值约占国民生产总值的65%左右,从业人数占总就业人数的75%,与工业生产部门有着密切的联系。

英国农业人口约占全国总劳力的2.1%,生产的农产品可以满足全国食品需求量的70%,农业产值占国内生产总值的1.5%;英国是牲畜、食品、农业化学、农机的主要出口国;77%的国土用于耕作,主要农作物有小麦、大麦、燕麦、土豆、油料、甜菜等;主要蔬菜水果有蘑菇、胡萝卜、芹类、苹果、草莓、木莓和温室栽培的番茄、黄瓜、青椒等;英畜牧业发达,畜产品较多。羊毛、牛皮、乳品等畜牧产品质量高,畜牧产品加工业如毛纺、奶制品加工和皮革加工等也较为发达。渔业可满足本国需求的60%,主要鱼种有鳕、鲽、黑线鳕、比目鱼、由鲢和青鱼等;英国森林面积237.95万公顷,森林覆盖率为10%。

牛津和剑桥

牛津,因世界一流的学府而闻名,是英国皇族和学者的摇篮。牛津大学创立于1168年,是英国最古老的大学。牛津大学相对更加重视人文、社会、政治等学科,英国历史上41位首相中有29位毕业于该校,因而被誉为"象牙之塔"。现在牛津已经成了熙熙攘攘的世界城市。尽管还是那个古老的大学城,但遍布城市各个角落的商业企业,特别是高科技企业使牛津这座古老的城市焕发了青春的活力。

剑桥大学创立于1209年,位于伦敦东北剑河两岸。与牛津一样,也是一座令人神往的传统大学城。剑桥是音译与意译合成的地名。这里有一条剑河,在市内兜了一个弧形大圈。向东北流去。河上修建了许多桥梁,所以把这个城市命名为剑桥,也称康桥。早在2000年前,罗马人就曾在这个距伦敦约85 km的地方安营扎寨,屯兵驻军。直到剑桥大学成立后,这个城镇的名字才渐为人知。剑桥大学在自然科学的成就尤为突出,曾哺育出牛顿、达尔文这样开创科学新纪元的大师。

3.3.3 节庆与习俗

3.3.3.1 节日

英国有很多传统节日与活动。据统计,英国全年全国性和地方性的节日有106个,其主要节日有:

(1)元旦:每年1月1日庆祝新的一年开始。人们举办各种各样的新年晚会,女王发表新年祝词,各种教堂在除夕夜都做守岁礼拜。

(2)情人节:每年2月14日,是3世纪殉教的圣徒圣华伦泰逝世纪念日。情人们在这一天互赠礼物,故称"情人节"。

(3)圣帕特里克节:每年3月17日,是悼念爱尔兰的守护神圣帕特里克的节日。

(4)圣星期六:是复活节的前一天。

(5)复活节:一般在每年春分后月圆第一个星期天,约在3月21日。该节日是庆祝基督的复活,过节时人们多吃复活节彩蛋。

(6)复活节次日:是复活节的第二天。

(7)耶稣受难日:复活节前的星期五,教堂举行仪式纪念耶稣受难。在英国这一天是公假,人们吃传统的热十字糕。

(8)耶稣升天节:是复活节第40天之后的星期四,也称为 Holy Thursday。

(9)圣灵降临日:是复活节后的第7个星期天,也称为 White Sunday。

(10)愚人节:每年4月1日,该节日出自于庆祝"春分点"的来临,在4月1日受到恶作剧愚弄的人称为"四月愚人"。

3.3.3.2 饮食

英国人在烹饪方面较平庸,可他们的厨房设施却非常考究。一般的家庭厨房,都配置了大烘箱、四个灶眼的无明火电炉、洗碗机。一般人家,厨房里的调料瓶起码有几十个,他们的刀具也特别烦琐。虽吃得简单,可却会在厨房里放上十几口锅,瓷的,铁的,不锈钢的,还有那大大小小琳琅满目的盘子。

英国人在吃的方面十分克制,例如,在一个小渔村里,有一个巨大的灯箱广告,上面书写的竟是这样一条标语:"救救我们的鱼类!"虽然可能是环保主义者所为,但也可以看出在吃的问题上,英国人是比较严肃的。

英国人传统的英式早餐有煎培根、香肠和煎土司。但现在多数人都很忙,没办法每天都吃如此丰盛的早餐,所以现在最流行的早餐种类有:一碗玉米片加牛奶;一些优格加新鲜水果;土司涂果酱。通常在早餐时喝茶、咖啡或果汁,但英国人在周末仍享用传统的英式早餐。

英国人的午餐很简单,许多英国人吃三明治,同样受欢迎的午餐为烤马铃薯。点心在英国相当普遍,特别是巧克力。

下午茶则为严肃的英国人的生活增添了些许浪漫色彩。通常下午三点到四点,可以看到英国人陆续放下手边的工作,喝杯咖啡或地道的英国奶茶。至于正统的英式下午茶,除了有讲究的茶具、茶叶外,精致的糕点更是不可或缺。

晚餐是一天中的主餐,且通常有两道菜——肉或鱼加蔬菜,之后有甜点(也就是布丁)。冷冻熟食在英国相当普遍,外国食物也相当受英国人欢迎。晚餐后通常要来上一杯奶茶。

英国的"烤牛肉加约克郡布丁"被称为国菜。这是用牛腰部位的肉,再把鸡蛋加牛奶和面,与牛肉、土豆一起在烤箱中烤制的菜肴。上桌时,还要另配些单煮的青菜,即为"烤牛肉加约克郡布丁"。

英国是饮茶大国,平均每天要喝掉1.65亿杯的茶,每年要进口14.4万吨的茶叶。他们喝的茶一般都是很浓的红茶,通常是在每个人的茶杯中添加一匙茶叶,然后再在茶壶中加一匙,喝的时候还喜欢再加点奶。源于他们对茶的偏爱,在英语中有很多跟茶有关的词汇,例如,如果喜欢某物,可以说"It's my cup of tea.",不喜欢的话就是"It's not my cup of tea."。还有 tea time、tea party、tea break、high tea、cream tea 等。如果有人问你:"Do you like a cupper?"实际上就是问你要不要喝杯茶;另外,主动提出给别人从茶壶中倒茶的表达方式也很有意思,"Let me be mother"或"Shall I be mother?",这跟是否想当妈妈没有任何关系。

跟茶能够旗鼓相当的饮料就是咖啡了,通常有黑咖啡和白咖啡之分,区别就在于加不加奶。酒精饮料主要有啤酒和白酒,其中最有名的啤酒是苦啤酒,颜色较深,酒劲较大。白酒比较有名气的是苏格兰威士忌。无论年轻人还是年长者,酒吧几乎是每个英国人必去的地方,是他们生活中不可或缺的。

3.3.3.3 礼仪

(1)服饰礼仪

英国人的穿衣模式受到世界许多人的推崇。尽管英国人衣着很讲究,但十分节俭,一套衣服一般要穿十年八年之久。一个英国男子一般有两套深色衣服,两三条灰裤子。英国人的衣着已向多样化、舒适化发展,比较流行的有便装夹克、牛仔服。

(2)仪态礼仪

在英国,人们在演说或别的场合伸出右手的食指和中指,手心向外,构成"V"形手势,表示胜利;在英国,如有人打喷嚏,旁人就会说上旁保佑你,以示吉祥。

(3)见面礼仪

在英国,当婴儿出生时,父母亲朋一般依婴儿的特征、父亲的职业为婴儿取名,母亲家庭显赫者,有的就用娘家的姓作为婴儿的第二个名字。在英国,孩子们只对父母亲的兄弟姐妹称叔。英国老人讲究独立,不喜欢别人称自己老,走路时不必搀扶他们。

(4)餐饮礼仪

英国的宴请方式多种多样,主要有茶会和宴会,茶会包括正式和非正式茶会。英国人在席间不布菜也不劝酒,全凭客人的兴趣取用。一般要将取用的菜吃光才礼貌,不喝酒的人在侍者斟酒时,将手往杯口一放就行。客人之间告别可相互握手,也可点头示意。

如果你被邀请到别人家做客,就要考虑这样几个情况,比如,该在什么时候到主人家,如果不是谈正事,只是个社交聚会,早到是不礼貌的。女主人正在做准备,她还没完全准备好你就到了,会使她感到非常尴尬。晚到10分钟最佳。晚到半小时就显得太迟了,需要向主人致歉。什么时候应该离开呢?这没什么规定,但在主人家坐得太晚是很不礼貌的。如果只是邀请你共进晚餐和聊天,那么你最好在10点至11点之间离开,或者餐后1小时告别。如果你被邀请留下来住几天或度周末,在离开之前应特意买束花送给女主人,这会使她非常高兴。另外,离开后的第二天要发一封便函向主人致谢,并随附一件小礼品,比如一盒巧克力或一些鲜花等。

(5)商务礼仪

到英国从事商务活动要避开七月和八月,这段时间工商界人士多休假,另外在圣诞节、复活节也不宜开展商务活动。在英国送礼不得送重礼,以避贿赂之嫌。在商务会晤时,按事先约好的时间到,不得早到或迟到。英国工商界人士办事认真,不轻易动感情或表态,他们视夸夸其谈、自吹自擂为缺乏教养的表现。

3.3.3.4 禁忌

(1)不能挤队

英国人有排队的习惯。你可以看到他们一个挨一个地排队上公共汽车、火车或买报纸。加塞是一种令人不齿的行为。

(2)不能砍价

在英国购物,最忌讳的是砍价。英国人不喜欢讨价还价,认为这是很丢面子的事情。如果你购买的是一件贵重的艺术品或数量很大的商品时,你也需要小心地与卖方商定一个全部的价钱。英国人很少讨价还价,如果他们认为一件商品的价钱合适就买下,不合适就走开。

(3)讨厌过问私事

不要问英国人"您去哪儿""吃饭了吗"这类问题,英国人会认为你很粗鲁,他们讨厌别人过问他们的个人生活,不能问女士的年龄。英国人非常不喜欢谈论男人的工资或女人的年龄,甚至他家里的家具值多少钱,也是不该问的。如果你问了一位女士的年龄,也是很不合适的,因为她认为这是她自己的秘密,而且每个人都想永葆青春,没有比对中年妇女说一声"你看上去好年轻"更好的恭维了。

(4)其他忌讳

英国人认为13和星期五是不吉利的,尤其是13日与星期五相遇更忌讳,这个时候,许多人宁愿待在家里不出门。他们忌讳四人交叉式握手,还忌点烟连点三人,一根火柴点燃第二支烟后应及时熄灭,再用第二根火柴点第三个人的烟才不算失礼。与英国人谈话,若坐着谈应避免两腿张得过宽,更不能跷起二郎腿;若站着谈不可把手插入衣袋。忌当着英国人的面耳语,不能拍打肩背。英国人忌用人像做商品装潢,忌用大象图案,因为他们认为大象是蠢笨的象征。英国人讨厌孔雀,认为它是祸鸟,把孔雀开屏视为自我炫耀和吹嘘。他们忌送百合花、菊花,认为百合花和菊花意味着死亡。

3.3.4 旅游资源与主要旅游地

英国是个美丽的国家,文物古迹比比皆是,自然风景秀丽可餐,旅游资源丰富。许多城市,如"万城之花"伦敦,"北方雅典"爱丁堡,大学城牛津、剑桥,古色古香的约克城,莎翁故乡斯特拉特福都是享有世界声誉的旅游名城。英国还辟有湖区等几十座国家公园和风景保护区。

(1) 大本钟

大本钟位于伦敦西敏寺北端议会大厦98米高的钟塔内,建于1859年,安装在西敏寺桥北议会大厦东侧高95米的钟楼上,钟楼四面的圆形钟盘,直径为6.7米,是伦敦的传统地标。每当议会召开会议的时候,大钟上方的灯就会点亮。一到夜晚,大钟在灯光的照耀下,静静地浮在夜空中,从对岸观望更觉壮观。大本钟有四个钟面,每个钟面各由312块乳白色玻璃镶嵌而成。透过玻璃,时针和分针清晰可见。

负责钟塔工程的人叫作本杰明·霍尔,人们便以他名字的爱称尊称这座时钟塔楼为"大本钟"。最初这个名字只是赋予塔中那座13吨重的大钟,如今却已成为整个塔楼的名字了。建造之初,英国皇家天文馆就要求大钟每个钟点的第一响准确到误差不超出一秒钟,对于这个带着笨重的机械敲击装置、指针暴露在风吹雨打之中的巨钟来说,这个要求似乎是太苛刻了。不过,最终大本钟还是按照要求建造完毕,并且表现良好。仿照剑桥的大圣玛丽教堂,每个准点敲响的钟声,配合了如下的词句:"愿这个钟头的分分秒秒,上帝导我前行,以主之能,佑吾民平安。"

作为伦敦市的标志以及英国的象征,大本钟巨大而华丽,重13.5吨,四个钟面的面积有两平方米左右。大本钟从1859年就为伦敦城报时,根据格林尼治时间每隔一小时敲响一次,至今将近一个半世纪,尽管这期间大本钟曾两度裂开而重铸,但现在大本钟的钟声仍然清晰、动听。自从1859年投入使用后,英国政府每隔五年就要对大本钟实施维护,包括清洗钟体、替换大本钟的报时轮系和运转轮系等。

(2) 威斯敏斯特教堂

威斯敏斯特教堂又译为"西敏寺",本义是西部修道院的意思,因为这座教堂所在的位置在当时伦敦的西部。后来,此地也因教堂而命名为威斯敏斯特市,现在是组成伦敦市中心的两个市级区之一。

威斯敏斯特教堂在英国享有至高无上的地位,它是英国王室专属礼拜堂,1066年以来几乎所有英国国王的加冕教堂、王室婚礼教堂,王室的一切重大仪式都在这里举行。在16—18世纪,威斯敏斯特是与牛津、剑桥齐名的学术中心,英文版的《圣经》就是在这里翻译完成的。教堂墓地中埋葬着英国历代国王和历史上各个领域中最杰出的伟人,因此威斯敏斯特教堂也被称为"荣誉的塔尖"。1987年,威斯敏斯特教堂被列入世界文化遗产。

(3) 爱丁堡城堡

爱丁堡城堡巍然屹立于城市中心的一座死火山顶上,从爱丁堡的几乎每一个角落都能看到它。城堡下三面悬崖,只有一面斜坡可以出入,可以说是一处天然的要塞。

爱丁堡城堡是英国最古老的城堡之一。早在6世纪，这里就建起一座军事要塞，并且作为苏格兰王室城堡，成为苏格兰的行政中心。曾有一首苏格兰古诗描述国王和骑士们在爱丁堡的大厅中欢聚畅饮的情景，据说这就是亚瑟王和他的圆桌骑士们故事的来源之一。后来，历代国王开始在城堡中修建供居住的宫殿，现存最古老的建筑是11世纪修建的小教堂。可以说，爱丁堡城堡就是苏格兰民族历史的核心。

城堡中展示着苏格兰王冠，这是欧洲最古老的王冠，还有著名的命运之石，古代苏格兰国王就坐在上面加冕。命运之石曾被劫到英格兰，安置在威斯敏斯特教堂国王加冕椅下，近年才重返苏格兰。院子里则有苏格兰国家战争纪念馆，收藏了各种武器，特别引人注目的是一把巨剑。地下室中的大炮造于15世纪，曾参与过200多次战役。

每天中午一点，城堡中都按古老的惯例鸣响空炮。

每年8月的爱丁堡国际艺术节期间，城堡前都要举行著名的军乐队分列式演出，来自世界各国的军乐队各具特色，当然最受欢迎的还是排在第一个出场的苏格兰军乐队，风笛、苏格兰裙是他们的标志。分列式演出结束后，还有烟花和灯光表演。

(4) 白金汉宫

白金汉宫是英国的王宫。建造在威斯敏斯特城内，是一座四层楼的正方形围院建筑，宫内有典礼厅、音乐厅、宴会厅、画廊等六百余个房间。在宫前广场有胜利女神像站在高高的大理石台上，金光闪闪。正面的大门富丽堂皇，外栅栏的金色装饰威严庄重，厚重铁门的浮雕营造出与宫殿十分和谐的氛围。围墙里面，可以看到那些著名的近卫军士兵纹丝不动地伫立着。周围占地广阔的御花园，为典型的英式风格园林。

白金汉宫建于1703年，最早称白金汉屋，意思是"他人的家"。1762年，王室将其买下，又不断加以改装、增建，最终形成了这座色调不尽一致，式样五花八门的"补丁宫殿"。

当女王住在宫中时，王室旗帜会在宫殿中央高高飘扬。

(5) 大英博物馆

大英博物馆是英国最大的博物馆，又名不列颠博物馆。大英博物馆也是世界上历史最悠久、规模最宏伟的综合性博物馆，收藏了世界各地的许多文物和图书珍品，藏品之丰富、种类之繁多为全世界博物馆所罕见。大英博物馆和纽约的大都会艺术博物馆、巴黎的罗浮宫同列为世界三大博物馆。

博物馆始建于1753年，1759年对外开放，现有建筑为19世纪中叶所建。博物馆正门的两旁各有8根又粗又高的罗马式圆柱，支撑起三角顶门楣，三角形中刻着一幅巨大的浮雕。整个建筑气魄雄伟，蔚为壮观。共有100多个陈列室，藏有展品400多万件。

大英博物馆内主要分为埃及文物馆、希腊罗马文物馆、西亚文物馆、欧洲中世纪文物馆和东方艺术文物馆。

(6) 温莎城堡

温莎城堡位于英国伦敦以西32千米的温莎镇，是英国王室的行宫之一，人们已经习惯将温莎堡所在的小镇称为"王城"。在英国，许多国王与王后对城堡的建造与扩展有直接的影响，因为它可以作为他们的要塞、住所或者行政官邸，有时甚至是监狱。

历史悠久的温莎城堡，城堡表面上看似中古时代的外观，实际上是杰弗里·亚特维尔于1820年创造出来的。现在的温莎城堡内收藏着英国王室数不清的珍宝，其中不乏达·芬奇、鲁斯本、伦勃朗等大师的作品,更不必说那些流传自中世纪的家具和装饰品了,所以即便说这里的每一个房间都是一座小型的艺术展室也一点都不夸张。现在城堡中多数的大厅都已对公众开放,但王室侍从厅仍不能参观,那里陈列着许多英国王室的珍贵文物,其中甚至还包括慈禧太后赠送维多利亚女王的条幅,以及1947年伊丽莎白女王结婚时,当时的中国云南省主席所赠的画卷。

作为王室的重要活动场所之一,温莎城堡还是国王为皇族、贵族等颁发爵位和封号的重要场所之一,其中最著名的就是"嘉德骑士"封号。"嘉德骑士"是英国骑士勋爵中最高的级别,由爱德华国王为鼓舞日渐没落的骑士精神而专门设立的,当今王储查尔斯王子就被授予"嘉德骑士"勋爵封号。另外,当今女王伊丽莎白二世的幼年就是在这里度过的,她常常领众多随从来此度假、度周末,特别是在王室喜庆的日子里,以及圣诞节等重要的节日,女王便会选择在温莎城堡设宴,举行隆重的庆祝活动。在英国上流社会,人们都以能够参加温莎城堡举行的盛典而骄傲。

(7) 尼斯湖

尼斯湖位于苏格兰高地议会区,为英国最大的淡水湖泊,深约200米,长约36千米。尼斯湖的水域面积超过1 800平方千米,由奥伊赫河和安瑞科河及数个其他河流汇集而成。尼斯河为其出路,注入马里湾。尼斯湖的水温非常低,很不适合游泳,湖水充满了泥煤,使得能见度只有几英尺而已,而且水很深。

尼斯湖像苏格兰高原和斯堪的那维亚的一些深湖一样,传说有水怪出现。尤其是尼斯湖岸公路通车以来,更多所谓尼斯湖怪物的目击报道出现。至于水怪存在的可能性——或许是一只早已绝种的蛇颈龙孤独地度其残生——会继续吸引更多人的好奇和兴趣。

3.4 法国

3.4.1 法国自然环境

法国是西欧面积最大的国家,位于欧洲大陆西部。领土呈对称的六边形,三边临海,三边靠岸,高高耸立的阿尔卑斯山和比利牛斯山脉分别是法国与意大利、西班牙最天然的地理分界线。法国的大部分领土都处于平原和丘陵之上,美丽的塞纳河从心脏地带流过,滋润了巴黎盆地广阔的土地。

法国与比利时、卢森堡、瑞士、德国、意大利、西班牙、安道尔、摩纳哥接壤,西北隔拉芒什海峡与英国相望,濒临北海、英吉利海峡、大西洋和地中海四大海域,地中海上的科西嘉岛是法国最大的岛屿。边境线总长度为5 695千米,其中海岸线为2 700千米,陆地线为2 800千米,内河线为195千米。

法国地势东南高西北低,向大西洋敞开。东部是阿尔卑斯山地和侏罗山地,中南部为中央高原,西南边境有比利牛斯山脉;中央高原和比利牛斯山间的西南地区为阿基坦盆地,北部是巴黎盆地,西北部为阿莫里坎丘陵。平原占总面积的2/3。

山脉有阿尔卑斯山脉、比利牛斯山脉、汝拉山脉等。法意边境的勃朗峰海拔4 810米,为西欧最高峰。河流主要有卢瓦尔河(1 010千米)、罗讷河(812千米)、塞纳河(776千米)、马恩河(525千米)。

法国西部属温带海洋性气候,南部属地中海气候,东北部属温带大陆性气候。平均降水量从西北往东南由600毫米递增至1 000毫米以上,山区达1 500毫米以上。月平均气温,一月西部及南部4~7 ℃,东部及北部1~3 ℃;七月北部及西部16~18 ℃,南部及东部21~24 ℃,大部分气候温和,环境优美,是一个适合居住的地方。

法国铁矿蕴藏量约为70亿吨,但品位低、开采成本高,所需的铁矿石大部分依赖进口。煤储量约为210亿吨(其中褐煤100亿吨),有开采价值的约为14.7亿吨。铝土矿储量约9 000万吨。有色金属储量很少,几乎全部依赖进口。石油储量只有3 000多万吨。天然气储量2500亿立方米,所需石油的99%、天然气的75%依赖进口。水力资源约为1 000万千瓦,核能、水力资源和地热的开发利用比较充分。森林面积约15 000万公顷,占欧盟森林总面积的25%,人均拥有绿化面积0.28公顷,森林覆盖率为26.7%。

3.4.2 法国社会概况

3.4.2.1 人文概况

法国总人口约6 690万(2016年),其中法国本土6 390万,2013年法国人口增长率为0.4%。通用法语。居民中64%信奉天主教,3%信奉伊斯兰教,3%信奉新教,1%信奉犹太教,28%自称无宗教信仰。

法兰西民族是由多个民族混合构成的,除了主体法兰西民族外,边境地区还有阿尔萨斯、布列塔尼、巴斯克、科西嘉、佛兰芒等少数民族,大约占了总人口的7.9%。还有来自非洲、欧洲和亚洲的外国移民约占人口总数的8%。

官方语言为法语,地方方言有普罗旺斯方言、布列塔尼方言、科西嘉方言和日耳曼方言。

(1)国旗:三色旗是法国大革命时巴黎国民自卫队队旗。白色代表国王,蓝、红色代表巴黎市民,是王室和巴黎资产阶级联盟的象征。今天的法国人民也认为,三色旗上的蓝色是平等的象征,白色是自由的象征,而红色代表了博爱,正如法国人民"自由、平等、博爱"的宣言。1946年宪法确认其为国旗。三色带的宽度比为30∶33∶37。

(2)国徽:法国没有正式国徽,但传统上采用大革命时期的纹章作为国家的标志。纹章为椭圆形,上面绘有大革命时期流行的标志之一——束棒,这是古罗马高级执法官用的权标,是权威的象征。束棒两侧饰有橄榄枝和橡树枝叶,其间缠绕的饰带上用法文写着"自由、平等、博爱",整个图案由带有古罗马军团勋章的环带饰品所环绕。

(3)国歌:《马赛曲》。

(4)国花:鸢尾花。

(5)首都:巴黎。

法国国花的来历

法国的国花为鸢尾花,有3种说法,一说"象征古代法国王室的权力"。相传,在法兰克国王的第一任国王克洛维(481—511年)洗礼的时候,上帝赐给了他一件礼物——鸢尾花。此后法国人为纪念自己的始祖,便把鸢尾花作为国家的标志。从公元12世纪起,法国的国徽上便出现了鸢尾花的图案。二说"宗教上的象征"。根据基督教的教义,上帝虽然只有一个,但却是圣父、圣子、圣灵三位一体。公元1376年,法国国王查理五世(1364—1380年)把原有国徽图案上的鸢尾花改为三枚花瓣,代表着圣父、圣子、圣灵三位一体。三说"法国人民用鸢尾花表示光明和自由,象征民族纯洁、庄严和光明磊落"。

3.4.2.2 简史

公元前高卢人在此定居。公元前1世纪,时任高卢总督的恺撒占领了全部高卢,从此受罗马统治达500年之久。公元5世纪法兰克人征服高卢,建立法兰克王国。其中西法兰克是法国的雏形。10世纪后,封建社会迅速发展。1337年英王觊觎法国王位,爆发"百年战争"。初期,法国大片土地被英侵占,法王被俘,后法国人民进行反侵略战争,于1453年结束百年战争。

15世纪末到16世纪初形成中央集权国家。17世纪中叶,君主专制制度在路易十四的统治下达到顶峰,法国也成为欧洲大国。但路易十四统治中后期为了争夺欧洲霸权,与外国战争不断,消耗了大量国力,国家也开始走向衰弱。伏尔泰和卢梭去世11年后,随着资产阶级力量的发展,1789年7月14日,手持武器的巴黎市民攻占巴士底监狱,监狱里当时只关押着7个人,但是市民们却为此激战了一天,牺牲了98个人。1789年8月26日,法国大革命的纲领《人权和公民权宣言》正式通过。

1789—1792年,立宪派(斐扬派)掌权,在此期间,法国实行君主立宪制。大革命废除了君主制,并于1792年9月22日建立第一共和国。1799年11月9日,拿破仑·波拿巴夺取政权,1804年12月2日,巴黎圣母院举行了一个盛大的加冕典礼,拿破仑·波拿巴成为法兰西第一帝国的皇帝。1814年4月13日拿破仑签署退位诏书,法兰西第一帝国灭亡。同年的5月3日,流亡英国的普罗旺斯伯爵返回法国即位为法王路易十八。1815年3月,拿破仑杀回巴黎,重建帝国,立百日王朝。1815年,拿破仑在滑铁卢战败,宣布退位。路易十八于7月8日回到巴黎,复辟波旁王朝。1830年7月,法国七月革命爆发,七月王朝建立。1848年2月爆发"法国二月革命",建立第二共和国。1851年路易·波拿巴总统发动政变,翌年12月建立第二帝国。1871年3月18日,巴黎人民举行武装起义,成立巴黎公社,同年5月底,被法国军队残酷镇压。1870年在普法战争中战败后,法国于

1871年9月成立第三共和国,直到1940年6月法国贝当政府投降德国,至此第三共和国结束。1944年,戴高乐的"自由法国"解放法国。

1944年6月宣布成立临时政府,戴高乐担任首脑,1946年通过宪法,成立第四共和国。1958年9月通过新宪法,第五共和国成立,同年12月戴高乐当选总统。

3.4.2.3 政治

法国是典型的半总统制半议会制的民主共和制的国家,国家政权带有鲜明的阶级性。总统是国家元首和武装部队统帅,任期5年(根据全民公决结果,2000年6月改为5年,之前是7年),由选民直接选举产生。总统有权任免总理和批准总理提名的部长;主持内阁会议、最高国防会议和国防委员会;有权解散议会;可不经议会将某些重要法案直接提交公民投票表决;在非常时期,总统拥有"根据形势需要采取必要措施"的全权。在总统不能履行职务或空缺时,由参议院议长代行总统职权。议会由国民议会和参议院组成,拥有制定法律,监督政府,通过预算,批准宣战等权力。

国民议会共有577个议席,任期5年,采用两轮多数直接投票制,由选民直接选举产生。参议院共321席,参议员任期9年,每3年改选1/3,以省为单位,由国民议会和地方各级议会议员组成选举团间接选举产生。

2017年39岁的中间派候选人埃马纽埃尔·马克龙赢得大选,成为法国历史上最年轻的总统。

3.4.2.4 经济

法国是经济高度发达的工业国家,工业化水平很高。2015年国内生产总值达2.419万亿美元,人均国内生产总值36 206美元。是世界第六大经济体,是仅次于美国的世界第二大农产品出口国,第三产业在法国经济中所占比重逐年上升,其中电信、信息、旅游服务和交通运输部门业务量增幅较大,服务业从业人员约占总劳动力的70%。

法国主要工业部门有矿业、冶金、汽车制造、造船、机械制造、纺织、化学、电器、动力、日常消费品、食品加工和建筑业等。核能、石油化工、海洋开发、航空和宇航等新兴工业部门近年来发展较快,在工业产值中所占比重不断提高。核电设备能力、石油和石油加工技术居世界第二位,仅次于美国;航空和宇航工业仅次于美国和独联体,居世界第三位。钢铁工业、纺织业占世界第六位。但工业中占主导地位的仍是传统的工业部门,其中钢铁、汽车、建筑业为三大支柱。

法国农业极度发达,是世界主要农业大国。主产小麦、大麦、玉米和水果蔬菜。葡萄酒产量居世界首位。有乳、肉畜牧业和禽蛋业。法国是欧盟最大的农业生产国,也是世界主要农副产品出口国。机械化是法国提高农业生产率的主要手段,法国已基本实现了农业机械化。农业、食品加工业是法国外贸出口获取顺差的支柱产业之一。

法国平均每年接待外国游客7 000多万人次,是世界第一旅游大国。法国连续多年被评为全球最适合居住的国家。首都巴黎、地中海和大西洋沿岸的风景区及阿尔卑斯山区都是举世闻名的旅游胜地。此外还有一些历史名城、卢瓦尔河畔的古堡群、布列塔尼和诺曼底的渔村、科西嘉岛等。法国一些著名的博物馆收藏着世界文化的宝贵遗产。

3.4.3 节庆与习俗

3.4.3.1 节日

(1)元旦:1月1日,向家人、亲戚和朋友祝"新年好"和"身体好"。家庭团聚,吃年饭,也可馈赠年终赏钱和小礼物。如元旦没能见面,可寄新年贺卡,整个一月份都可以寄。

(2)天主教的"三王来朝"节日:1月6日,这一天法国人要吃三王来朝饼,饼上有一粒小蚕豆,象征让人交好运。

(3)圣瓦朗坦节(情人节):2月14日,这一天情侣结伴出去,或去餐馆,女孩子们会收到鲜花和首饰。

(4)愚人节:4月1日,这一天调皮者会悄悄地在你的衣背上贴上纸鱼开玩笑。

(5)国际劳动节:5月1日,送一束铃兰花,一株有13朵小白花,表示有好运。

(6)二战胜利日:5月8日,这一天法国各村镇都要向烈士纪念碑送鲜花。

(7)国庆节:7月14日,白天有阅兵仪式,晚上放烟火。有些村庄会组织火炬游行、跳舞等。

(8)万灵节:11月1日,向死者献花。注意千万不要将这些花送给其他人。

(9)圣诞节:12月25日,圣诞前夕之夜,各家都要吃丰盛的年夜饭,传统的菜肴有肥鹅肝、牡蛎、火鸡、奶酪和甜点等,喝葡萄酒和香槟酒。孩子们可与父母一同吃饭,也可先去睡觉等待圣诞老人的来访。信教的人,年夜饭前或圣诞之日午饭前还要做弥撒,相互祝愿"圣诞快乐",交换礼物。唱的歌曲都是些宗教歌曲,如圣诞小爸爸、美丽的圣诞树、甜美之夜、神圣之夜、子夜基督徒等。

3.4.3.2 饮食

法国美食在整体上包括以下几大方面:面包、糕点、冷食、熟食、肉制品、奶酪和酒。这些是法国饮食里不可缺少的内容,而其中最让法国人引以为荣的是葡萄酒、面包和奶酪。法国人习惯用西餐,浪漫的法国餐,有很多细节值得人慢慢品味。

法国菜以其美味可口出名,且菜肴种类繁多,烹调方法独特。欧洲的佳肴几乎都是法国人烹制的,这是因为欧洲一流的大饭店或餐馆所雇佣的大厨师多半是法国人。他们对饮食的讲究程度足以与我们中国人相媲美,甚至把饮食视为艺术,在这点上还胜我们一筹。

法国菜具有选料广泛、用料新鲜、装盘美观、品种繁多的特点。菜肴一般较生,还有吃生菜的习惯。在调味上,用酒较重,并讲究什么原料用什么酒。他们的口味肥浓、鲜嫩而忌辣。猪肉、牛肉、羊肉(肥嫩的)、鸡、鱼、虾、鸡蛋和各种烧卤肠子、素菜、水果是他们喜爱的食品,尤其爱吃菠萝。无鳞鱼是被排除在餐桌外,不受欢迎的食物。进餐时,冷盘为整块肉,边切边吃。名菜有:马赛鱼羹、雀肉会利、巴黎龙虾、红酒山鸡、沙福罗鸡、鸡肝牛排、牡蛎杯、马令古鸡等。

法国餐是不能用味美或营养丰富来形容的。除了在对菜的配料、火候的讲究、菜肴的搭配、选料的新鲜程度以及不同地区所演变出的多元化菜肴与烹调方法,法餐可以说其在细腻、合理性和艺术性都在其他西餐之上。

法国人还特别追求进餐时的情调,比如精美的餐具、幽幽的烛光、典雅的环境等。大一点的餐厅大都布置得富丽堂皇。有的店里还存有16世纪路易十四时期的豪华家具、精致的银餐具、水晶杯子等,还有的餐馆把艺术收藏品作为店里的主打,墙上的名画是真正的珍品,绝不是牵强的装点门面的一般艺术挂画,也有的餐馆还将自己的收藏放到店里与客人共享收藏乐趣。如果饭店的历史很短,他们也能想办法摆满各式鲜花。

法国的美食和法国人对生活的要求以及审美观有直接的关系。法国人将饮食还赋予哲学的意义,认为个人饮食应符合各自的教养与社会地位,并将同桌共餐视为一种联络感情、广交朋友的高雅乐趣和享受。有一位被称为"世界级膳食家"的人曾说:"感受餐桌上的就餐气氛,就可以判断这个国家国民的整体个性。"看看法国人的美味佳肴以及用餐方式,不由得让人想起克莱德曼手指下流淌出来的串串音符,浪漫而隽永,让你充分领略法式大菜散发出的馨香的艺术情调。

戛纳电影节

戛纳电影节是世界最大最重要的电影节之一。1939年,法国为了对抗当时受意大利法西斯政权控制的威尼斯国际电影节,决定创办本国的国际电影节。第二次世界大战爆发使筹备工作停顿了下来。第二次世界大战结束后,于1946年9月20日在法国南部旅游胜地戛纳举办了首届电影节。自创办以来,除1948年、1950年停办和1968年中途停办外,每年举行一次,为期两周左右。原来每年9月举行,1951年起,为了在时间上争取早于威尼斯国际电影节,改在5月举行。1956年最高奖为"金鸭奖",1957年起改为"金棕榈奖",分别授予最佳故事片、纪录片、科教片、美术片等。此外,历年来还先后颁发过爱情心理电影、冒险侦探、电影、音乐电影、传记片、娱乐片、处女作、导演、男女演员、编剧、摄影、剪辑等奖项。

3.4.3.3 礼仪

(1) 服饰礼仪

法国人对于衣饰的讲究,在世界上是最为有名的。所谓"巴黎式样",在世人耳中即与时尚、流行含意相同。

一般在正式场合,法国人通常要穿西装、套裙或连衣裙,颜色多为蓝色、灰色或黑色,质地则多为纯毛,而出席庆典仪式时,一般要穿礼服。男士所穿的多为配以蝴蝶结的燕尾服或是黑色西装套装;女士所穿的则多为连衣裙式的单色大礼服或小礼服。

对于穿着打扮,法国人认为重在搭配是否得法。在选择发型、手袋、帽子、鞋子、手表、眼镜时,都十分强调要使之与自己着装相协调。

(2)仪态礼仪

法国人谈吐文雅,热情幽默,他们有耸肩膀表示高兴的习惯。在同人交谈时,他们喜欢相互站得近一些,认为这样显得亲切。谈话过程中经常用手势来表达某种意思,但有的手势和我们的习惯不同。法国人特别爱侃,并善侃,但从不涉及粗俗话题,对庸俗下流的举止极为鄙视。

(3)相见礼仪

法国人在社交场合与客人见面时,大都以握手为礼,一般是女子向男子先伸手,年长者向年少者先伸手,上级向下级先伸手。少女通常是向妇女施屈膝礼。当地人还有男性互吻脸颊的习惯。男子戴礼帽时,还可施脱帽礼。

(4)餐饮礼仪

法国人非常讲究就餐礼仪,一般用长条形餐桌,男女主人各坐餐桌两头,家中其他成员或客人在餐桌两旁按从女主人一侧向男主人一侧重要程度递减方式排列。法国是世界著名的饮食文化大国,不同地区有不同的特色美食。由于法国人相当重视美食,所以吃法国菜时所需要的餐具也是非常多的,餐具有不同形状的餐刀、叉子和勺子,用餐盘就餐,桌面上只能存在一道菜,撤去前一道才能上第二道,但餐具根据本次用餐情况全部摆放到就餐人餐盘两侧,从外到里使用。

(5)商务礼仪

与法国人会面,可由第三者介绍,也可自我介绍。自我介绍应讲清姓名、身份或将自己的名片主动送给对方。法国人很重视建立良好的人际关系,一般情况下,未成朋友前,是不会跟你做大宗生意的。和法国人谈生意,一定要守时,否则不会被原谅。切记,和法国人谈生意,一定要避开商业淡季。每年8月份由于天气较热,几乎全国放假。

3.4.3.4 禁忌

法国人大多信奉天主教,其次才是新教、东正教和伊斯兰教。他们认为"13"这个数字以及"星期五"都是不吉利的,甚至能由此引发什么祸事。如果你对老年妇女称呼"老太太",她们是很不高兴的。法国人还忌讳男人向女人送香水,因为这有过分亲热和图谋不轨之嫌。他们还不愿意别人打听他们的政治倾向、工资待遇以及其他个人的私事。如果初次见面就送礼,法国人会认为你不善交际,甚至认为粗俗。

法国女宾有化妆的习惯,所以一般不欢迎服务员为她们送香巾。他们偏爱公鸡,认为它既有观赏价值和经济价值,还有司晨报晓的功能,因而它可以用作"光明"的象征,并奉为国鸟。他们还非常喜爱鸢尾花,认为它是自己民族的骄傲,是权力的象征、国家的标志,并敬为国花。

3.4.4 旅游资源与主要旅游地

法国是欧洲的大国,旅游资源丰富。

(1)凯旋门

凯旋门坐落在巴黎市中心星形广场(现称戴高乐将军广场)的中央,是法国为纪念拿破仑1806年2月在奥斯特尔里茨战役中打败俄、奥联军而建的;12条大街以凯旋门为中心向四周辐射,气势磅礴,形似星光四射。该工程由建筑师夏尔格兰设计,1806年8月奠基,历时30个寒暑,于1836年7月落成。凯旋门高49.54米,宽44.82米,厚22.21米。它四面有门,中心拱门宽14.6米,门楼以两座高墩为支柱,中间有电梯上下。在拱形圆顶之上有三层围廊,最高一层是陈列室,这里展示着有关凯旋门的各种历史文物以及关于拿破仑生平事迹的图片;第二层收藏着各种法国勋章、奖章;第一层则是凯旋门的警卫处和会计室。

(2)埃菲尔铁塔

埃菲尔铁塔在巴黎市中心塞纳河南岸,是世界上第一座钢铁结构的高塔,被视为巴黎的象征,因法国著名建筑师斯塔夫·埃菲尔设计建造而得名,建于1887年至1889年。塔高300余米,塔身重达9 000吨,分三层。第一层平台距地面57米,设商店和餐厅;第二层平台高115米,设有咖啡馆;第三层平台高达276米,供游人远眺,底部面积1万平方米,在第三层处建筑结构猛然收缩,直指苍穹。从一侧望去,塔像倒写的字母"Y"。该塔由1.8万余个组成部件和250多万个铆钉构成,有电梯或徒步登塔顶。入夜,塔顶发出转动着彩色探照灯光,防飞机碰撞。塔旁竖立长方形白色大理石柱,柱顶安放斯塔夫埃菲尔镀金头像。

(3)罗浮宫

罗浮宫是法国最大的王宫建筑之一,位于巴黎市中心塞纳河右畔、巴黎歌剧院广场南侧。原是一座中世纪城堡,16世纪后经多次改建、扩建,至18世纪为现有规模,占地约45公顷。早在1546年,法王弗朗索瓦一世决定在原城堡的基础上建造新的王宫,此后经过9位君主不断扩建,历时300余年,形成一座呈"U"字形的宏伟辉煌的宫殿建筑群。1793年8月10日,在推翻君主制的周年纪念日时,法国"国民公会"决定把昔日的皇宫辟为国立美术博物馆;同年11月18日,罗浮宫博物馆正式向公众开放,其全部工程于1857年完成。在罗浮宫口字形正殿的西侧,伸展出两个侧厅,中间的空地形成卡鲁赛广场。罗浮宫的东侧有长列柱廊,建筑巍峨壮丽,其画廊长达900英尺,藏有大量17世纪以及欧洲文艺复兴期间许多艺术家的作品,馆藏品达40万件。罗浮宫美术博物馆分为六大部分:希腊和罗马艺术馆,东方艺术馆,埃及艺术馆,欧洲中世纪、文艺复兴时期和现代雕像馆,历代绘画馆。

(4)巴黎圣母院

巴黎圣母院是最著名的中世纪哥特式大教堂,以其规模、年代和在考古、建筑上的价值而著称。巴黎主教莫里斯·德绪利曾设想将两座较早的巴西利卡式(长方形)教堂合成一座大型教堂,1163年由教皇亚历山大三世奠基,高圣坛于1189年举行奉献仪式,1240年唱诗班席、西立面和中堂竣工,门廊、祈祷室和其他装修在其后的一百年中陆续建成。内部平面为130×48米,屋顶高35米,塔高68米。塔的尖顶始终未建。教堂历经损坏,不得不于19世纪重修,只有三个巨大的圆花窗仍保持着13世纪的彩色玻璃。

(5)巴士底狱遗址

巴士底狱遗址位于巴黎市区东部、塞纳河右岸,这里曾是公元1368年至1382年建立的一座军事堡垒,"巴士底"一词的法文原意是"城堡"。这座古城堡拥有8座巍峨坚固的炮台,兴建之初是用来抵抗英国入侵的。1380—1422年,这座城堡被改为王家监狱。整座城堡占地2 670平方米,四周建有一堵又高又厚的石墙和8座高30多米的塔楼,四周掘有宽24米的深沟,设吊桥进出。早在16世纪,这里就开始关押囚禁政治犯,法国启蒙思想家伏尔泰就曾两次关押在这里。在法国人民心目中,巴士底狱已成为法国封建专制统治的象征。1789年7月3日,巴黎人民奋然起义,14日,攻占了巴士底狱,揭开了法国大革命的序幕。1791年,巴黎人民拆毁了巴士底狱,在其旧址上建成了巴士底广场,并把拆下来的石头铺到塞纳河的协和桥上,供路人践踏。1830年,法国人民又在广场中心建立起一座纪念七月革命的烈士碑,这座烈士碑高52米,碑身是用青铜铸成的圆柱体,人称"7月圆柱"。柱顶端是一尊右手高举火炬的金翅自由神像,神像左手提着被砸断的锁链象征着获得了自由。在监狱遗址前方立着一块牌子,上写:"大家在这里跳舞吧!"1880年6月,法国将7月14日巴黎人民攻占巴士底狱这一天定为法国国庆日。

(6)先贤祠

先贤祠位于巴黎市中心塞纳河左岸的拉丁区,于1791年建成,是永久纪念法国历史名人的圣殿。它原是路易十五时代建成的圣·热内维耶瓦教堂,1791年被收归国有脱离宗教后,改为埋葬"伟人"的墓地。1814年到1830年间,它又归还教会。先贤祠中的艺术装饰非常美观,其穹顶上的大型壁画是名画家安托万·格罗特创作的。1830年"七月革命"之后,绘画的主题改变,先贤祠具有了"纯粹的爱国与民族"的特性。先贤祠内安葬着伏尔泰、卢梭、维克多·雨果、爱弥尔·左拉、马塞兰·贝托洛、让·饶勒斯、柏辽兹、马尔罗和大仲马等,至2002年11月,共有70位对法兰西做出非凡贡献的人享有这一殊荣。

(7)乔治·蓬皮杜国家艺术文化中心

乔治·蓬皮杜国家艺术文化中心坐落在巴黎拉丁区北侧,塞纳河右岸的博堡大街,当地人常简称为"博堡"。文化中心的外部钢架林立、管道纵横,并且根据不同功能分别漆上红、黄、蓝、绿、白等颜色。因这座现代化的建筑外观极像一座工厂,故又有"炼油厂"和"文化工厂"之称。这座设计新颖、造型特异的现代化建筑是已故总统蓬皮杜于1969年决定兴建的,1972年正式动工,1977年建成,同年2月开馆。整座建筑占地7 500平方米,建筑面积共10万平方米,地上6层。整座建筑共分为工业创造中心、大众知识图书馆、现代艺术馆以及音乐音响谐调与研究中心四大部分。

(8)香榭丽舍大街

香榭丽舍大街东起协和广场,西至星形广场,全长约1 800米,街道最宽处约120米,是横贯巴黎且最具特色、最繁华的街道之一。在法文中"香榭丽舍"是"田园乐土"的意思。过去,这里曾是一片低洼潮湿的空地。17世纪路易十四在位时,曾在这里植树造林,使之成为专供宫廷贵族游乐的禁区。后来,图勒里公园的东西轴线向西延伸,在这里建成了近1千米长的林荫道。以后又加扩展,1709年才将其命名为香榭丽舍大街。大街以南北走向的隆布万街为界,分成风格迥异的东西两段。幽静的东段体现了田园风光,长约700米,一排排梧桐苍翠欲滴,街心花园夹在万木丛中时隐时现。东端的星形广场中央有巍峨雄伟、遐迩闻名的凯旋门。大街附近有波旁宫、玛德琳娜大教堂,这里还有图勒里公园、罗浮宫、市府大厦和爱丽舍宫等名胜古迹。西段长1 100多米,西端的协和广场是巴黎的另一个交通要冲。法国的一些重大节日比如7月14日国庆阅兵式、新年联欢等都在这条著名的街道上举行。

(9)巴黎塞纳河西勒桥至耶纳桥两岸市区

法国巴黎塞纳河西勒桥至耶纳桥两岸市区位于巴黎市中心,最著名的建筑有巴黎圣母院、罗浮宫博物馆、星形广场、凯旋门、亚历山大三世桥、埃菲尔铁塔等,这里展现了巴黎几百年来的发展,使城市的发展与保护传统达到了极佳融合,1991年被联合国教科文组织列入《世界文化遗产名录》。

3.5 意大利

3.5.1 意大利自然环境

意大利国土面积30.13万平方千米,位于欧洲南部,包括亚平宁半岛以及西西里岛、撒丁岛等岛屿。北以阿尔卑斯山为屏障与法国、瑞士、奥地利和斯洛文尼亚接壤,80%国界线为海界。东、西、南三面临地中海的属海亚德里亚海、爱奥尼亚海和第勒尼安海,并且与突尼斯、马耳他和阿尔及利亚隔海相望。海岸线长约7 200多千米。

意大利全境4/5为山丘地带,北部有阿尔卑斯山脉,中部有亚平宁山脉。意、法边境的勃朗峰,海拔4 810米,居欧洲第二;多火山和地震,亚平宁半岛西侧有著名的维苏威火山,西西里岛上的埃特纳火山是欧洲最大的活火山。

境内最大河流是波河,发源于阿尔卑斯山南坡,水能蕴藏丰富。较大湖泊有加尔达湖、特拉西梅诺湖、马焦雷湖、科摩湖等。大部分地区属亚热带地中海气候,年平均气温1月2 ℃~10 ℃,7月23 ℃~26 ℃。年平均降水量500 mm~1 000 mm。

同其他西方发达国家相比,意大利存在着资源贫乏、工业起步较晚的劣势,但意大利注意适时调整经济政策,重视研究和引进新技术,促进经济发展。矿产资源仅有水力、地热、天然气、大理石、汞、硫黄等资源,还有少量铅、铝、锌和铝矾土等。工业主要以加工工业为主,所需能源和原料依赖外国进口,工业产品的1/3以上供出口。国家参与制企业比较发达,意大利的原油年加工能力为1亿吨左右,有"欧洲炼油厂"之称;钢产量居欧洲第二;塑料工业、拖拉机制造业、电力工业等也位居世界前列。

3.5.2 意大利社会概况

3.5.2.1 人文概况

意大利总人口约6 060万人(2016年),波河平原是全国人口分布最稠密的地区,意大利是个多民族国家,94%的居民为意大利人,少数民族有法兰西人、拉丁人、罗马人、弗留里人等。除西北部与东北部的少数民族讲法语、德语和斯洛文尼亚语外,绝大多数居民讲意大利语。意大利大部分居民信奉天主教,有两个主权袖珍国,即梵蒂冈教皇国和圣马利诺。

(1)国旗:呈长方形,长与宽之比为3∶2。旗面由三个平行相等的竖长方形相连构成,从左至右依次为绿、白、红三色。

(2)国徽:呈圆形,中心图案是一个带红边的五角星,象征意大利共和国;五角星背后是一个大齿轮,象征劳动者;齿轮周围由橄榄枝叶和橡树叶环绕,象征和平与强盛;底部的红色绶带上用意大利文写着"意大利共和国"。

(3)国歌:《马梅利之歌》。

(4)国花:雏菊。

(5)首都:罗马。

3.5.2.2 简史

据古代神话传说,罗慕路斯和他的孪生兄弟雷穆斯是由母狼抚养长大的,他们于公元前753年建立了罗马。事实上,自公元前2000年前后,古意大利部落就居住于此。从公元前900年开始,伊特鲁里亚文明开始发展,而在公元前3世纪末期,古罗马人占领了伊特鲁里亚城。

新罗马共和国延伸到意大利南部,在公元前241年的第二次迦太基战争后,将西西里纳入自己的版图。公元前202年,罗马击败了迦太基,将西班牙和希腊纳入版图。在恺撒的统治下,罗马征服了高卢和埃及,而在恺撒被刺杀以后,恺撒的养子屋大维击败了对手马克·安东尼和埃及女王克娄巴特拉,于公元前27年建立了古罗马帝国,并被尊为奥古斯都·恺撒。君士坦丁大帝宣布基督教为国教,并于公元330年迁都拜占庭(君士坦丁堡),但不久就被哥特人和汪达尔人灭亡。在随后的几个世纪里,匈奴人和阿拉伯人不断侵入这块土地。

意大利中世纪最显著的特征就是北部强大城邦的崛起。15世纪,文艺复兴造就了多那太罗、波提切利、达·芬奇、拉斐尔和米开朗琪罗等艺术天才。到了16世纪早期,意大利大部分领土处于奥地利哈布斯堡王朝统治之下。在拿破仑于1796年入侵之后,消失了几个世纪的统一迹象又重新显现。19世纪60年代,在爱国者马志尼和加里波第的努力下,统一运动蓬勃开展。1861年,意大利王国宣布成立,国王维托里奥·埃马努埃莱二世成了统治者。

意大利国家统一之后就走上了对外扩张的资本主义殖民道路并且以强国的姿态出现在欧洲的政治外交中,在19世纪60到80年代成功蚕食了东非红海沿岸的交通要地厄立特里亚和南索马里,1912年夺取了北非的利比亚和爱琴海罗德诸岛屿。1921年,墨索里尼(于1945年4月被意大利游击队击毙)的法西斯党掌握了国家大权,与德国、日本相继签订了"钢铁同盟"和"反共产协定"等一系列条约,并成立了轴心国集团企图重新瓜分世界。二战前夕在欧洲取得了阿尔巴尼亚,在非洲占领了埃塞俄比亚,1940年意大利势力范围遍及地中海、北非、东非达到鼎盛。随后在与英国远征军的战斗中遭受一连串的打击后萎缩,并于1943年投降退出轴心国集团,海外领地崩溃,二战后只保留了南索马里的统治权直到1960年。

意大利是1957年成立欧洲经济共同体时的六个创始国之一。该国的经济曾在第二次世界大战后以3倍于第二次世界大战前的增长速度飞速发展,被当时的西方媒体称之为阿尔卑斯山南面的奇迹,在当时只有日本和德国增长速度比意大利更高。20世纪70年代由于红色旅等恐怖组织的猖獗以及石油能源产品大幅涨价,意大利的经济开始疲软。但在20世纪80年代后意大利经济又一次腾飞并首次超过英国成为资本主义世界第五大经济体;不幸的是进入20世纪90年代又遭遇了经济和政治危机,巨大的贿赂丑闻震惊全国。为了加入欧洲货币联盟(EMU),意大利不得不进行财政紧缩。另外,在1992年一些著名的反黑手党法官被暗杀之后,意大利果断地展开了打击西西里黑手党的斗争。

3.5.2.3 政治

意大利现行宪法是1947年12月22日由立宪大会通过的。宪法规定意大利是一个建立在劳动基础上的民主共和国。总统对外代表国家,由参、众两院联席会议选出。总理由总统任命,对议会负责。

议会是最高立法和监督机构,由参议院和众议院组成。两院具有同等权力,各自可通过决议,但两院决议相互关联。除少数终身参议员外,参、众议员均由普选产生,任期5年。议会的主要职能是:制定和修改宪法和法律,选举总统,审议和通过对政府的信任或不信任案,监督政府工作,讨论和批准国家预算、决算,对总统、总理、部长有弹劾权,决定战争状态和授予政府必要的政治决定权力等。在总统选举和宣誓就职等特殊情况下,两院举行联席会议。

最高司法委员会是最高司法权力机构,拥有独立司法体制和任命法官的权力,有法官的任命、分配、调遣、提升和规定措施等项权力,由33人组成,总统任主席,最高法院院长和总检察长为当然成员。其他成员由议会选举的10位委员(律师和司法教授)和全体法官选出的20位法官组成,任期4年,不得连任和兼职。宪法法院主要是检查和监督法律条文是否符合宪法,由15名法官组成,任期9年,不得兼职,享有豁免权。宪法法院院长莱那托·格拉那塔,最高法院院长维托里奥·斯格罗伊。此外,还依次设有地方调解法官、初审法院(轻罪)、法庭、初审法院(负责民事和刑事案件)、上诉法院、审计院(主管公共账目和养老金)等。

意大利实行多党制,各主要政党或党派联盟大多分布在中左和中右两大阵营。

3.5.2.4 经济

意大利是发达的工业国家,属于欧洲四大经济强国和世界资本主义七大强国之一。2015年国内生产总值1.821万亿美元,人均国内生产总值29 958美元。私有经济为主体,占国内生产总值的80%以上。服务业约占国内生产总值的2/3。国内各大区经济差距较大,南北差距明显。中小企业占企业总数的98%以上,堪称"中小企业王国"。

意大利3/4的能源供给和主要工业原料依赖国外进口,而产品的1/3以上供出口。历史上意大利国家参与制企业比较发达。伊利、埃尼和埃菲姆曾是三大国营财团,在全国工业产值中约占1/3,经营范围涉及钢铁、造船、机械、石油、化工、军火等部门。20世纪90年代以来,政府加快了国有企业私有化进程。中小企业在意经济中占有重要地位,在制革、制鞋、服装、纺织、家具、厨房设备、瓷砖、丝绸、首饰、酿酒、机械、大理石开采及机械工业等领域有较大优势,具有专业化程度高、适应能力强、产品出口比例大等特点。意大利原油加工能力居世界第六,年炼油量约1亿吨。2007年粗钢产量为228万吨,塑料和拖拉机产量均居世界第六,发电量居世界第九。近几年,意注意开发以电子工业为主的新兴科技产业。目前,信息和通信技术行业占国民生产总值的6.2%。意大利旅游业发达,旅游收入是弥补国家收支逆差的重要来源。

3.5.3 意大利节庆与习俗

3.5.3.1 节日

意大利全年有大约1/3的日子为节日,有的是宗教节日,有的是民间传统节日,有的是国家纪念日。节日多这一事实是意大利人崇尚自由、浪漫天性的体现,也是意大利人注重传统的见证,同时也保障了意大利人可以充分地享受生活,丰富生活。

(1)圣诞节:圣诞节是纪念基督教的创始人耶稣的生日的节日。传说在犹太国的拿撒勒城,有个叫约瑟的木匠,他与一位叫玛丽亚的姑娘订了婚,成婚前,玛丽亚受上帝的旨意怀了孕。上帝让约瑟娶玛丽亚为妻并为孩子取名耶稣。每年圣诞,天主教教皇都要在梵蒂冈举行一系列盛大的宗教仪式以兹庆祝。

(2)主显节:每年1月6日,纪念耶稣显灵的节日,也是意大利的儿童节。相传,东方三贤士见到一颗代表耶稣的明亮的星星,于是,在1月6日那天来到伯利恒拜见诞生不久的耶稣,这就是宗教上所说的耶稣显灵和三贤朝圣。

(3)复活节:复活节的日子不是固定的,一般在4月初。每年春分月圆后的第一个星期日是复活节。传说耶稣受难三天后复活了。彩蛋、兔子和小鸡是这个节日的象征,代表着新生命的诞生,于是,人们要购买这些形象的装饰品并食用壳为巧克力、内包小礼物的复活节彩蛋。

(4)狂欢节:狂欢节一般在2月份。各个城市一般都会组织各种庆祝活动,有化妆游行、各种文艺演出等。人们也穿戴整齐,相拥着来到广场、公园,有的扮成各种动物,有的装成各种明星,有的身着古人的衣物,戴着面具的、涂着油彩的,汇聚成一个神奇的世界。人们手中拿着彩色的纸条或纸屑、瓶装的液体泡沫、充气的塑料棒,向认识和不认识的人身上撒去、喷去、敲去,撞击出一片片欢乐。意大利以狂欢节著称的城市是位于海滨的维亚雷焦。此外,威尼斯、罗马、米兰、佛罗伦萨的狂欢节也各具特色。

(5)八月节:八月节的历史来可以追溯到两千多年前的古罗马。当年,为了让人们尽情地欢乐,享受生活,皇帝奥古斯都定8月1日为节日。从17世纪末,八月节改为8月15日。人们要在八月节前后度假,避过在一年中最热的时候工作而充分体味炎热带来的激情与热烈。

(6)元旦:随着圣诞节的到来,新的一年也就要来临了。圣诞节是家人团聚的传统节日,而元旦则是一个亲朋好友相聚同欢乐共迎新年的时刻。人们要在午夜前赶到城市的中心广场上,带着香槟酒和纸杯。当新年钟声敲响的时候,人们不约而同地举杯、碰杯、互相斟酒。当音乐从广场上的一辆辆彩车中跃动出来时,人们情不自禁地蹦起来跳起来,不分年龄、性别、国籍,人们互相祝福。有的地区还有从家中扔旧物、酒瓶的习俗,以辞旧迎新。

近几年,人们也乐于购买中国烟花爆竹。当城市上空礼花缤纷降下之时,广场上、街头、阳台上,人们也点燃了星星之火,伴着噼啪响脆的节奏,人们忘掉了曾有的悲伤不快,新年乐洋洋地来了。

(7)万圣节:每年的11月2日,类似于中国的清明节,是一个怀念故人的日子,人们要向逝者献菊花。

(8)国庆节:意大利的国庆节为每年的6月2日。1946年6月2日,意大利全民公决,正式废除君主制,建立了意大利共和国。

3.5.3.2 饮食

意大利的美食如同它的文化:高贵、典雅、味道独特。精美可口的面食、奶酪、火腿和葡萄酒成为世界各国美食家向往的天堂。

意大利人普遍喜欢吃通心粉、馄饨、葱卷等面食。意大利菜的特点是味浓、香、烂,以原味原汁闻名,烹调以炒、煎、炸、红烩、红焖等方法著称。意大利人爱吃牛、猪肉和鸡鸭鱼等,习惯吃六七成熟的菜。饭后要吃水果,如葡萄、苹果、橄榄等。吃饭时离不开饮料。早晚饭比较简单,午饭为一天的正餐,要吃两三个小时,吃完都四五点钟了,饭后要继续工作。

意大利菜肴讲究原汁原味。意大利人做鱼、做鸡大多不放什么作料,只在锅里煎,或在锅里烤制,然后挤点柠檬汁,或撒点胡椒面和盐即可上桌了。吃虾则只在白水里煮一煮。他们认为中国的各种做法吃的是作料味儿,吃不到食品本身原有的味了,不加各种作料,才能吃到食品本身最本质的味道。

意大利饮食每顿饭一般只有三道菜,桌上放有面包,可以自取。

第一道一般是面条或其他面食。简单的意大利面条放点西红柿酱和肉末,再加点橄榄油即可。高级的则拌以海鲜调味。比萨饼也是意大利独具特色的食品之一,在意大利有专店经营,属大众食品,因为它是往烙的面上放各种各样的时鲜蔬菜,如西红柿、奶酪、蘑菇、火腿等,所以可以变化出众多的不同花样。比萨之所以没有风靡世界,一是种类太多,没有像汉堡包、肯德基那样有一定配方的统一的制作标准,二是没有美国人那样先进的营销方式。

第二道主菜一般是肉排、牛肉、烤鸡、煎鱼,上边加点蔬菜,有时加上的是炸土豆,有时是煮菠菜,煮得烂糊糊的,既不好看,也不爽口,这一点很不符合中国人的吃饭习惯。

第三道是生菜,虽然菜只有三道,但注重浪漫情调。朋友聚会不在乎吃了什么,而在乎喝得尽兴、聊得开心。吃饭时不劝酒,也不给客人夹菜,只是创造一种自由自在、宽松从容的氛围,大家或高谈阔论,或娓娓道来,但这种吃法时间长得没谱。

比萨饼的起源

"比萨饼"的意语为"PIZZA"。"比萨"是一种由特殊的饼底、乳酪、酱汁和馅料做成的具有意大利风味的食品。现在这种食品已经超越语言与文化的壁障,成为全球通行的名食,受到各国消费者的喜爱。

那么到底是谁发明了比萨呢?有人认为,比萨来源于中国:当年意大利著名旅行家马可·波罗在中国旅行时最喜欢吃一种北方流行的葱油馅饼。回到意大利后他一直想能够再次品尝,但却不会烤制。一个星期天,他同朋友们在家中聚会,其中一位是来自那不勒斯的厨师,马可·波罗灵机一动,把那位厨师叫到身边,"如此这般"地描绘起中国北方的香葱馅饼来。那位厨师也兴致勃勃地按马可·波罗所描绘的方法制作起来。但忙了半天,仍无法将馅料放入面团中。此时已快下午两点,大家已饥肠辘辘,于是,马可·波罗提议就将馅料放在面饼上吃,大家吃后都拍手称快。这位厨师回到那不勒斯后又做了几次,并配上了那不勒斯的乳酪和作料,不料大受食客们的欢迎,从此"比萨"就流传开了。

据统计,意大利总共有两万多家比萨店,其中那不勒斯地区就有1 200家。大多数那不勒斯人每周至少吃一个比萨,有些人几乎每天的午餐和晚餐都吃。食客不论贫富,都习惯将比萨折起来拿在手上吃。

目前全球最为著名的比萨专卖连锁企业是1958年创办于美国堪萨斯州的必胜客,"红屋顶"是其外观的显著标志。必胜客遍布世界各地90多个国家和地区,拥有12 300多家分店,包括在中国的近40家分店,每天接待超过400万顾客,烤制170多万个比萨。

3.5.3.3 礼仪

(1)服饰礼仪

意大利人在正式社交场合一般是着西式服装,尤其是参加一些重大的活动十分注意着装整齐,喜欢穿三件式西装。在婚礼上,新娘喜欢穿黄色的结婚礼服。在一些节庆活动中,常举行规模盛大的化装游行,从小孩到老年人,都穿着各式各样的奇装异服。

(2)仪态礼仪

意大利人说话时喜欢靠得近些,双方的间隔一般在30~40厘米,有时几乎靠在一起。他们不喜欢在交谈时别人盯视他们,认为这种目光是不礼貌的。他们喜欢用手势来表达个人的意愿,常用的有:用手轻捏下巴表示不感兴趣、快走等。

(3)相见礼仪

意大利人的姓名是名在前,姓在后,除此之外还有一个教名,即婴儿在洗礼时由神父起的名字。妇女结婚后,大多姓丈夫的姓,也有个别人用男女双方的姓。意大利人在社交场合与宾客见面时常施握手礼,亲朋好友久后重逢会热情拥抱,平时熟人在路上遇见,则招手致意。

(4) 餐饮礼仪

意大利人喜欢请客吃饭,座次的安排上一般是男女交叉落座,一般夫妇还需要分开坐。男士应该让女士先入座。如果朋友请吃饭,客人可酌情带些小礼物,如葡萄酒、甜食、巧克力、鲜花等,也可带些有民族特色的精致典雅的小工艺品或纪念品。一般主人都习惯现场打开礼品,并赞美一番。

意大利人时间观念较差,一般不准时。出席宴会、招待会等活动也经常迟到,因此,去他人家做客,不需要早到,可适当晚到 5 至 10 分钟。如果迟到时间过长,对主人说'对不起',并不需要过多的解释。

用餐时,注意不要让刀叉等餐具碰出响声,要按照由外向里的顺序用刀叉。要小口进食或喝汤,以免发出声响。吃面条时,要将面条卷在叉子上吃,这一点是有别于中餐面条的吃法的。

吃鱼时,吃完上半部分后,不要将鱼身翻过来,而是用刀叉取下鱼骨放在盘边,然后再吃下面的一半。吃肉时,不要一次将肉全部切开,而应当切一块,吃一块,边切边吃。吃面包,切忌直接咬面包,而是用手掰一小块下来,如果愿意可以用奶油餐刀加些奶油,再送入口中。

意大利人喝酒时的规矩比较多。一般饭前要喝开胃酒。主菜是鱼、虾等海鲜时饮白葡萄酒。主菜是肉时,饮红葡萄酒。红葡萄酒在室温下饮用,白葡萄酒要经过冰镇。葡萄酒开瓶之前,服务员要向主人亮出商标,然后开瓶,接着服务员向主人杯里斟少许,主人拿起酒杯轻轻摇晃,使酒味发散出来,闻一闻,抿上一口,品尝酒味是否纯正,如满意,则点头示意服务员向客人斟酒。意大利人喜欢饭后再喝少量的烈性酒。

(5) 商务礼仪

意大利企业的总经理握有很大的权力,喜欢独断专行,即便是部、课长级人员,也多半仅是照办上面交代清楚的事情,因此从事商务活动应尽量与总经理直接打交道。意大利人对初次见面的人虽然十分客气,但往往对问题不予以明确答复,他们不愿仓促表态,只有经过一段时间的接触,取得了他们的信任,洽谈生意才能较为顺利。

3.5.3.4 禁忌

意大利忌讳"13"和"星期五",认为"13"这一数字象征着"厄兆","星期五"也是不吉利的象征。现代人对"13"和"星期五"的不祥预兆据说起源于 1307 年 10 月 13 日,星期五。这一天罗马教廷的教皇和法国国王联合执行了一条对圣殿骑士团的秘密处决令。圣殿骑士们因为被说成是异教徒而被判处死刑,失去了他们长期以来所拥有的权力。但也有传说认为是起源于基督教徒的信仰,即"13"是最后晚餐中聚会的人数,餐桌上第"13"位弟子是叛徒犹大。

意大利忌讳菊花,因为菊花是丧葬场合使用的花,是放在墓前为悼念故人用的花,是扫墓时用的花。因此,人们把它视为"丧花"。如送鲜花,切记不能送菊花;如送礼品,切记不能送带有菊花图案的礼品,意大利忌讳菊花;如送其他鲜花时要注意送单数。红玫瑰表示对女性的一片温情,一般不宜送。

意大利忌讳用手帕作为礼品送人,认为手帕是擦泪水用的,是一种令人悲伤的东西。所以,用手帕送礼是失礼的,同时也是不礼貌的。

意大利还忌讳别人用目光盯视他们,认为目光盯视人是对人的不尊敬,可能还有不良的企图。在与不认识的人打交道时,忌讳用食指侧面碰击额头,因为这是骂人"笨蛋""傻瓜"。一般也忌讳用食指指着对方,讲对方听不懂的语言,这样做造成的后果将不可收拾。

《最后的晚餐》

《最后的晚餐》是达·芬奇毕生创作中最负盛名之作。在众多同类题材的绘画作品里,此画被公认为空前之作,以构思巧妙、布局卓越、细部写实和严格的体面关系而引人入胜。构图时,他将画面展现于饭厅一端的整块墙面,厅堂的透视构图与饭厅建筑结构相联结,使观者有身临其境之感。画面中的人物,其惊恐、愤怒、怀疑、剖白等神态,以及手势、眼神和动作,都刻画得精细入微、惟妙惟肖。这些典型性格的描绘与画题主旨密切配合,与构图的多样统一效果互为补充,使此画无可争议地成为世界美术宝库中最完美的取自圣经故事的作品。犹大向官府告密,耶稣在即将被捕前,与十二门徒共进晚餐,席间耶稣镇定地说出来有人出卖他的消息,达·芬奇此作就是耶稣说出这一消息时的情景。画家通过各种手法,生动地刻画了耶稣的沉静、安详,以及十二门徒各自不同的姿态表情。

3.5.4 意大利旅游资源及主要旅游地

丰厚的文化艺术遗产是意大利的瑰宝,也是意大利发展旅游业取之不尽、用之不竭的源泉。得天独厚的地理位置和气候条件、四通八达的海陆空交通网、与旅游资源配套的服务设施以及渗透在人民生活各个层面的文化内涵,每年都吸引数千万外国游客前往意大利,旅游业因此成为意大利国民经济的支柱。

(1)比萨斜塔

比萨斜塔建位于意大利中部比萨城里,是属于比萨大教堂的一座钟楼,它是意大利著名的古代文化遗产,是世界建筑历史的奇迹。1174年动工,1350年完工,是8层圆柱形建筑。塔高54.5米,全部采用大理石,重达1.42万吨。造型古朴而秀巧,是罗马式建筑范本。顶层为钟楼,塔内有螺旋状楼梯294级,盘旋而上塔顶,可以眺望比萨城全景。由于造基不慎,建到第3层出现倾斜,被迫停建达一个世纪,后来恢复施工。建成时,塔顶中心偏离垂直中心线 2.1 米。600 多年以来,塔身继续而缓慢地倾斜,每年平均向南倾斜约 1 毫米,所以称为"斜塔"。由于其倾斜度有增无减,从表面看,已经岌岌可危。而 1972 年 10 月发生的一次地震,更是对这座古建筑的一次大冲击,幸好还巍然屹立,未为所动,这种"斜而不倾"的现象,是比萨斜塔闻名遐迩的原因。1591 年伽利略在比萨斜塔试验"两个铁球同时落地"的实验,更是让比萨斜塔蜚声海外。

(2) 朱丽叶故居

位于市中心香草广场附近,据说曾经是莎士比亚名著《罗密欧与朱丽叶》中女主角朱丽叶的居所。朱丽叶故居是一幢建于 13 世纪的古老建筑,高墙大院,圆形拱门,入口处标有"Casa did Gillette"——卡普雷提之家,这里曾经归维罗纳望族卡普雷提家族所有,朱丽叶即卡普雷提家族的女儿。故居中最显眼的地方就是罗密欧与朱丽叶约会的阳台,当年朱丽叶伫立在阳台上,罗密欧就是在下面对她倾诉了自己的爱慕之情,并爬上阳台开始了一段倾城之恋。如今,这座阳台爬满了绿油油的藤蔓,阳台下方的红砖墙上沾满了游人用口香糖贴住的情书,有许多是献给自己的恋人表达忠诚的,更多的是遥寄给心中的完美情人朱丽叶的,当地政府为避免越来越多的信件覆盖整个墙壁,组织了一个名为"朱丽叶俱乐部"的机构,由志愿者们专门代朱丽叶回信,来自世界各地的情书都能得到朱丽叶的回复,每年情人节还举办"亲爱的朱丽叶"最佳情书征集活动,影响广泛。故居中另一个引人瞩目的,就是伫立在庭院中央、与真人同比例大小的朱丽叶铜像,轻柔的长裙衫裹着她那苗条的身姿,亭亭玉立,仪态万方,她左手微屈,右手轻轻提起裙子的一角,深情而又略带哀怨的双眼注视着远方,仿佛正在等待罗密欧的赴约。朱丽叶是世人心中的情圣,据说触摸铜像的右手臂和右乳房会给情侣们带来好运,到此游览的恋人们无不笃信其实,因而铜像的右胸膛也被人们触摸得闪闪发亮。此外,故居中还有许多刻有《罗密欧与朱丽叶》台词的墙壁和石碑,房间内还展示有当年卡普雷提家族使用的家具、日用品等。

(3) 米兰大教堂

米兰大教堂是一座哥特式建筑,雄踞在米兰市中心,始建于 1386 年,历经 500 年才完工,被誉为意大利最壮丽的哥特式建筑。数以百米的尖塔耸入云霄,白色大理石外墙上雕刻着数千座雕像。内部空间宽广,阳光透过窗上美丽的彩色玻璃镶嵌画射入,光线朦胧,充满庄严的宗教气氛。教堂地下室中还保留着原址上的圣·特库拉教堂的遗迹。大教堂不仅是米兰的象征,也是米兰的中心。登上大教堂屋顶平台,可以看到 3 条环形大道和其间密如蛛网的街道。

(4) 科莫湖

科莫湖长 46 千米,最宽处有 4.3 千米,最深的地方有 420 米,被喻为欧洲最深的湖。湖周围被高耸的群山包围,深绿色的橄榄树(最北端)、核桃树、无花果树等浴着阳光,美丽极了。科莫湖自古就受到西扎、阿乌古斯托斯等罗马皇帝的垂爱,在 18—19 世纪,欧洲的各国王室、富豪、艺术家竞相在湖畔建立了豪华的别墅,是意大利最好的避暑地。

3.6 荷兰

3.6.1 荷兰自然环境

荷兰位于欧洲西部,东临德国,南接比利时,西、北濒临北海。国土面积41 528 平方千米,地势低平,是世界著名的低地之国。13 世纪以来共围垦约7 100 平方千米的土地,相当于国土面积的1/5。西部沿海为低地,东部是波状平原,中部和东南部为高原。南部由莱茵河、马斯河、斯海尔德河的三角洲连接而成。荷兰的气候属于海洋性温带阔叶林气候,冬暖夏凉,月平均气温为1 月2 ℃~3 ℃,7 月18 ℃~19 ℃。

荷兰为世界最低的国家,这话一点也不夸张。它的国土面积为41 528 平方千米,大部分都为低洼地,1/3 的土地海拔不到1 米,1/4 的土地低于海平面,首都阿姆斯特丹以西哈勒姆附近的有些地方,平均低于海平面4 米,比最高的高潮面低8 米。全国人口的60% 集中居住在西部地带,为了防止水淹,必须修筑堤坝,并利用风车不断地排除地面积水。由于全国的低洼地带随处都可见到这种常年不断地依靠西风来推动的风车,所以风车曾是荷兰风景的标志。直到近几十年来,才用抽水机替代了它。荷兰的最高地方是国土的东南角,海拔也不超过300 米,成为全国的"屋脊"。国内的主要河流,河床一般都比地面高,像中国的黄河那样,成为"悬河",在洪水时期,水位高出堤外地面数米,河里的船舶比屋顶还要高,必须靠堤坝来阻挡河水。

荷兰地势低洼是地壳发生运动的结果。荷兰西面靠着北海的南部。北海南部本来为一片陆地,在地球最近的历史时期第四纪,这里的地壳发生运动。地面沉降,又由于气候转暖,使得冻结的冰川大量融化,海平面上升,淹没了这块土地,成为大海的一部分。荷兰当时正处在这个下沉的范围内。之所以没有被海水淹没是由于荷兰人民用筑堤拦海等办法,阻挡了海水的入侵。用填海造田的办法,夺回了一部分被水淹没了的土地。

3.6.2 荷兰社会概况

3.6.2.1 人文概况

荷兰总人口约1 702 万人(2016 年),90% 以上为荷兰族,此外还有弗里斯族。是世界上人口密度最高的国家之一,它的人口密度超过400 人/平方千米。官方语言为荷兰语,弗里斯省讲弗里斯语。居民31% 信奉天主教,21% 信奉基督教。全国划分为12 个省,另有荷属阿鲁巴和安的列斯两块海外领土。荷兰以海堤、风车、郁金香和宽容的社会风气而闻名,对待毒品、性交易和堕胎的法律是在世界范围内最为自由化的。荷兰是全球第一个同性婚姻与安乐死合法化的国家。

(1)国旗:呈长方形,长与宽之比为3∶2,自上而下由红、白、蓝三个平行相等的横长方形相连而成。

(2) 国徽:一顶红色貂皮华盖如开启的幕布,下部嵌有一条写着威廉亲王誓言"坚持不懈"(Je Maintiendrai!)的蓝色饰带,两只跨立的金狮翘着尾巴,口吐红舌护着一面蓝色盾徽。盾徽顶部是威廉一世御玺上所用的王冠;后面中央绘有一只头戴王冠的金狮,右前肢挥舞着一把出鞘的利剑,左前肢挥动一束金色箭翎,它们象征着国王权力。蓝色盾面上布满金色的小长方块,这些小块来源于草地牧区的贵族对沃尔姆斯大主教的诉讼,为了庆祝胜诉和独立,贵族们便在纹徽上增加了这些长方形小块以象征自由。

(3) 国歌:《威廉颂》。

(4) 国花:郁金香。

(5) 首都:阿姆斯特丹。

3.6.2.2 简史

约公元前11世纪,一些日耳曼和克尔特部族在此定居,公元前1世纪前后沦为罗马帝国的一个边疆省份。5~9世纪,为法兰克王国的一部分。11~14世纪,荷兰分为许多独立的封建领地,其中占统治地位的是荷兰伯爵领地。15世纪,荷兰被勃艮第大公占领。1477年,荷兰归哈布斯堡王朝统治。16世纪,荷兰又处在西班牙的统治之下。1568年,荷兰爆发延续80年的反抗西班牙统治的战争。1581年,北部七省成立荷兰共和国(正式名称为"尼德兰联合省共和国")。1648年,西班牙承认荷兰独立。17世纪,荷兰成为海上殖民强国。18世纪以后,荷兰殖民体系逐渐瓦解。1795年法军入侵。1810年并入法国。1814年脱离法国,翌年成立荷兰王国。1848年成为君主立宪国。"第一次世界大战"期间保持中立。"第二次世界大战"初期宣布独立。1940年5月遭德军入侵,王室和政府迁至英国,成立流亡政府。战后放弃中立政策,加入北约和欧共体(欧盟)。

3.6.2.3 政治

荷兰是世袭君主立宪王国。政府由君主与包括总理在内的部长内阁共同组成。荷兰最高行政机关是内阁,以总理为内阁首长统辖各部会。荷兰最高立法机关是两院制的国会,上议院有参议员75名,由各省推选;下议院有150名议员,由人民直接选举,任期为四年。荷兰以18岁为具有投票权公民的法定年龄,但选举对象为政党而非个别候选人。荷兰由于没有任何一个政党规模大到能单独在国会取得过半数席次,因此小党联合组阁的现象相当常见,也因此使得政府政策能够长期保持一贯性。

3.6.2.4 经济

荷兰是世界发达的资本主义国家,西方十大经济强国之一。荷兰自然资源相对贫乏,但天然气储量丰富。荷兰工业发达,主要工业部门有食品加工、石油化工、冶金、机械制造、电子、钢铁、造船、印刷、钻石加工等,80%的原料靠进口,60%以上的产品供出口。对外贸易的80%在欧盟内实现。商品与服务的出口约占国民生产总值的67.2%,进口占62.4%。荷兰是世界主要造船国家之一,在环境、能源、信息和材料科学领域居于世界领先地位。

荷兰农业高度集约化,农产品出口额居世界前列。畜牧业、园艺业、农产品加工业非常发达,主要农畜产品有小麦、玉米、马铃薯、甜菜、蔬菜、水果、肉类、蛋类等。荷兰的乳、肉产品供应国内有余,是世界主要蛋、乳出口国之一。在农业构成中,畜牧业占50%,园艺业占38%,农田作物占12%。花卉是荷兰的支柱产业,花卉出口占国际花卉市场的40%~50%。

荷兰人爱花、种花,其中以郁金香、玫瑰花和杜鹃花最多。郁金香在荷兰最为名贵,最为荷兰人所钟爱,因此成为国花。每当暮春花红柳绿之时,正是荷兰郁金香盛开的季节。世界上千千万万的游客涌向荷兰,只为目睹遍野如彩虹覆地一般的郁金香美景。

荷兰的郁金香产区主要集中在海牙以北的莱顿至哈拉姆长达30千米的沙土地带。据说,海牙附近的哥根霍夫公园,集中了全荷兰郁金香的精华。这里每年都要举行盛大的郁金香花展。公园占地28公顷,16世纪时是港贝琳女公爵的园圃,后改成公园,每年3月底到5月底举行郁金香及其他鳞茎花卉展。据介绍,整个公园种植有郁金香1 000多万株,花开时节,来自世界各地的游人每天有两三万人前往观赏,因而有"世界郁金香旅游中心"的美称。每年4月的最后一个星期六是荷兰的"花卉"节,届时会举行盛大的花车游行,大型花车后面还有一个大型乐队跟随演奏,悠扬而欢快的乐声,把节日气氛推向高潮,使人们流连忘返。

荷兰工业发达,主要工业部门有食品加工、石油化工、冶金、机械制造、电子、钢铁、造船、印刷、钻石加工等,原料和销售市场主要依靠国外。工业门类齐全,其乳品加工、人造黄油、家用电器、电子仪器、特种船舶等在国际上享有盛誉。近20年来荷兰重视发展空间、微电子、生物工程等高科技产业。

荷兰陆、海、空运输均十分发达。境内河流纵横,水路四通八达。鹿特丹是世界第一大港。阿姆斯特丹机场是荷兰和欧洲主要航空港之一,曾多次荣获世界最佳机场称号。

知识链接

荷兰画派

16世纪的尼德兰革命是历史上第一次成功的资产阶级革命,在欧洲还普遍处于封建专制制度统治的时期,荷兰共和国的独立具有重要的历史意义,为北方资本主义发展开辟了道路。

新的文化气氛培养了杰出的思想家、科学家、艺术家。在这样的社会条件下产生了荷兰画派,它继承了15到16世纪尼德兰民族艺术传统,以写实、纯朴为其特点,很少受到当时流行于欧洲的巴洛克风格的影响。

他们把自己的目光投向多彩的现实世界,用画笔描绘周围的日常生活和他们熟悉的各阶层人物以及美丽的自然景色。荷兰画家勇敢地挣脱了千余年以来神话和宗教题材的束缚,而把现实生活作为艺术创作的源泉,绝大多数画家都以现实生活为题材,新兴的资产阶级和中下层平民开始成为绘画中的重要角色,绘画艺术反映现实生活的深度和广度也大为增加,这是他们对现实主义艺术的一大贡献。

3.6.3 荷兰节庆与习俗

3.6.3.1 节日

(1) 新年：1月1日。

(2) 复活节：3月4日，放假两天。

(3) 女王日：4月30日即女王的生日，即国庆日。现在的女王日是已故朱莉安娜女王的生日。如果4月30日正好是星期日，那么女王节的庆祝活动将提前到星期六，即4月29日。

(4) 死难纪念日：5月4日纪念第二次世界大战死难者。（1945年5月4日占领荷兰的法西斯德军在瓦格宁根签署投降书，被定为荷兰"纪念日"。）

(5) 解放日：5月5日。

(6) 圣尼古拉斯前夜：12月5日，给孩子带来礼物。

(7) 圣诞节：12月25日，放假两天。

3.6.3.2 饮食

荷兰人习惯将去骨肉蒸、煎，一般不炒不烤，比如，他们喜欢的"奶油煎牛排"，就是将牛排放在平底锅里略微煎一下就拿出来，放在盘子里，再加上精盐、胡椒粉、番茄酱等调味品；牛排切开时必须带血丝才被认为是上品。荷兰的鲍鱼世界著名。奶酪也是荷兰的特产，荷兰多沙质土壤，且各月降水和终年较高的空气湿度，十分有利于花草生长。整个荷兰牧场遍布，牛羊成群，畜牧业发达，奶制品自给有余，有近1/2奶制品供出口，奶酪是其中主要品种之一。荷兰人喜欢把干奶酪切成片夹入面包，有时则把奶酪研成粉末放入汤中。荷兰人的甜食主要是牛奶蛋糊、薄饼、苹果馅饼等。

3.6.3.3 礼仪

荷兰有着"女士优先"的传统，所以不管任何场合，男子都要处处为女士提供方便。荷兰人时间观念很强，出席各种活动都会准时赴约。荷兰人喜欢鲜花，几乎家家户户都在宅前院后种植鲜花，美化环境。按照传统，荷兰的青年男女在订婚时，新郎都要送新娘一双漂亮的木屐，作为定情之物。木屐的造型古朴优美，做工精巧考究，它的外观如同一只小船，尖翘的鞋尖，配着风格各异的图案和明快华丽的色彩，是一件人见人爱的艺术品。荷兰多雨，土地潮湿，而木屐底厚，不透水，不怕潮，结实耐用，因而荷兰人男女老少都喜爱穿它。

在官方场合，荷兰人与客人会面时，通常行握手礼。而在日常生活中，朋友相见时，大多施拥抱礼，与亲密的好友相见时，也有施吻礼的。

3.6.3.4 禁忌

荷兰人不喜欢交叉着握手，认为这是不吉利的行为。荷兰人忌讳13和星期五，在相互交往中,他们不愿谈论美国的政治、经济和物价等问题,还特别忌讳别人对他们拍照。

3.6.4 荷兰旅游资源与主要旅游地

荷兰是一个著名的旅游国度。它被称为风车王国,花卉之国,它由风车、木屐、郁金香所串起的如织美景,带给人们无数的梦幻与想象。荷兰还是世界博物馆密度最大的国家,全国有600多座博物馆,可供对历史或文化感兴趣的旅游者参观。最为著名的国家博物馆收藏有梵高的200多幅油画作品和珍贵资料。

(1)阿姆斯特丹

阿姆斯特丹是荷兰最大的城市,位于荷兰西部须得海西南岸,是一座具有700年历史的世界名城。阿姆斯特丹是荷兰的首都,但只是王宫所在地,政府机构多设在海牙。

阿姆斯特丹大部分城区低于海平面1~5米,是一座"水下城市",全靠坚固的堤坝和抽水机,才使得城市免遭海水淹没。"到处都是水,无处不通船"是阿姆斯特丹的真实写照。据统计,阿姆斯特丹有运河165条,桥梁1281座,以中央车站为中心,城市依次有辛格、赫雷、皇帝、王子几条骨干运河。在几条运河之间还有十几条放射性的小运河相连接,它们把城市分割成众多"小岛","小岛"之间连接着上千座桥梁,共同构成了多姿多彩的独特的水城风光。主要景点有达姆广场、王宫、须得教堂、国家音乐厅、植物园、唐人街、莱克斯博物馆、伦勃朗故居、梵高博物馆、安妮·弗兰克故居等。

(2)海牙

海牙位于荷兰西海岸,面积68.2平方千米,人口45.8万。公元13世纪以来,海牙一直是荷兰的政治中心。19世纪首都迁往阿姆斯特丹后,议会、首相府和中央政府各部仍设在这里,所以,阿姆斯特丹虽然是首都,但荷兰实际上的政治中心却在海牙。各国大使馆也聚集在此,海牙以整洁、美丽的市容和幽雅的环境闻名于世,整个城市就是一座大公园。每年这里都要举行大型化妆游行盛会、音乐节和芭蕾舞会,主要景点有国会大厦、和平宫、马杜罗丹小人国等。

(3)鹿特丹

鹿特丹是荷兰第二大城市,也是欧洲最大的港口城市。鹿特丹的名字最早出现在1283年,意思是"鹿特河上的水坝",那时鹿特丹还只是一个小渔村。14世纪成为重要的港口,17世纪成为继阿姆斯特丹后荷兰第二大商业城市。战后经过重建,鹿特丹成为世界上最大的港口之一,大量的现代化建筑拔地而起,是荷兰高楼大厦最多的城市。

(4)阿姆斯特丹的防线

该防线在阿姆斯特丹四周延伸135千米,建成于1883—1920年间,是唯一一座为控制水量而建成的防御工事。自16世纪起,荷兰人民为了防御目的,起用水力工程技术人员特有的知识,为确保国家中心部分的安全,在坝上建起了45个堡垒,并配有大炮用来防洪,还设有渠和水闸系统。阿姆斯特丹防线成为保护荷兰王国的最后一道防线。1996年,阿姆斯特丹的防线作为世界遗产被联合国教科文组织世界遗产委员会列入《世界遗产名录》。

（5）金德代克——埃尔斯豪特的风车

众所周知,荷兰的风车是世界闻名的。在世界范围内,没有任何一个地方比荷兰的金德代克的风车还要多。金德代克位于鹿特丹附近,至今仍保存着19个建造于1740年前后的风车。在这儿建造风车的目的就是将多余的水抽出,然后排放到河流中。如今,在夏季到来的一段时间里,风车再次得以"使用"。不过,风车这时候主要用于旅游者的观光,而不是抽水了。游客们还可以沿着运河和河流散步,到近处细细观看这些巨大的风车,欣赏这儿美丽如画的风景。1997年,金德代克-埃尔斯豪特的风车作为文化遗产被联合国教科文组织世界遗产委员会列入《世界遗产名录》。

人们常把荷兰称为"风车之国"。荷兰坐落在地球西风带,一年四季盛吹西风。同时它濒临大西洋,又是典型的海洋性气候国家,海陆风长年不断。这就给缺乏水力、动力资源的荷兰,提供了利用风力的优厚条件。

荷兰的风车最早从德国引进。开始时,风车仅用于磨粉之类。到了16、17世纪,风车对荷兰的经济有着特别重大的意义。当时,荷兰在世界的商业中,占首要地位的各种原料,从各路水道运往以风车为动力的加工厂加工,其中包括:欧洲各国和波罗的海沿岸各国的木材,德国的大麻籽和亚麻籽,印度河东南亚的肉桂和胡椒。在荷兰的大港——鹿特丹和阿姆斯特丹的近郊,有很多以风车为动力的磨坊、锯木厂和造纸厂。

随着荷兰人民围海造陆工程的大规模开展,风车在这项艰巨的工程中发挥了巨大的作用。根据当地湿润多雨、风向多变的气候特点,他们对风车进行了改革。首先是给风车配上各种活动的顶篷。此外,为了能四面迎风,他们又把风车的顶篷安装在滚轮上。这种风车被称为荷兰式风车。

荷兰式风车,最大的有好几层楼高,风翼长达20米,由整块大柞木做成。18世纪末,荷兰全国风车约有12 000架,每台拥有6 000匹马力。目前,荷兰大约有2 000多架各式各样的风车。荷兰人很喜爱他们的风车,在民歌和谚语中常常赞美风车。每逢盛大节日,风车上围上花环,悬挂着国旗和硬纸板做成的太阳和星星。

（6）马杜罗丹小人国

马杜罗丹小人国位于海牙与海滨避暑胜地斯维宁根之间,是一座面积仅1.8万平方米的微型"城市",数以千计的"居民"都是寸把高的"小人",建筑物按1∶25的比例缩制而成,最高的也不超过2米。它是荷兰历史和文化的高度浓缩,城内汇集了国内120多座著名的建筑和名胜古迹。马杜罗丹小人国建于1942年,是为纪念在第二次世界大战中牺牲的荷兰青年乔治·马杜罗丹中尉而建,并以其姓氏命名。1972年,马杜罗丹小人国被荷兰城市联盟接纳为正式成员,成为世界上最小的城市,它有自己的城徽,市长由当今荷兰女王贝娅特丽克丝担任,市议会议员由海牙30名小学生组成。

荷兰四宝

　　风车、木鞋、郁金香、奶酪合称荷兰"四宝"。

　　风车是荷兰的象征,因此有"风车之国"之称。荷兰的风车最早是从德国引进的。开始时仅用于磨坊、锯木和造纸的需要,随着围海造陆工程的开展,用途不断增多。荷兰的风车最大的有几层楼高,风翼长达20米。目前,荷兰大约有2 000多架各式各样的风车。每年5月的第二个星期六被称为"风车日"。

　　木鞋位于四宝之首。木鞋成为荷兰的特产,和荷兰光照期短、地势低洼有关。荷兰全年晴好天气不足百天,这使他们不得不穿上敦实的木鞋对付潮湿的地面,下地干活、庭院劳作乃至室内打扫都要穿不同样式的白杨木鞋。后来,精明的荷兰人把木鞋制作发展成一种机械操作的工艺,木鞋也就成为特色产品和旅游纪念物。

　　荷兰人有各种各样的奶酪,多得让你无法想象。奶酪也像红酒一样分开等级,最贵的会让你瞠目结舌。荷兰人制作的奶酪在世界享有盛名,奶酪可谓是荷兰的一个代名词。

　　郁金香是荷兰的国花,荷兰人也非常喜欢郁金香。在他们的生活中郁金香已经是必不可少的东西,每逢集市、花展郁金香总是主角。

3.7　西班牙

3.7.1　西班牙自然环境

　　西班牙王国面积为50.59万平方千米,是欧洲第二大国,仅小于法国。西班牙位于欧洲西南部伊比利亚半岛。北濒比斯开湾,东北同法国、安道尔接壤,西邻葡萄牙,东和东南临地中海,南隔14千米宽的直布罗陀海峡,与北非摩洛哥相望,扼地中海和大西洋航路的咽喉,被称为通往欧洲、非洲、中东和拉丁美洲的"桥梁"。此外,西班牙在地中海有巴利阿里群岛,在非洲西北大西洋上有加那利群岛,在摩洛哥境内占有休达和梅利利亚两块飞地。

　　西班牙是一个以高原为主的国家,中部梅塞塔高原约占全国面积的65%,平均高度为600～800米,这里居住着西班牙人中的1/3以上,历来是西班牙重要的工业、农业和旅游区。北部山地区,绵亘着东西走向的比利牛斯山脉和坎塔布连山脉,海拔达2 000米以上,山地林木茂盛,景色迷人,其间许多宽广的河谷置于其间,湖水清澈如镜,落差不一的飞瀑不胜枚举。东北部是阿拉贡平原区,该区位于比利牛斯山脉东南面的埃布罗河流域,是一个大致呈"三角形"的波状平原。这里是西班牙的天然粮仓,也是重要的葡萄、柑橘等水果产地。地中海沿岸为山区,从东南部安达卢西亚至东北部加泰罗尼亚,蜿蜒曲折,跨度达1 500千米。安达卢西亚山脉的最高峰穆拉森山海拔3 478米,是利比里亚半岛的最高点,号称西班牙"民族的脊梁"。南部安达卢西亚平原,位于摩莱纳山脉和安达卢西亚山脉之间,这里一马平川,坦坦荡荡。

西班牙受地中海和大西洋以及复杂地形的影响,大部分地区属温带,但气候呈多样性。北部和西北部为温带海洋性气候,冬季凉爽而不寒冷,夏季温暖而不炎热,全年雨量充沛;东南部为地中海气候,冬季温暖多雨,夏季炎热干燥,降水量较少;中部高原为大陆性气候,冬季寒冷,夏季炎热、干燥,昼夜温差可达20 ℃。还有海拔1 200米以上的山区和加那利群岛的亚热带气候。西班牙在东南和西北沿海以及岛屿上拥有2 000多个海滩,大多风景优美、气候宜人,在国际旅游业中享有盛名。

西班牙河流众多,纵横交错,但大多数河流水量不很丰富,大部分河段不利于航行。主要河流有塔霍河(1 007千米)、埃布罗河(927千米)、杜罗河(780千米)、瓜迪亚纳河(820千米)等。流域面积以杜罗河最大,为9.7万平方千米,其次是埃布罗河和塔霍河。这些河流分别从西、南、东三方注入大西洋和地中海。

西班牙自然资源丰富多样,拥有丰富的金属藏量,铁矿储量居西欧前列;含铜黄铁矿储量5亿吨,名列世界前茅;汞储量70万吨,为世界第一;森林覆盖率30%,森林总面积为1 179万公顷。树种以栓皮栎,其树皮可制作软木,年产量6万吨,其产量和出口量均居世界第二位,仅次于葡萄牙。西班牙的渔业资源也很丰富,主要有金枪鱼、沙丁鱼、鳕鱼等。

3.7.2 西班牙社会概况

3.7.2.1 人文概况

西班牙总人口约4 644万(2016年),人口密度每平方千米85人,低于欧盟平均水平。人口分布不均,人口密度差别很大。95%以上的人口居住在城市,并且出现人口老龄化现象。

西班牙是一个多民族国家,其中2/3居民为卡斯蒂利亚族(即西班牙人),1/3居民为少数民族(加泰罗尼亚族、巴斯克族和加利西亚族)。加泰罗尼亚族约681万人,集中于加泰罗尼亚自治区、巴里阿利自治区和巴伦西亚自治区。巴斯克族约212万人,主要分布在巴斯克自治区以及纳瓦拉自治区北部。加利西亚族约275万,主要居住在加利西亚自治区。此外,西班牙境内还生活着约1万名吉普赛人。吉卜赛民族是一个古老的以游荡迁移为特点的民族,吉普赛人没有自己的国家,也没有固定的家乡,成年四处奔波,到处流浪,足迹几乎遍布世界各地。目前,这个四海为家的民族以居住在西班牙的最多。吉普赛人爱好自然,其艺术表现、思维方式活跃、奔放,又极具有感染性。

西班牙语或称卡斯蒂利亚语是官方语言和全国通用语言,西班牙语是国际通用语言和联合国6种语言之一。目前,全世界有3亿人使用西班牙语,仅次于汉语和英语。少数名族语言在少数民族地区亦为官方语言。

西班牙《宪法》保障国民的宗教自由。96%的居民信奉天主教,天主教对西班牙人的生活影响很大,神父和修女仍受到社会的尊重。此外,西班牙还有3万新教徒和少数洗礼教派的信徒。

(1)国旗:由红、黄、红三个平行长方形构成,上下方为红色,各占旗的1/4,中间为黄色,占旗的一半。

(2)国歌:是《皇家进行曲》,至今已有200多年的历史,但是只有音乐和乐曲,没有歌词。

(3)国花:石榴花。

(4)首都:马德里。

知识链接

没有歌词的国歌

西班牙国歌只有乐曲,没有歌词。王室曾多次组织音乐家谱写新歌,但无一能够超过《皇家进行曲》这个曲子,于是这首有曲无词的国歌便延续了下来。直到2007年年底,王室全国性地发起征集歌词的活动,确定了西班牙国歌的歌词,但是并没有得到广泛的认可,西班牙国歌的歌词问题依旧被搁置了下来。当西班牙足球队在比赛中获得胜利时,本国足球球迷却不能高唱国歌,正是因为西班牙的国歌目前没有正式歌词的缘故。

3.7.2.2 简史

西班牙是一个历史悠久、文明古老的国家。大约在20万年前,尼安德特人就开始居住、生活和繁衍在伊比利亚半岛上了。公元前9世纪前后腓尼基人、古希腊人、迦太基人和凯尔特人开始进入伊比利亚半岛。公元前218年,罗马人开始占领伊比利亚半岛。罗马人的入侵对现代西班牙的语言、宗教和法律产生了深远的影响。

公元8世纪起,西班牙先后遭受外族入侵,西班牙人民为反对外族侵略,进行了长达800年的斗争,终于在1492年赶走了摩尔人,取得了"光复运动"的胜利,建立了统一的封建王朝。同年哥伦布发现了西印度群岛,此后,西班牙逐渐征服葡萄牙,成为欧洲最大的国家。1588年西班牙"无敌舰队"被英国击溃,西班牙开始衰退。1873年2月11日爆发资产阶级革命,建立第一共和国。西班牙在第一次世界大战中宣布中立,这使得西班牙有机会同交战双方进行贸易和劳务出口,因此大大地推动了西班牙资本主义的发展。1931年4月12日,西班牙再次爆发革命,建立了第二共和国。

1937年7月佛朗哥发动叛乱,并得到希特勒和墨索里尼的支持,经过3年内战,于1939年夺取政权,开始实行了长达36年的独裁统治。1975年11月20日,佛朗哥去世,胡安·卡洛斯继承王位。胡安·卡洛斯一世国王继位后开始走上民主改革的道路。

1978年12月29日,西班牙宣布实行议会君主立宪制。西班牙在1982年加入北大西洋公约组织,随后又于1986年加入欧盟。

3.7.2.3 政治

现行宪法于1978年12月6日全国公民投票通过,12月29日生效。宪法规定西班牙是社会与民主的法治国家,实行议会君主制,王位由胡安·卡洛斯一世的直系后代世袭。国王为国家元首和武装部队最高统帅,代表国家。政府负责治理国家并向议会报告工作。宪法承认并保证各民族地区的自治权。众议院由各省按人口比例直接选举产生,任期4年。参议院由各省、自治区选举产生,任期也是4年。参议院在名义上代表地方,参议院权限小于众议院。首相是中央政府首脑,由议会推选,国王任命。内阁其他成员由国王根据首相建议任命。政府仅对议会负责。

司法委员会是西班牙最高司法权力领导机构,由议会选举产生,由20名成员组成,最高法院院长兼任主席。最高检察机构是国家总检察院,下辖各级检察院及派驻各司法部门的检察官。

西班牙实行多党制,主要政党有:西班牙工人党,现执政党,成立于1879年。人民党,原名人民同盟,1977年创立。西班牙共产党,成立于1920年,与其他左翼政党组成以它为主的联合左翼。统一与联合,成立于1975年,由加泰罗尼亚民主统一与加泰罗尼亚民主联合党组成。巴斯克民族主义党,成立于1895年,为巴斯克自治区执政党。

西班牙对外主张和平与安全,奉行以团结为主导原则的"欧洲的、西方的"外交政策,以推动欧洲联合为核心,开展全方位外交。主张建立一个公正、保护人权和国际合作与团结的国际新秩序,推动世界向多极化方向发展。西班牙于1973年3月9日同我国建交。中西两国在对方首都建立了大使馆,中国在巴塞罗那设有总领事馆,西班牙在上海设立了总领事馆。两国在政治、经济、文化及科技领域的合作不断加强,两国签订了航空协定、文化协定、发展经济和工业合作协定、科技合作协定、避免双重征税协定和司法协助协定。

3.7.2.4 经济

直至20世纪50年代,西班牙还是一个落后的农业国。经过60多年的发展,西班牙已经是一个中等发达的工业国,国内生产总值居欧洲第五位。1960—1974年,西班牙大量引进国外投资,引进外国的先进技术和设备,改革工业结构,大力发展旅游业和农业,实行对外贸易自由化,鼓励劳务输出,从此步入中等工业国家行列。20世纪80年代初,开始实行调整、改革政策,采取了一系列经济自由化措施,以1986年加入欧共体为契机,经济迅速发展,于1998年5月成为首批加入欧元区的国家之一。2015年国内生产总值1.199万亿美元,人均国内生产总值25 832美元。

西班牙是一个传统的农业国,农业产品基本自给,有些农产品还供出口。农业以种植业为主,在农业产值中,种植业占50%左右,主要农作物有小麦、大麦、燕麦、水稻、玉米、甜菜、葡萄、橄榄和蔬菜水果,尤其是葡萄、橄榄和柑橘,种植面积大,产量高,在欧洲乃至全世界都享有盛名。西班牙素有"橄榄王国"之称。

西班牙是一个后进的工业国,近年来工业年均增长率为4%,造船工业产值在世界造船业中居第五位,在西欧仅次于德国名列第二;汽车工业在西班牙起步较晚,但如今已处于制造业中的领先地位;西班牙的制鞋业很发达,阿利坎被誉为"制鞋王国",是世界产业中心之一。西班牙也是世界上最大的葡萄酒生产国,葡萄酒产量仅次于意大利和法国,居世界第三位。橄榄油出口量居世界第一,葡萄酒出口量居世界第三,主要贸易伙伴是欧盟、亚洲、拉美和美国。西班牙服务业是国民经济的一个重要支柱,其中尤其以旅游业和金融业最为发达。西班牙政府为了促进旅游事业大力发展交通运输。

西班牙本土及列岛共有47个机场,开辟有23条国际航线,通往欧洲、美洲、非洲、中东和日本。全国最大的航空公司是伊比利亚航空公司,亦是欧洲最大的航空公司之一。西班牙三面环海,港口体系完善,与世界各地相连,主要港口有巴塞罗那、毕尔巴鄂、瓦伦西亚等。西班牙铁路建造较早,有160多年的历史。和欧洲其他发达国家一样,西班牙运输以公路为主,公路是交通的命脉,公路网遍布全国,延伸到每一个角落。私家车是西班牙人主要的交通工具。

3.7.3 西班牙节庆与习俗

3.7.3.1 节日

西班牙堪称"节日之邦",是世界上节日最多的国家之一,特别是宗教节日不胜枚举。自1979年西班牙政府规定,全国性节假日,每年为8个,它们分别是:

(1)元旦节:1月1日。
(2)"三王"节:2月6日。
(3)圣徒何塞节:3月9日。
(4)圣礼节:6月5日。
(5)复活节:7月的第一个星期日。
(6)保护神节:7月25日。
(7)国庆节:10月12日。也称哥伦布发现新大陆纪念日。
(8)圣诞节:12月25日。

凡规定的节日不需要工作,工时不增补,奖金照付。其他节日不在此列,如2月14日的情人节,3月19日的"法雅节",每年3月举行的烹调节,7月7日的奔牛节等。

3.7.3.2 饮食

西班牙是美食的天堂,每个地区都有著名的饮食文化。西班牙盛产土豆、番茄、辣椒、橄榄,烹调喜欢用橄榄油和大蒜。西班牙美食汇集了西式南北菜肴的烹制方法,其菜肴品种繁多,口味独特。美食主要有派勒利、鳕鱼、葡萄酒、虾、牡蛎、马德里肉汤等。水果、甜食也是西班牙人生活中不可缺少的,花样之多不亚于菜肴。有名的西班牙炸鱿鱼是用油酥面将菠菜、羊肉、奶酪做成的馅包起来,再放进烤箱烘烤,外焦里嫩,口味清香,是一种风味独特的餐前下酒小菜。西班牙人最喜爱吃的为海鲜饭。该饭是用鲜虾、鱿鱼、鸡肉、西班牙香肠,配上洋葱、蒜草、番茄汁、藏红花等焖制而成的,清香四溢,堪称西餐中一绝,西班牙人称其为"西班牙国宝饭"。

大多数西班牙人一天吃5顿饭。早上八九点钟吃早餐;中午12点左右是茶点时间,主要用些点心、面包、咖啡;下午2点吃午饭;傍晚5、6点吃茶点;到晚上9点多才开始吃一天中的正餐,有开胃汤、主菜和主食,还必备葡萄酒。

3.7.3.3 礼仪

西班牙人的见面礼节与其他西方国家差不多,尤其同意大利、法国、葡萄牙、荷兰以及多数拉美国家相似,一般有握手、亲吻和拥抱三种方式。握手是最常见的礼节,两人初次相识,边握手边问候。在日常交往中,西班牙熟人之间、朋友之间、同事之间,大多以亲吻、拥抱为主。最常见的是男女相互施亲吻礼。

3.7.3.4 禁忌

在西班牙做客,不管是熟人、朋友还是亲属,都须事先约定,如不经事先打招呼就贸然到主人家或办公室是一种失礼行为。西班牙人有晚睡晚起的习惯,客人最好在早上10点后和下午2点后拜访为宜。客人一般都带些礼品,一瓶葡萄酒、一盒点心或一束鲜花都可以。做客一般都不会准时到达,大多是晚10~15分钟,如迟到太多,是一种失礼行为,来得太早则会使主人措手不及。

3.7.4 西班牙旅游资源与主要旅游地

西班牙三面环海,风景秀丽,气候宜人,尤其是阳光充足,日照时间长。漫长的海岸线上,沙软滩平,有许多优良的天然浴场,十分诱人,特别是西海滩以好、美、廉而闻名于世,其中美丽、黄金、太阳、白色和群岛五大海滩吸引着大量中、北欧和美洲的游客。西班牙的历史悠久,文化艺术丰富多彩,名胜古迹不胜枚举,有许多富丽堂皇的王宫,有数不清的古罗马和阿拉伯风格的城堡,有无数世界著名的教堂和不计其数的雕塑。其中有10多个历史文物古迹被联合国教科文组织列为重点保护的文化遗产,例如,圣地亚哥市的圣马丁·皮纳里奥大教堂、马德里附近的耶斯科略修道院、阿维拉的古城墙、塞戈维亚古老的水道桥、科尔多瓦的大清真寺等,这些都是代表西班牙古文明的文化遗产。西班牙的娱乐设施多,而且条件十分优越。西班牙有9个国家公园,35个狩猎场,7个大型游乐园,48个滑雪场,77个跑马场和6个高尔夫球场,还有不计其数的剧院、舞场、赌场、俱乐部等娱乐场所,它们为西班牙旅游多元化提供了良好的基础。西班牙素有"旅游王国"之称,太阳、海滩和海洋号称三大特色旅游项目。主要旅游区有:太阳海岸旅游区、布拉瓦环岸旅游区、巴利阿里群岛旅游区和加里群岛旅游区。

(1)马德里

马德里既是一座名胜古迹荟萃的古城,也是一座文化气息浓郁和城市环境优美的现代化城市。1562年,菲利普二世把首都从托勒多迁到马德里,从此城市发展速度加快。今天马德里人口近400万,是西班牙政治、经济、文化、交通和金融中心。马德里是一座广场城市,比较大的交叉路口都有广场,星罗棋布,多姿多彩,大型喷泉、雕塑镶嵌其中,每一处都是经过精心设计的艺术品。太阳门广场像城市的心脏,10条大街从这里辐射展开。马德里是一座文化城,有自治大学、工业大学和15所高等技术学校。全市拥有36个古代艺术博物馆、100多个艺术博物馆、18个大型图书馆和100多个雕塑群。马德里作为"旅游王国"的首都,古迹名胜众多,旅游服务设施齐全,是著名的旅游城市。设在这里的联合国旅游组织总部,使马德里成为名副其实的世界旅游业中心。

(2)巴塞罗那

巴塞罗那是西班牙第二大城市,也是一座历史名城,至今已有2000多年的历史。这座城市的大多数建筑完美体现了欧洲民族风格。12~15世纪的哥特式建筑比比皆是,尤其是古典式的利赛奥歌剧院更是闻名遐迩,在欧洲排名第二。巴塞罗那的神圣教堂是城市的象征,它由许多塔尖和楼台组成,像路标一样直指云天,教堂是由西班牙19世纪最有才华的建筑师安东尼·高迪设计的。教堂中心塔有螺旋形楼梯直达塔顶,自此可鸟瞰巴塞罗那全城。此外,古色古香的美术馆、博物馆、贵族官邸等多得数不胜数。该市于1992年成功举办了第25届奥运会,更使它名声大振。

(3)托莱多

托莱多是西班牙最负盛名的旅游古城,也是联合国教科文组织的文物保护区,至今已经有2000多年的历史。全城没有一处现代化建筑,所有的教堂、寺院、王宫、修道院、博物馆、城墙、民宅都有着数百年或上千年历史,显得古色古香,质朴雅静。托莱多的两座城门很有名。比萨戈拉门建于16世纪中叶,是进入古城唯一的一道门,门上刻有西班牙国王卡洛斯一世的帝徽——帝国皇鹰。城墙上有塞万提斯的题词——西班牙之荣,西班牙城市之光。太阳门建于13世纪,有着典型的阿拉伯风格——高大、雄伟、挺拔。托莱多大教堂是西班牙最大的教堂之一。

(4)塞维利亚

塞维利亚位于西班牙西南部,是一座具有2000年历史的文化古城,在历史上有"小罗马"之称。塞维利亚以其节日的庄严仪式、款式新颖的服饰、优美的吉卜赛音乐舞蹈和热烈的斗牛著称全欧。有"金塔"之称的砖塔,耸立于河岸,呈12边形,建于1220年,因外墙涂有金粉而得名。塞维利亚又称"花园之城",有阿拉伯式、文艺复兴式和现代式各种花园,还有罗马水道和罗马城墙遗址。

(5)普拉多博物馆

坐落在马德里市内普拉多大道,建于18世纪,普拉多博物馆被认为是世界上最伟大的博物馆之一,也是收藏西班牙绘画作品最全面、最权威的美术馆。收藏有15~19世纪西班牙、佛兰德和意大利的艺术珍品,尤其以西班牙画家戈雅的作品最为丰富。二楼是博物馆最重要的地方,分为很多小厅,陈列了不少西班牙及意大利画作,参观者要花上半天才能尽览。

(6)马德里皇宫

建在曼萨莱斯河左岸的山冈上,是世界上保存最完整而且最精美的宫殿之一,是欧洲第三大皇宫,仅次于凡尔赛宫及维也纳的皇宫。建于18世纪中叶加尔罗斯三世,是波尔梦王朝代表性的文化遗迹,其豪华壮丽程度,在欧洲各国皇宫中数一数二。皇宫呈正方形结构,每边长180米,外观具有罗浮宫的建筑特点,内部装潢是意大利式的,整个宫殿豪华绝伦,里面藏有无数的金银器皿和珍宝级的绘画、瓷器、皮货、壁毯、乐器及其他皇室用品。现在皇宫已被辟为博物院,专供游人参观。

(7)埃尔·埃斯科里亚

埃尔·埃斯科里亚是一座集修道院、教堂、王宫和陵墓于一体的花岗岩建筑物,其雄伟、辉煌程度令人叹为观止,是菲利普二世下令建造的。该建筑物是由无数走廊和房间围成的一个长方形区域,在4个角上分别有一个塔尖,中间的教堂上耸立着一个高92米的圆顶,上面绘有图画;修道院里有43个祭坛,里面还有一个小礼拜堂;帝王庭院也是一个庄严肃穆的四方形庭院,墙壁上没有任何装饰,毫无皇宫的奢华之气。

(8)科尔多瓦清真寺

又名大礼拜寺,位于西班牙南部古城科尔多瓦市内,具有摩尔建筑和西班牙建筑的混合风格,是西班牙伊斯兰教最大的神圣建筑之一,也是世界上最大的礼拜寺之一。整个建筑为长方形,长180米,宽130米,周围围墙坚固。大殿共有19个跨间,林立的圆柱、层叠的拱圈和带交叉侧肋的穹窿,使这座清真寺成为空前的艺术杰作。

(9)阿尔塔米拉洞窟

西班牙的史前艺术遗迹,洞内壁画举世闻名。位于西班牙北部古城桑坦德以南35千米处。洞窟长约270米,洞高2米~3米,宽度各处不一。洞内保持着久远的石器时代面貌,有石斧、石针等工具,还有雕琢平坦的巨大石榻。150余幅壁画集中在长18米、宽9米的入口处的顶壁上,是公元前3万年至公元前1万年的旧石器时代晚期的古人绘画遗迹。壁画色彩至今仍鲜艳夺目,线条清晰,神态逼真,达到了史前艺术高峰,具有很高的历史和艺术价值。

(10)丽池公园

丽池公园是马德里最著名的公园,是17世纪由菲利普四世下令兴建的,以作为皇室成员的娱乐场所,占地350英亩,种植的植物超过了15 000株,园内有许多重要的纪念碑。公园里有一座美丽的玻璃宫,是由铁和玻璃建造而成的,屋前的喷水池中还有天鹅悠游其中。另外还有一座委拉斯盖兹宫,这两个宫殿均建于19世纪末,目前都已经成为展览馆。

知识链接

奔牛节

1923年,著名美国著名作家海明威首次来到潘普洛纳观看奔牛并且写成了著名的小说《太阳照样升起》。他在作品中详细描述了奔牛节,奔牛节因而声名远播。1954年,海明威获得诺贝尔文学奖后,西班牙奔牛节更是名声大噪。当地居民为了感谢海明威为奔牛节做出的贡献,特地在斗牛场的大门口,为他竖起了一座雕像。在西班牙的文艺作品中,斗牛永远是艺术家热衷于表现的题材。海明威说:"生活与斗牛差不多,不是你战胜牛,就是牛挑死你。"虽然每年都会有人因此受伤或者死亡,但当地人和游客仍乐此不疲。

3.8 瑞典

3.8.1 瑞典自然环境

瑞典位于北欧斯堪的纳维亚半岛东部,东濒波的尼亚湾,西以斯堪的纳维亚山脉为界与挪威相邻,西南隔卡特加特和厄勒海峡同丹麦相望。瑞典地形南北狭长,地势自西北向东南逐渐倾斜。国土面积45万平方千米,海岸线长7 624千米。全国从北向南分为四个主要地区:山区、低地湖区、较低高原区和南部小平原区。山区占国土面积的2/3,其中凯布讷山海拔2 111米,为瑞典最高峰。低地湖区有由冰川形成的起伏山岭,有星罗棋布的湖泊。较低高原区,海拔多在152米以下。瑞典境内湖泊星罗棋布,约有9.2万多个,湖泊面积约占全国总面积的8%。瑞典南北方气候迥异,北部为大陆性气候,南部属于海洋性气候。平均气温1月北部-16 ℃,南部-0.7 ℃;7月北部14.2 ℃,南部17.2 ℃。

3.8.2 瑞典社会概况

3.8.2.1 人文概况

瑞典总人口约990万人(2016年),其中90%为瑞典人,外国移民及其后裔约100万人,北部萨米尔族是唯一的少数民族,约1万人,全国90%的人口集中在南部和中部地区,斯德哥尔摩、哥德堡和马尔默是瑞典人口最密集的三大城市。瑞典是世界上人口自然增长率最低、平均寿命最长和老龄化程度最高的国家之一。官方语言是瑞典语,英语是第二语言;大多数瑞典人都会讲英语,英语和瑞典语为通用商业语言。基督教路德宗是瑞典的国教,法律规定非信奉国教公民不得担任首相,90%的国民信奉基督教路德宗。

(1)国旗:长方形,旗面为蓝色,上有略向左偏的黄色十字形图案。

(2)国徽:瑞典国徽分为大小两种。小国徽称为三王冠,为蓝地的盾徽,上绘三面三垛的金冠,上有瑞典的王冠。小国徽为瑞典政府使用。大国徽为王徽。

(3)国歌:《你古老,你自由》(瑞典语歌名 Du gamla, du fria)并未得到官方认可,最早的版本甚至未提及瑞典。但自从1844年这首歌问世以来,它已经被普遍接受为国事访问活动和体育盛会上必奏的歌曲。

(4)国花:铃兰。

(5)首都:斯德哥尔摩。

3.8.2.2 简史

瑞典的历史可追溯到约1万年前,早在冰川退却后的石器时代,瑞典已经有人类居住。10世纪后半期,瑞典政局稳定。瑞典王国大约形成于11世纪,12世纪时王权已经十分强大,形成了全国统一的税收和法律。12世纪中叶,瑞典征服了芬兰的沿海地区,并继续向东南扩张。1397年与丹麦、挪威组成联盟,受丹麦统治,1523年脱离联盟独立。17世纪前半期,瑞典迎来鼎盛期。进入18世纪后,瑞典国力逐渐衰退。1814年瑞典参加反法联盟打败丹麦,从丹麦手中夺得挪威。进入20世纪后,瑞典对外采取中立政策,对内振兴经济,不断充实国力。两次世界大战,瑞典一直保持中立。1995年,瑞典加入欧盟。

3.8.2.3 政治

宪法规定瑞典实行君主立宪制,国王的最年长子女是法定王位继承人,国王是国家元首和武装部队统帅,作为国家象征仅履行代表性或礼仪性职责,不能干预议会和政府工作。议会是国家唯一的立法机构,由普选产生,议会为一院制。政府是国家最高行政机构,对议会负责。议会共有议员239名,议员经普选产生,任期四年。议会组织法规定,政党在大选中需获得全国选票的4%或一个选区的12%才能进入议会。法院分为最高法院、中级法院和初审法院。

瑞典对外关系奉行"和平时期军事不结盟,以求邻近地区发生战争时守中立"的外交政策。瑞典在邻近地区、欧洲和世界事务三个层面积极参与国际合作。瑞典重视同美国、俄罗斯的关系,以参与联合国事务为外交基石之一。1994年6月,加入北约"和平伙伴关系"计划。1950年5月9日,瑞典与中国建交。2006年7月17日,卡尔十六世国王对中国进行国事访问。2007年6月,胡锦涛访问瑞典,此为我国国家元首首次对瑞典进行国事访问。

3.8.2.4 经济

瑞典实行高度发达的私营工商业与比较完善的国营公共服务部门相结合的"混合经济",以高工资、高税收、高福利著称。森林、铁矿和水力是瑞典的三大自然资源,在此基础上发展并形成了采矿冶金、林业造纸、电力和机械制造四大传统工业体系。作为一个具有丰富的木材、铁矿、水力资源的国家,瑞典着重发展以出口为导向的工业化经济。工业在国民经济中占有十分重要的地位,83%的工业品出口到国外。

(1)瑞典农业较为发达

农业总产值占国民生产总值的4%,农业以畜牧饲养业为主,其产值约占农产生产总值的80%,粮食和畜产品自给有余,大部分农产品用于国内市场消费。瑞典工业在国民经济中占有十分重要的地位,其中约80%的工业产品出口到国外。20世纪70年代中期以后,瑞典工业结构发生了显著变化。一度作为瑞典主要出口部门的钢铁、木材加工业已经逐渐被机械制造、电子精密仪器和汽车等工业部门所替代。金属加工和机器制造业是瑞典最重要的工业部门。滚珠轴承、冷冻设备等传统产品在国际市场上都享有很高的声誉。钢铁工业是历史悠久的工业部门之一,化学工业是瑞典主要的工业部门之一,汽车工业第二次世界大战后发展迅速。此外,能源工业在瑞典经济中居于十分重要的地位。瑞典有很多国际知名的品牌和企业,如爱立信、沃尔沃汽车、伊莱克斯电器、ABB、宜家家居、利乐包等。按人口比例计算,瑞典是世界上拥有跨国公司最多的国家。

(2)对外贸易

瑞典国内市场规模有限。这就决定了瑞典经济的发展很大一部分需要依靠对外贸易。瑞典主要出口产品有:汽车及运输设备、机械和仪器、电子产品、木浆纸张、医药化工和钢铁及金属制品。瑞典进口货物的60%以上为制造业的部件和原材料,主要有:电子产品、机械和仪器、汽车和运输设备、食品、纺织品和鞋类等。

中瑞建交后,两国一直保持着良好的经贸关系,两国政府和人们之间交往不断增加,在贸易、科技和文化方面也有了越来越多的交流。由于我国的改革开放和瑞典在1991年取消了对纺织品等商品的进口配额限制,两国贸易发展迅速。

(3)交通

瑞典的铁路网十分发达,通达全国。瑞典有三个主要的国际机场,斯德哥尔摩的阿尔兰达机场,哥特堡的兰德威特尔机场和马尔默的斯图洛普机场;三座机场都有完善的巴士与城市连接。瑞典是世界上公路交通安全方面做得最好的国家之一,该国人口有800多万,拥有300多万辆小汽车,车虽多,但公路上秩序井然。

瑞典学派

瑞典学派(The Swedish School)是当代西方经济学的一个流派,又称北欧学派,它以斯德哥尔摩大学为主要阵地,故又称为斯德哥尔摩学派。起源于19和20世纪之交,形成于20世纪二三十年代,在第二次世界大战以后,形成了一整套带有社会民主主义色彩的小国开放型混合经济理论。它不仅有独特的理论体系和分析方法,而且对当代世界有重要影响。当然,它的主要影响是在北欧,对其他西方国家的影响则基本上是学术性的,而不是政策性的。

3.8.3 瑞典节庆与习俗

3.8.3.1 节日

(1)新年:1月1日。

(2)显现节:2月6日。

(3)五朔节:5月1日的前一天晚上,是瑞典人庆祝冬去春来的一个节日,五朔节之夜,人们集在野外,点起高大的篝火,伴着乐曲合唱。

(4)仲夏节:6月末的星期六。每年六月底庆祝的仲夏节之夜是瑞典最美好的时光。

(5)八月吃虾节:大虾是一种美食,瑞典人比其他国家的人更爱吃虾。

(6)露西亚女神节:瑞典人传称露西亚女神在每年 12 月 13 日夜晚降临人间,给人们带来光明;在首都斯德哥尔摩,这一天,太阳直到上午 9 点钟才迟迟升起,而到下午 3 点钟便早早落下,但从此以后,漫漫长夜便日渐缩短,而光明的白昼则一天长似一天。

(7)圣诞节:12 月 24 日,瑞典的圣诞节比其他西方国家早一天。

3.8.3.2 饮食

瑞典人的饮食以西餐为主,面包和马铃薯是他们的主食,并特别喜欢黑面包。一般人的早餐是夹果酱和奶油的面包、咖啡、红茶;午餐有面包、肉、蔬菜、马铃薯和色拉等;晚餐与早餐的食物相仿,只多加一份汤。

瑞典人的口味偏清淡,通常加入较少的调料,尽量保持食物原有的风味,对清鲜、嫩滑、焦香的菜肴非常喜欢。爱吃瘦嫩肉和新鲜蔬菜,喜欢喝浓汤。菜肴基本上以鱼为主,也吃鸡、鸡蛋、牛肉、猪肉、野味和其他水产品。

3.8.3.3 礼仪

瑞典人在与客人交谈时,一般保持 1.2 米左右的距离,他们不习惯靠得太近。他们喜欢在交谈时直视对方,认为这是尊重对方的表示。熟人相见时都会主动打招呼,并相互问候。与外国客人相见时,通常以握手为礼,有时也行接吻礼。瑞典人酷爱戴戒指,不分男女,都有戴戒指的爱好。他们所戴戒指的图案,通常可以反映出他们所从事的职业。例如,戴橡树叶图案戒指的,多为中学老师;戴斧头图案戒指的,则多为木匠。

3.8.3.4 禁忌

瑞典人忌讳数字"13",认为"13"是不吉利的数字,他们的商品不标"13"的价,宴会不安排在"13"日举行,也没有"13"道菜一桌的,更忌讳"13"个人同席就餐。

瑞典国旗的颜色是蓝色和黄色,瑞典人视黄、蓝色为国家的代表色,他们忌讳在商品上使用这一色组。此外,他们也不喜欢红色,认为红色代表凶兆。

瑞典人不喜欢商品包装上出现宗教性的标志图案以及镰刀、锤子之类的图案。他们喜欢睡莲和乌鸦图案,认为睡莲是花中之冠,并视乌鸦为国鸟。

瑞典是个禁酒国家。买酒必须持有购酒许可证,凡持有购酒许可证者,每年都要缴纳一大笔税款。餐馆和商店只能在晚餐时间向持有购酒许可证的人出售少量的酒。

3.8.4 瑞典旅游资源与主要旅游地

近年来,瑞典的旅游业在国内生产总值中所占比重越来越高,在服务行业中地位更加重要。目前,在瑞典的整个经济中,旅游业的重要性已经超过了汽车出口业,正在向最重要的林业挑战。尽管同许多西欧国家相比,瑞典的旅游业起步较晚,产业规模及其对整个经济的贡献还比较小。但是,由于经济基础好,旅游基础设施完善,社会安定,政局稳定,公民的收入和受教育水平高,使得其国内旅游和国际旅游均衡稳定发展。

(1)斯德哥尔摩

斯德哥尔摩是瑞典的首都,北欧最大城市,始建于公元13世纪中叶。位于辽阔的波罗的海西岸,坐落在梅拉伦湖入海处。由于地理位置适中,气候温和,环境优美,在1463年被定为都城,并逐渐发展成为斯堪的纳维亚半岛上最大的城市。斯德哥尔摩既有典雅、古色古香的风貌,又有现代化城市的繁荣。作为一座文化名城,斯德哥尔摩市内有50多座博物馆,如民族、自然、美术、古文物、兵器、科技博物馆等,分门别类,各有千秋。在斯坎森露天博物馆,有150座从瑞典各地搬来的农家小舍,风格各异,生动形象地向人们展现出瑞典古代劳动人民所度过的那些简朴而富有意义的岁月。另外,斯德哥尔摩还有藏书达100万余册的皇家图书馆和拥有100多年历史的斯德哥尔摩大学等。

(2)哥德堡

哥德堡位于瑞典西南部,隔卡特加特海峡与丹麦北端相望。哥德堡不仅是一座风光秀丽的城市,还是瑞典的第一大港和第二大工业城市。二三百年前,瑞典开往中国的第一艘商船就是从这里起航的,商船从中国带回的丝绸、香料、瓷器和茶叶等,至今仍陈列在市历史博物馆里,作为瑞中两国文化交流源远流长的历史见证。哥德堡有近380年的历史,因地处哥本哈根、奥斯陆和斯德哥尔摩三个北欧国家首都的中心,有450多条航线通往世界各地,是北欧的咽喉要道,在其方圆300千米以内是北欧三国工业最发达的地区,故哥德堡有"瑞典的利物浦"和"瑞典西部窗口"之称。

(3)诺贝尔故居

瑞典最著名的名胜当数诺贝尔故居,它坐落在瑞典中部卡尔斯库加市的白桦山庄,离斯德哥尔摩200多千米。这是一座乳白色的二层楼房,楼房前的绿草坪和四周的白桦林交相辉映,环境清幽。由于诺贝尔当年在斯德哥尔摩出生的旧居如今已经矗立起高楼大厦,白桦山庄就成了今天唯一保存完整的诺贝尔故居。纪念馆里保留着诺贝尔生前活动的照片、获得的各种技术发明专利证书、金质奖章和遗嘱等。诺贝尔的卧室陈设十分简单,只有床、桌、衣柜等几件最必要的家具,而他实验室里的各种仪器和设备,则琳琅满目。

(4)塔努姆岩画

位于哥德堡以北的青铜时代的塔努姆岩画可以追溯到公元前1800年。岩画描绘了人类、动物、武器、船只等丰富的图形,表现了它独一无二的艺术成就和文化与年代的统一。岩画突出地反映了欧洲青铜器时代人们的生活和信仰。塔努姆岩画是人类文化遗产中的无价之宝。1994年,塔努姆岩画作为文化遗产被联合国教科文组织世界遗产委员会列入《世界遗产名录》。

本章小结

欧洲旅游资源十分丰富,自然景观、古建筑和博物馆种类繁多,尤其是城堡、宫殿、教堂堪称欧洲"三绝",是世界人文景观中的一朵绚丽奇葩。欧洲是世界旅游业最发达的地区,是我国游客重要的旅游目的地国家,也是我国比较重要的客源国。本章介绍了俄罗斯、德国、英国、法国、意大利、荷兰、西班牙、瑞典等8个欧洲国家的自然地理、人文状况、政治经济、文化艺术、教育、民俗、传统节日、社交礼仪及旅游热点等。

复习思考题

1. 俄罗斯文学史上有哪些名人?
2. 俄罗斯人在服饰和饮食方面有哪些习俗?
3. 俄罗斯的主要旅游景点有哪些?
4. 接待俄罗斯客人时需要注意些什么?
5. 简述德国的历史。
6. 德国的传统节日有哪些?
7. 谈谈德国的饮食文化。
8. 德国的旅游景点有哪些?
9. 简述英国的经济发展水平。
10. 简述英国的传统服饰特点。
11. 英国的社交礼仪有哪些?
12. 英国的著名旅游景点有哪些?
13. 简述法国人的结婚礼节。
14. 简述法国的饮食特点。
15. 法国旅游资源的主要特色是什么?有哪些主要的旅游景点?
16. 如何针对法国人开拓来华旅游市场?
17. 意大利在文学艺术领域有哪些突出成就?
18. 意大利的礼仪和禁忌有哪些?
19. 介绍意大利的名城和名胜古迹。
20. 谈谈如何开拓意大利旅游市场。
21. 西班牙旅游资源的主要特色是什么?

案例分析

有一次,古苏格兰布鲁斯国王与英格兰军队打仗,被打得落花流水,只得躺在一所不易被发现的古老的茅屋里。当他正满是失望与悲哀躺在柴草床上的时候,他看见一只蜘蛛正在结网,为了给自己取乐,并看蜘蛛如何对付,国王毁坏了它将要完成的网。对此,蜘蛛并不在意,立刻继续工作,打算再结一个新网。苏格兰国王又把它的网破坏了,蜘蛛又开始重新结。国王开始惊奇,他自语道:"我已被英格兰的军队打败了6次,我是准备放弃战争了。假使我把蜘蛛的网破坏6次,它是否放弃它的结网工作呢?"他毁坏了6次蜘蛛的网。蜘蛛对这些灾难毫不介意,开始结第7个新网,终于成功了。国王决定再进行一次奋斗,从英格兰的手里解放他的国家,他召集了一支新的军队,很谨慎而耐心地做着准备,终于打了一次重要的胜仗,把英格兰人赶出了苏格兰国土。

能否把英国人统称为英格兰人?

参考书目

[1] 金丽娟.旅游客源国概况[M].北京:北京大学出版社,2015.
[2] 舒惠芳.旅游客源国(地区)概况[M].北京:机械工业出版社,2008.
[3] 王志民,凌丽琴.旅游客源国[M].北京:国防工业出版社,2012.
[4] 蔡杰.旅游客源国概况[M].成都:西南财经大学出版社,2011.
[5] 刘秀梅,高照明.中外民俗[M].郑州:郑州大学出版社,2006.
[6] 王兴斌.中国旅游客源国概况[M].北京:旅游教育出版社,2011.
[7] 刘德生.世界自然地理[M].北京:旅游教育出版社,2004.
[8] 龚抒.欧洲国家概况[M].北京:世界知识出版社,2002.
[9] 刘振强.涉外礼仪知识必读[M].北京:中国旅游出版社,2002.
[10] 陈家刚.中国旅游客源国概况[M].天津:南开大学出版社,2008.

4

美洲客源国概况

教学目标

知识目标

通过本章的学习，了解美国和加拿大的自然环境和社会概况，分析美国和加拿大在世界经济和政治舞台上的地位，掌握其人民生活习惯和消费偏好，熟悉其主要旅游资源。

能力目标

能够学会初步设计美国和加拿大的经典旅游线路，剖析其旅游市场特点，以发挥我国的优势，为我国旅游业走向美洲打下基础。

哥伦布日

哥伦布日为每年的10月12日或10月的第二个星期一，以纪念哥伦布首次登上美洲大陆。克里斯托弗·哥伦布出生于意大利的热那亚，他从小便立志当一个航海家，做环球旅行。19岁时，哥伦布随兄在里斯本定居。当时葡萄牙正试图绕过非洲去印度，但哥伦布认为不必绕过非洲，只要一直向西航行便可达印度。1492年8月，已经41岁的哥伦布终于获得西班牙女王伊丽莎白的支持，带领120人分乘三只船离开西班牙，开始环球航行。1492年10月12日，经过30多天的航行，他们终于登上了北美巴哈马群岛中的圣萨尔瓦多岛。此后，哥伦布又先后三次航行到美洲沿岸，进行了实地考察。哥伦布成为西方第一个发现新大陆的人。但他至死都把美洲误认作印度，西印度群岛的名称就是由此而来。

哥伦布日是美国于1792年首先发起纪念的。当时正是哥伦布到达美洲300周年纪念日，纽约市坦慕尼协会发起并举办了纪念活动。1893年，芝加哥举办哥伦布展览会，再次举行了盛大的纪念活动。自此，每年的这一天，美国大多数州都要举行庆祝游行、教堂礼拜和学校活动，以纪念这个具有历史意义的节日。

思考：结合上述案例，谈谈你对美国节日的认识。

4.1 美国

4.1.1 美国自然环境

美国,全称美利坚合众国(The United States of America,简称USA),位于北美大陆,东濒大西洋,西濒太平洋,北与加拿大为邻,南靠墨西哥和墨西哥湾。领土面积为9 629 091平方千米(其中陆地面积9 158 960平方千米),本土东西长4 500千米,南北宽2 700千米。海岸线总长达22 680千米,大西洋沿岸海岸线较曲折,有许多优良的海湾和港口。共分为50个州和1个直辖特区。除本土大陆的48个州以外,美国还有两个海外州——位于北美大陆西北角的阿拉斯加州和位于太平洋中部的夏威夷州。

美国本土的地形特征是两侧高,中间低,没有东西走向的山脉。本土大体可以分为三个地形区:东部为阿拉巴契亚山脉和大西洋低地。阿拉巴契亚山脉与大西洋海岸间有狭窄的山麓和沿海低下的平原,称为大西洋沿岸低地,是美国工业最发达的地区。西部属科迪勒拉山系,它纵贯北美洲西部,在美国境内宽达1 700千米。该山系由东部的落基山脉,西部的喀斯喀特山脉、内华达山脉和太平洋沿岸的海岸山脉组成。落基山脉是北美最大的分水岭,美国所有的大河都发源于此。海岸山脉间肥沃的加利福尼亚谷地是美国西部重要的农业区。中部是地势平坦、土地肥沃的大平原,它位于阿拉巴契亚山和落基山脉之间,从北到南贯穿整个美国中部,约占美国全部土地面积的1/2,是美国重要的农业区。

美国大致可分为五大气候区:①东北部沿海和五大湖地区是冬冷夏凉的大陆性温带阔叶林气候。②东南部沿海和墨西哥湾沿岸属亚热带森林气候,冬季温暖少雨,夏季凉爽湿润。③中部平原属大陆性气候,冬季寒冷多雪,夏季炎热多雨。④西部内陆高原和山地属内陆性气候,内陆高原地区气候干燥,冬季寒冷少雪,夏季炎热少雨。这个地区的落基山、喀斯喀特山、内华达山等为高山气候,气温随山势的增高而降低。⑤太平洋沿岸地区属海洋性气候,北部地区冬暖夏凉,雨量充沛,南部地区冬季温暖多雨,夏季干燥闷热。

美国有庞大而完整的水系,主要河流有密西西比河、康涅狄格河、哈德逊河、科罗拉多河、哥伦比亚河、育空河。密西西比河位于美国东部,纵贯大平原中部,由北向南流入墨西哥湾,全长6 262千米,是世界第四长河,并与五大湖有运河相通,可通过圣劳伦斯河、伊利运河和哈德逊河通往大西洋,形成联系全国主要地区的内陆水运网。东北部与加拿大交界处的五大湖是世界上最大的淡水湖群,其中苏必利尔湖为世界最大的淡水湖。

美国自然资源丰富多样。土地、草原、森林资源均居世界前列。矿产种类多、储量大,煤、铁、石油、天然气、铜、铅、锌、钒、硫黄和磷酸盐等储量居世界前列。森林面积45亿亩,森林覆盖率达33%,用材林蓄积量200多亿立方米,水力资源也很丰富。

4.1.2 美国社会概况

4.1.2.1 人文概况

美国总人口约3.23亿人(2016年)。其中白人占75%,其余为拉美裔占12.5%、黑人占12.3%、亚裔占3.6%、华人占0.9%(群组划分有交叉)。印第安人是美洲最早的居民,两万多年前从亚洲大陆经白令海峡到达美洲。目前,在美国境内的印第安人有136万,绝大部分印第安人都居住在保留地中。

美式英语为通用语,有些民族仍讲本族语言,如部分印第安人讲印第安语,墨西哥人讲西班牙语,华人讲汉语等,各国移民的后裔也有少数人讲其祖先的语言。美国有宗教信仰自由,有基督教、天主教、犹太教、东正教等,基督教派别多达250多个。其中51.3%的居民信奉基督教新教,23.9%信奉天主教,1.7%信奉犹太教,信奉其他宗教的占4%,不属于任何教派的12%。

(1)国旗:旗面由13道红白相间的宽条构成,左上角还有一个包含了50颗白色小五角星的蓝色长方形。50颗小星代表了美国的50个州,而13条间纹则象征着美国最早建国时的13块殖民地。国旗使用的三种颜色的特定含义是:白色象征纯洁,红色象征强壮和勇敢,蓝色象征警惕、坚韧和公正。

(2)国徽:美国国徽实际上是美国官方大纹章(Great Seal of the United States)上的图案。印章存在美国国务院,第一次用于1782年。事实上,美国并未指定一个国徽图案。但纹章正面的图像实际上已经成为美国的象征。

(3)国歌:《星光灿烂的旗帜》(The Star-Spangled Banner 曾译《星条旗之歌》)。

(4)国花:玫瑰。

(5)国鸟:白头海雕。

(6)首都:华盛顿。

4.1.2.2 简史

早在欧洲殖民者踏上美洲大陆之前,印第安人世代繁衍生息在这块土地上,1492年哥伦布到达美洲后,欧洲殖民主义国家开始不断向北美移民。1733年,英国在北美建立了13块殖民地,他们残暴地屠杀印第安人,贩卖黑奴并强迫白人奴隶服苦役。1775年,北美殖民地人民忍无可忍,爆发了举世闻名的美国独立战争。1776年7月4日,13个州代表在费城通过了由杰斐逊起草的《独立宣言》,宣告美国脱离英国而独立,乔治·华盛顿当选为第一任美国总统。1783年,英国被迫承认美国独立,美利坚合众国由此正式成立。

独立后,美国北方资本主义经济获得了迅速发展,而南方保持了奴隶制农业经济。1861年反对黑奴制度的林肯就任美国总统,南部发生了叛乱,爆发了南北战争。1865年战争以北方胜利而告终,从而为资本主义在全国的迅速发展扫清了道路。

在1776年后的100年内,美国不断进行领土扩张和拓殖,从13个州扩大到50个州,扩张了10倍,逐渐形成了今天的版图,最后的两个州——阿拉斯加和夏威夷,到1959年才加入联邦。

美国虽然只有200多年的历史,但美国却是一个重视历史、尊重文化遗产的国家,有关历史的遗迹都被精心地保护起来,不但众多的历史文物古迹保存完好,而且建有许多国家历史、文化、艺术、美术、科技博物馆,为旅游业的发展提供了十分有利的条件。

4.1.2.3 政治

美国宪法,即1787年宪法,亦称联邦宪法,是世界近代史上第一部资产阶级成文宪法。美国是联邦制共和国,各州拥有较大的自主权、包括立法权。三权分立、互相制衡是美国宪法的主要原则,也就是把国家权力分为立法权、行政权、司法权,分别由国会、总统、联邦最高法院行使。国会不向总统负责,总统也没有权利解散国会;总统不向国会负责,国会也没有权利要求总统辞职。他们之间相互制衡,总统可以否决国会的议案,国会也可以弹劾总统。

(1)总统。总统是国家元首、行政首脑和陆海空三军的总司令,掌握国家行政大权。总统的行政命令与法律有同等效力。根据宪法规定,凡年满35岁,在美国本土出生,至少在美国居住14年以上的人都有资格竞选总统。总统选举每4年举行一次,历时一年多,是一场马拉松式的长戏。当选总统在大选年第二年的1月20日宣誓就职,任期4年,可连任一次。

总统拥有的权利有:行政权、外交权、军事指挥权、立法权、还管辖美国联邦政府。联邦政府各部都向总统负责,受总统的领导和监督。

(2)国会。全国的最高立法机构,行使国家立法大权。美国国会由参议院和众议院组成。国会有权征税、借贷、决定铸造货币、规定汇价、有权宣战、决定战争拨款,有权设立隶属于最高法院的各级法院,有权修改宪法及接受新州加入。以上各项权力为参、众两院共有的权力。参议院的特殊权力是:批准总统任命的高级官员;批准总统与外国缔结的条约;审判弹劾案;在特殊情况下选举副总统。众议院的特殊权力是:提出财政法案;提出弹劾;在特殊情况下选举总统。

(3)联邦最高法院。根据美国法律规定,联邦最高法院行使国家司法大权,联邦最高法院由1名首席法官和8名法官组成,联邦最高法院法官由总统提名,经参议院批准后任命,终身任职,非经国会弹劾不得免职。联邦最高法院的权限是对关于大使、公使、领事及以一州为当事人的案件,有初审权;有受理下级法院所审理案件的上诉裁判权。最高法院还拥有司法审查权和对美国宪法的解释权。

(4)党派:美国有大小党派约15个,但在国内政治及社会生活中起重大作用的只有共和党和民主党。从19世纪中期开始,共和党和民主党两党轮流交替执政。因为共和党的标志为大象,民主党的标志为驴,人们戏称总统选举为"象驴之争"。

民主党成立于1791年,当时称共和党,1794年改称民主共和党,1928年改为民主党。当时,民主党由代表南方种植园奴隶主利益的种植园主和与南方有联系的资本家组成。南北战争后,民主党在野24年,直到1885年克利夫兰当选为总统。民主党共产生8位总统,著名的有:威尔逊、富兰克林、肯尼迪等。共和党成立于1854年,当时代表北方工业资产阶级利益。1861年林肯就任总统,共和党首次执政。自1861年来,共和党已产生18位总统,执政84年。著名的总统有:林肯、西奥多·罗斯福、艾森豪威尔、尼克松、里根等。其他小党派有:美利坚独立党、民主行动美国人、美国美利坚党、美国共产党、全国联合党、纽约州保守党、纽约州自由党、社会工党、社会工人党。

(5)影响力:美国具有全球性的经济、政治和军事影响力,其外交政策走向一直是世界关注和讨论的焦点。"二战"后,美国经济、政治和军事实力空前增长,成为世界超级大国,妄图称霸全球。随着苏联解体和世界多极化格局的形成,美国外交策略亦随之改变。近年来,美国继续将反恐、防核扩散和遏制伊斯兰极端主义作为安全战略的首要目标,同时着眼应对大国潜在"挑战",美国努力修补与欧洲盟国的关系,重视俄在反恐、防核扩散领域的地位与作用,加紧谋划亚太战略格局,提升日本在美国全球战略中的地位,深化美印(度)战略伙伴关系,密切同加拿大的政治经济关系。重视外交谈判和多边合作,利用救灾、援助等活动,加强公共外交,改善自身外交形象。截至1998年12月,美国与184个国家建立正式外交关系。

1972年2月,时任美国总统尼克松访华,中美双发发表了《中美联合公报》(《上海公报》),标志着中美两国20多年相互隔绝状态的结束。1978年2月,中美两国发表《中美建交公报》。1979年1月,经过历时半年多的外交谈判,中美两国正式建立大使级外交关系。1982年8月,中美发表《八一七公报》,对美国向我国台湾出售武器做出了分步骤直至最后解决的规定。这一公报连同《上海公报》和《中美建交公报》一起,即通常所称的"中美三个联合公报",构成中美关系的基础。

4.1.2.4 经济

美国具有高度发达的现代市场经济,有较为完善的国民经济宏观调控体系,其国内生产总值和对外贸易额均占世界首位。20世纪90年代,以信息、生物技术产业为代表的新经济蓬勃发展,美国经济持续稳定发展。自第二次世界大战以来,美国一直是世界头号经济强国,一直保持比世界其他国家高出许多的国民生产总值。2009年,美国国内生产总值142 587亿美元,人均国内生产总值46 400美元。

美国农业高度发达,机械化程度高。农业人口仅有600余万。从20世纪40年代开始,美国农业已实现机械化,"二战"后又朝着现代化方向发展,生物学、遗传学、化学的科技成果被广泛应用到农业生产中去。美国每年都要向海外市场输出大量农产品,以解决国内农产品过剩和弥补外贸逆差。2008年农业产值约占国内生产总值的1.2%。

美国工业发达,门类齐全,生产能力巨大。制造业在工业中占有主导地位。进入20世纪90年代以来,美国产业转型加快,劳动密集型产业进一步被淘汰或转移到国外,而信息、生物等高科技产业发展迅速,利用高科技改造传统产业也取得新进展。主要的工业产品有汽车、航空设备、计算机、电子和通信设备、钢铁、石油产品、化肥、水泥等。2008年,工业总产值占国内生产总值的19.6%,工业就业人数约为0.34亿,占总就业人口的22.6%。

美国服务业高度发达,2008年服务业创造的产值占国内生产总值的79.2%。各项服务行业就业人数约1.18亿,占总就业人数的76.8%。

美国是世界上第一大进口国和第三大出口国,是世界上最大的商品和服务贸易国,对外贸易额居世界首位。2008 年,美国商品和服务总额为 43 631 亿美元,其中出口额 18 430 亿美元,进口额 25 201 亿美元。2009 年美国前五大货物贸易伙伴为加拿大、中国、墨西哥、日本和德国。

美国的货物运输以铁路为主,铁路全长 31.8 万千米,其中电气化铁路 3 090 千米,连接大西洋和太平洋沿岸各大城市、横贯全国的铁路为主要干线,铁路货运量约占全国货运总量的 2/5。全国内河通航里程为 41 000 多千米,内河水运的货运量约占全国货运总量的 15% 以上,以五大湖最盛,约占国内水运的 3%,其他主要水道为密西西比河、伊利运河等。自 20 世纪以来,管道成为重要的交通工具,主要运输石油、天然气,近十几年来还运输煤,管道运输约占全国货运量的 1/5。美国的客运以公路为主,占全部客运量的 4/5 以上,全国公路约 630 万千米,以五大湖区的南部和大西洋沿岸最为稠密,西部广大地区公路较少。航空以客运为主,有航空线联系全国各大城市。海运发达,主要海港为大西洋沿岸的纽约、诺福克、巴尔的摩、波特兰、波士顿、费城、杰克逊维尔,墨西哥湾沿岸的新奥尔良、休斯敦、阿瑟港,太平洋沿岸的圣弗朗西斯科(旧金山)、洛杉矶、西雅图等。

4.1.3 美国节庆与习俗

4.1.3.1 节日

美国节日有很多,有政治节日、宗教节日,其中比较重要的节日有美国独立日、感恩节、圣诞节等。

(1)美国独立日。1776 年 7 月 4 日大陆会议在费城正式通过《独立宣言》。《独立宣言》阐明人生而平等;痛斥英国殖民者的罪行;庄严宣告美国独立。它是具有世界历史意义的伟大文献。通过《独立宣言》的这一天成为美国人民永远纪念的节日,定为美国独立日。每逢这一天全美大大小小的教堂钟声齐鸣,首先敲响的是费城自由钟。各地居民自发进行庆祝游行,场面十分壮观。

(2)感恩节。每年 11 月的最后一个星期四是感恩节。它是美国人民独创的一个古老的节日,也是美国人合家欢聚的节日。每逢这一天美国上下热闹非凡,城乡市镇到处举行化装游行、戏剧表演和体育比赛等,学校和商店也都按规定放假休息,很多人到教堂做感恩祈祷,一家人团团围坐在一起品尝美味的火鸡,畅谈往事,其乐融融。同时,好客的美国人也不忘这一天邀请好友、单身汉或远离家乡的人共度佳节。感恩节的食品极富有传统色彩,火鸡是传统主菜,此外还有红莓苔子果酱、甜山芋、玉蜀黍、南瓜饼、自己烘烤的面包及各种蔬菜、水果等。

(3)圣诞节。基督徒纪念耶稣诞生的一个重要节日。圣诞节是美国最大、最热闹的节日。每年 12 月 25 日,全国便沉浸在一派喜气洋洋的节日气氛中。圣诞节的庆祝活动从 12 月 24 日夜间开始,称为圣诞夜,是一个狂欢的夜晚,美国人常常通宵达旦地举行庆祝活动。圣诞夜里,最有趣的活动是"报佳音",它象征天使在伯利恒郊外向牧羊人报告基督降生的喜讯。当深夜来临,教堂里的唱诗班就挨家挨户地来到教徒家门前齐声唱起圣诞颂歌。除此之外,美国主要节日还有情人节、华盛顿诞辰日、复活节、愚人节、万圣节等。

4.1.3.2 饮食

美国人的饮食习惯也是一日三餐,但中午通常吃快餐。早餐通常是早上8点在家里吃。常常是果汁、麦片、烤面包及咖啡,丰盛的可能有煎薄饼、玉米片、香肠、火腿和各种做法的鸡蛋。午餐时间通常在中午12点到1点或午后1点到2点,一般是蔬菜和三明治、汉堡包或意大利馅饼、热狗,再加一杯饮料。晚餐在傍晚6点左右开始,一般比较丰盛。通常先上一份果汁或浓汤,然后上主菜。常吃的主菜有牛排、猪排、烤牛肉、炸鸡、炸虾、火腿及烤全羊等。随主菜吃的有蔬菜、面包、黄油、米饭、面条等。饭后吃一道甜点,如蛋糕、家常小馅饼或冰激凌等,最后再喝一杯咖啡。多数家庭有在睡觉前吃小吃的习惯。孩子们通常喝杯牛奶,吃块家常小甜饼,成人则吃些水果和糖。

美国人用餐讲求效率和方便。近年来方便食品日益增多,除去最常见的三明治、汉堡包、热狗外,市场上还有速溶咖啡、速饮橘汁、速食面包、速食糕点以及快熟面、电视餐等,名目繁多。

文中案例

美国人餐桌吃饭礼仪

1. 在用餐的时候,将餐巾放置在腿上是个合宜的做法。如果你不是双手都拿餐具的话,那个不拿餐具的手也应该放在自己的腿上。

2. 大部分美国人会用刀和叉来切开食品。就是用他们惯用的手来切并把食品送入嘴里。就是说,如果我是习惯用右手的,当我吃牛排的时候,我就用右手来切牛排。当我把牛排切好了以后,我就会把刀从右手放下,换成拿叉子,然后开始吃牛排。在正式的宴席中,最好是一只手拿刀,一只手拿叉,切出一块就吃一块。不要把整块牛排全都切成小块,然后再吃。

3. 有些食品是可以用手直接拿着吃的。通常我们是用手直接拿着汉堡包、比萨饼、三明治,和其他的一些食品吃的。但是在任何一个正式的宴会中,我们都不会用手直接拿着吃。当然,正式的宴会里也不会有汉堡包或者比萨饼这样的食品,就是在一个正式的餐厅里也不会提供这类的食品。

4. 美国人在吃饭的时候是很安静的,吃东西的时候不发出任何的声音。如果没有闭上嘴就在嚼食物的话,一般都认为是粗鲁和没有礼貌的。在嘴里嚼食物的时候,应该闭上嘴,这样就不会有任何不雅的声音发出来。在用餐的时候,千万不要打嗝或者让食物从嘴里掉出来。但是一旦发生了,就需要立刻致歉。但是不必多言,只要说"I am sorry"或者"Please excuse me"就可以了。美国人认为在餐桌上发出吃喝的声音,比如喝汤或者喝饮料的声音,也是粗鲁和没有礼貌的。

5.还有一个值得注意的是美国人对客人的一个习惯说法。就是"到我家,就像到你自己家一样"和"你自己动手吧"这两句话。这两句话可能对东方人而言不习惯,甚至觉得是不尊重客人。但是对美国人来说,说这两句话却是对你很看重的话。如果你到一家美国人家里做客,他们对你说"你自己动手吧",这表示他们已经把你看作他们自己家里的人了。这就是说,你可以随便进出他们的厨房,为你自己制作你喜欢的饮料,或者拿一点你喜欢的点心吃,诸如此类。当然,当你第一次到这个家里做客的时候,他们大概不会这样对你说,而是好好伺候你,因为对你还不是很熟,说话就留有余地。但是当你第二次到他们家的时候,你就很有可能会听到这样的话了。这样你就知道他们对你真是相见恨晚了。

思考:从美国人餐桌吃饭礼仪分析美国人的生活。

4.1.3.3 礼仪

美国人与人之间交往比较随便。朋友之间通常是招呼一声"hello",哪怕两人是第一次见面,也不一定握手,只是笑一笑打个招呼。男女老少都喜欢别人直呼自己的名字,并把它视为亲切友好的表示。但在正式场合,人们很讲究礼节。握手是最普通的见面礼。

美国人很尊重隐私权。日常交谈,不喜欢涉及个人私事,忌谈如年龄、婚姻状况、收入、宗教信仰、竞选中投谁的票、所买东西的价钱、到哪里去等问题。

美国人习惯使用礼貌用语,"请""谢谢""对不起"之类的话随处可闻。男子处处要谦让、尊重女士。

美国人把在公共场合打嗝或与别人交谈时打喷嚏、咳嗽都视为不雅,遇到这种情况,他们都会说声"对不起"。

美国人不随便送礼,送礼必须有意义。美国人讲究礼物包装,且礼物一般是单数。收到礼物时一定要马上打开,当着收礼人的面欣赏或品尝礼物,并立即向送礼者道谢。

拜访美国家庭,事先约会必不可少,否则被视为不速之客。赴约应准时,迟到或太早都是不礼貌的。在规模较大的正式场合,守时更为重要。

4.1.3.4 禁忌

美国至今流传着一些传统的迷信观念,使得美国人对某些事物讳莫如深。"13"这个数字美国人最忌讳。他们认为"13"不吉利,会给人带来不幸。美国人对星期五也同样恐惧,如果星期五这天恰恰是13号,他们就更加小心谨慎,不敢轻举妄动。黑猫也被人畏惧和讨厌,迷信的人认为,如果黑猫从面前跑过,就会大难临头。

美国人的风俗习惯

卫生的习惯

美国人养成了一种良好的卫生习惯。有一句俗话说,在美国的街道上走一个星期,皮鞋不用擦。你一出门,不用带卫生用品和水,到处都可以见到卫生设施,如厕很方便,用水很方便。你到学校,感到口渴,水龙头的水就可以直接喝;你到饭店用餐,有很好的纸手巾、纸袋子。用完餐后,顾客会自觉把吃剩下的东西拿走。而且吃饭时尽量不发出响声,以免影响别人。房间里一般都铺上地毯,有抽风设备、空调设备,房屋内外装点得非常好看,周围环境整洁美观。没有人乱扔垃圾、乱吐痰。

排队的习惯

美国人做事都讲规章制度,因此,排队成了他们固有的习惯。去商店购物、进餐、买票、上车等都按顺序进行,绝对没有人插队,熟人见面互相点头即可,不会乘机帮忙。给你提供服务的办事员如果发现有人插队,会立即制止,不讲情面。轮到你的时候,还要等到他或她叫你的时候,你才可以越过黄线接受服务,否则会受到批评。

老师讲课的习惯

美国老师的地位不算高也不算低,但是他们有较多的自主权和权威。上课计划、内容、方法、考试等基本上由任课老师定,因此老师的思维比较活跃。他们比较注重学生的实际运用知识的能力,这样就形成了他们上课的基本习惯:他们把自己看作是学生的引路者,和学生建立平等的关系,共同参与讨论,把课本内容化为案例分析,让学生提问题,及时表扬他们,无论他们的问题对与错,同意不同意的意见。一般来说,他们把一堂课分为两半节:上半节老师提出问题或该课的内容,下半节,老师让学生围绕问题进行讨论,由学生自由发言,学生们都抢着发言。老师会肯定每一个学生的表现,然后提出自己的观点或结论。有时候,碰到较难的问题时,老师还会打乱教室的座位安排而分成若干个小组进行讨论。

交谈的习惯

美国人之间的交往不多而且简单。熟人之间见面打打招呼就行了,晚上很少打电话拉家常或串门。出了不测之事才会打电话给亲朋好友。美国的公用事业服务非常好,好到人与人之间几乎没有什么依赖关系。不熟的人之间打交道,则带点小礼物表示打扰了,对对方聊表心意。

思考:从美国人风俗习惯分析美国人的生活。

4.1.4 美国旅游资源与主要旅游地

美国经济实力雄厚,科学技术先进,旅游交通便利,服务设施完善,旅游资源丰富,客源市场稳定,旅业业发达。美国的旅游资源丰富多样。自然旅游资源丰富,有黄石国家公园、科罗拉多大峡谷、尼亚加拉大瀑布、华基海滩等。人文旅游资源也丰富多彩,古今名胜、文化艺术、游乐园、博物馆、繁华都市遍布全国。纽约自由女神像的庄严、大都会艺术馆的豪华、影城好莱坞的浪漫、迪士尼的欢乐、纽约的繁华和少数民族的民俗风情等深深地吸引着游人。美国已成为世界上最发达的旅游国,是世界最大的国际旅游客源地和接待地。在全部旅游收入中,有70%来自国内旅游。但国际旅游收入、国际旅游接待量和国际旅游消费水平均居世界前列。

(1)纽约

纽约是世界著名大都市,也是美国第一大城市和最大海港,是全国财政金融和文化艺术中心、对外贸易中心。曼哈顿集中了世界最高的高楼和最大的公司,如帝国大厦、克莱斯勒大厦、华尔街、纽约证券交易所、洛克菲勒中心、中央公园、唐人街及娱乐业集中之地百老汇等。

(2)洛杉矶

洛杉矶是美国西部沿海著名城市,是美国最大的飞机制造中心、军火工业中心和著名旅游城市。著名游览点有迪士尼乐园、环球影城以及圣地亚哥的海洋世界、野生动物园等。著名的好莱坞位于洛杉矶西北角,是世界上最大的电影工业中心,有"世界影都"之誉。

(3)圣弗朗西斯科(旧金山)

旧金山是西部最大港口、西海岸经济中心,有电子、石油加工和农产品加工等工业及集中了全国70%的半导体公司的著名的"硅谷"。其中的世界著名的金门大桥、别具风情的购物街渔人码头、花街以及约塞米蒂国家公园、红杉国家公园等都是游客必到之处。

(4)拉斯维加斯

拉斯维加斯位于美国内华达州南部,是美国唯一以任何方式赌博都合法的州,世界博彩娱乐休闲名城,有250多家赌场遍布大街小巷。内华达州法律还规定凡开赌场一定兼开旅馆、饭店,著名饭店有金字塔饭店、大米高梅饭店、凯撒大帝饭店、希尔顿饭店、海市蜃楼饭店、金银岛饭店。拉斯维加斯目前已成娱乐休闲旅游度假区。

(5)迈阿密

迈阿密位于美国佛罗里达州东南海岸,是美国本土最南端的城市,与古巴隔海相望,是南北美洲文化和商业交会的中心。迈阿密码头是世界上最大的游船码头,附近的大沼泽地国家公园是美国著名景区之一。

(6)芝加哥

芝加哥是美国第二大城市、最大的钢铁工业基地和农产品加工等多种工业中心,全国铁路交通枢纽。

(7)底特律

底特律是全国最大的汽车工业中心,美国四大汽车制造公司通用汽车、福特汽车、克莱斯勒汽车和美国汽车公司的总部都设在底特律,是世界著名汽车城。

(8)休斯敦

休斯敦是美国南部最大城市,全国最大石油、化工基地。美国国家航空和航天局最大的空间研究中心所在地。

(9)黄石国家公园

黄石国家公园是美国第一个国家公园,也是历史最悠久、规模最大的国家公园。位于美国西北部的爱达荷、蒙大拿、怀俄明三个州交界处的落基山区,占地8 956平方千米。黄石国家公园始建于1872年,至今已有100多年的历史,并且于1979年被列入《世界遗产名录》。公园的水潭里大多含有较浓的酸性成分,随着时光流逝,不少树木遭受侵蚀,渐渐枯死变成黄色化石,岩石也被染黄的地下水涂上了一层浓浓的黄色。人们一到这里,映入眼帘的便是黄色的树木化石,形状各异的黄色岩石,以及一片片金黄色的水潭,公园也因此得名。黄石公园内有秀美的湖光山色,奇特壮观的喷泉瀑布,陡峭的悬崖,幽深的峡谷,其中最独特的景观是被称为世界奇观的间歇喷泉,多达300多处,占世界间歇喷泉总数的一半以上。喷泉被命名为孤星喷泉、楼阁喷泉、狮群喷泉等。

(10)尼亚加拉瀑布

尼亚加拉瀑布是世界知名的三大瀑布之一。尼亚加拉河从伊利湖蜿蜒流向安大略湖,上游地势平坦,水流缓慢,及至中游,河面陡落48米,河水在此垂直下泻,形成巨瀑。宽阔的瀑布被河心的山羊岛截成两半:岛的东侧为"美利坚瀑布",宽320米,落差58米,属于美国;岛的西侧为"马蹄形瀑布",宽675米,落差56米,属于加拿大。在大瀑布下游两边各有一座瀑布城,两城隔河相望,由彩虹桥连接。桥中央飘扬着美国、加拿大和联合国的旗帜,游人可以自由往来。

(11)科罗拉多大峡谷

科罗拉多大峡谷全长347千米,宽6～29千米,深1 600米,位于美国西部亚利桑那州西北部的凯巴布高原上,是联合国教科文组织选出的受保护的天然遗产之一。科罗拉多河水常年冲刷造成大峡谷奇观,两侧谷壁呈阶梯状,由各种颜色、代表不同地质年代的岩石叠成,在骄阳照射下,岩石颜色变化无常,像亿万卷图书层层叠叠构成七彩图案,变幻莫测。

(12)夏威夷

夏威夷是美国联邦于1959年设立的第50个州,人口约100万,地处北太平洋,由8个较大的岛屿及无数珊瑚礁小岛组成。夏威夷是世界上有居民居住的离大陆最遥远的岛屿,距东部最近的美国大陆城市旧金山也有2400千米,日本和亚洲大陆与它相距约3 800千米。这里有绵延的金色海滩、险峭的峻岭、翠绿茂密的雨林、火山和绿海般的菠萝田。

(13)金门大桥

金门大桥建于1937年,当时耗资达300万美元,是世界上最大的单孔吊桥。金门大桥长达2 780米,从海面到桥中心部的高度约为67米。桥两端有两座高达227米的塔。金门大桥橘黄色的桥梁两段矗立着钢柱,柱端用粗钢索相连,钢索中点下垂,几乎接近桥身,钢索和桥身用一根细钢绳连接起来。整座大桥显得朴素无华而又雄伟壮观。金门大桥在桥梁建筑学上也是一个创举。它只有两大支柱,因此不是利用桥墩支撑桥身,而是利用两侧的弧形吊带产生的巨大拉力,把沉重的桥身高高吊起。金门大桥的设计者是工程师施特劳斯,人们把他的铜像安放在桥畔,用以纪念他为美国做出的贡献。

(14)拉什摩尔山四巨头

拉什摩尔山位于南达科他州巴登兰以西,从左到右分别刻着乔治·华盛顿、托马斯·杰斐逊、西奥多·罗斯福和亚伯拉罕·林肯四位总统巨型雕像。头像面部高达18米,鼻子长6米,四尊巨人头像与拉什摩尔山浑然一体。这一艺术巨做出自美国著名雕塑艺术家夏兹昂·波格隆及其儿子之手,历时17年完成。

(15)迪士尼世界

迪士尼世界位于佛罗里达州中部,是世界上最大的综合游乐场。迪士尼世界的诞生,首先要归功于富有想象力和创造精神的美国动画片大师沃尔特·迪士尼。1955年他在落基山附近创办了第一座现代化的游乐园,取名迪士尼乐园。1964年人们开始筹建一座更大规模的游乐公园,这就是迪士尼世界,经过5年营造,迪士尼世界在1971年10月向公众开放。它耗资7.66亿美元,占地面积达109平方千米,是一座老少皆宜的游客中心。在迪士尼世界中,设有中央大街、小世界、海底两万里、明天的世界、拓荒之地和自由广场等,走在迪士尼世界中,还经常会碰到一些演员扮成的米老鼠、唐老鸭、白雪公主和七个小矮人,更使人游兴大发。

(16)自由女神像

自由女神像耸立在美国纽约港入口处的自由岛上,是法国人民在美国建国100周年之际,赠送给美国的一件隆重礼物。自由女神像的外观设计令人叫绝。女神像高46米,底座高45米,是当时世界上独一无二的、最高的人造纪念性建筑。女神头戴金光四射的皇冠,右手高举着象征自由的火炬,左臂弯曲抱着一本象征法律的书板,上面刻着美国《独立宣言》发表的日期1776年7月4日,女神脚下散落着被挣断的锁链。她那冷峻的目光十分夺目,尽显巾帼英雄的气概,而她那丰盈潇洒的体态又十分动人,再现了古希腊美女的贤淑。内部设计也别具匠心,观光者可以从纪念碑内部乘电梯直达基座顶端,然后从女神像内部的环形旋梯攀登而上,经过171个阶梯后到达塑像顶端皇冠的观景台,四面有25个小窗口,凭窗可以远眺纽约城。夜间在灯光照射下的自由女神像,更加壮观,令人难忘。女神像的正式名称是"照耀世界的自由女神",她历来被认为是美利坚民族的标志和美国千百万移民的希望与新生活的象征。在雕像的基座上铸刻着犹太女诗人拉扎鲁斯的十四行诗《新巨人》的诗句:"把这些无家可归、流离颠沛的人交给我,我在这金色的大门口高举着明灯。"

4.2 加拿大

4.2.1 加拿大自然环境

加拿大被誉为"枫叶之国",其国名来源于印第安语,意味"棚屋"。它位于北美洲北半部,三面环水,东北隔巴芬湾与格陵兰岛相望,西北与美国的阿拉斯加州接壤,南接美国,东临大西洋,西濒太平洋,北靠北冰洋达北极圈。海岸线长达 24 万多千米,是世界上海岸线最长的国家。面积 998.4 万平方千米,其中陆地面积 909.3 万平方千米,淡水面积 89.1 万平方千米。为世界上仅次于俄罗斯的第二大国。

加拿大国土的主体是波状起伏的低高原和平原低地,山地主要分布于周缘地带。大体上,东部为古老而低广的拉布拉多高原及阿巴拉契亚山脉北端,西部为年轻高大的北美科迪勒拉山系北段,中部为广阔的草原低地。沿中西部至东南一带,大熊湖、大奴湖、温尼伯湖及加美边界上的五大湖呈弧状分布,构成了世界上最大的湖带。

加拿大领土的 90% 以上位于北纬 50°至 80°之间,大部分地区气候寒冷,温带气候只限于西部太平洋沿岸及南部的狭长地带。加拿大太平洋沿岸依山面海,终年湿润,属温带海洋性气候。面向海洋的山坡森林茂密,林中有不少是树干高达 70 米、直径 2 米的道格拉斯冷杉。大平原的南部为温带草原气候和温带湿润大陆气候,这里土地肥沃,地势平坦,有足够一季作物生长的热量,是加拿大最重要的农耕区。圣劳伦斯河谷地及其西南的五大湖沿岸地区是加拿大最靠南的地区,为温带湿润大陆性气候,也是比较重要的农业区。大西洋沿岸的大部分地区冬季气温比大西洋沿岸低。

加拿大河湖众多,淡水面积达 75 万平方千米,占全国总面积的 8.2%,占世界淡水面积的 15%。最大河流马更些河长 4 241 千米,源于加拿大落基山脉东麓,注入北冰洋波弗特海,主要湖泊是大熊湖、大奴湖、温尼伯湖及加美边界上的五大湖中的四大湖。加拿大河流水量大且稳定,蕴藏巨大的水力资源。

全国林地总面积 440 万平方千米,仅次于俄罗斯居世界第二位。东西两岸海域有辽阔的渔场,渔业资源丰富,纽芬兰岛是世界著名的渔场之一。加拿大矿产资源种类多且藏量大。煤、石油、天然气、铁、锌、铜、银、铂、钼、钾盐、石棉以及铀等都很丰富。

4.2.2 加拿大社会概况

4.2.2.1 人文概况

加拿大总人口约 3 629 万(2016 年),平均 3 人/平方千米,世界上人口密度较低的国家之一。人口分布极不平衡,约 2/5 的人口集中在魁北克省南部沿加美边境约 1 000 千米的狭长地带。城镇人口约占全国人口总数的 77%。

加拿大是一个移民国家,也是一个多民族国家。全国人口中英裔居民占 40.2%,法裔居民占 26.7%,其他欧洲裔居民占 23%,多来自意大利、德国、乌克兰等国。还有 10% 的居民来自欧洲以外的地区。其中,土著人约 130 万,占全国人口的 3%;亚洲人约 67 万人以上,其中华人约 22 万。

在加拿大,英语和法语均为官方语言,联邦政府的文件需用两种文字颁布,政府部门也需用两种语言向公民提供服务。由于历史原因,加拿大人既不希望自己的国家保持英国殖民地的形象,又不想被人认为是美国人,因此加拿大英语既非英国英语又非美国英语,而是一种含有这两种语言成分的独特的英语。

加拿大是个宗教信仰自由的国家,全国绝大多数人信奉天主教或基督教,信仰其他宗教的人较少。其中信天主教的占47%,信基督教的占41%,其他人分别信东正教、犹太教、摩门教和佛教,不信教的人约占总人口的7.4%。

(1)国旗:国旗为长方形,长与宽的比例为2∶1,国旗为红、白两色,左右两侧为宽红边,中间为白色正方形,正方形中央为一大片11个角的红枫叶。左右两条红边分别表示太平洋、大西洋,中间白底表示加拿大广阔无垠的国土,红枫叶表示居住在这片富饶土地上的加拿大人民。1965年2月15日,新国旗正式使用,这一天就成为加拿大的国旗日。

(2)国徽:加拿大国徽图案中间为盾形,盾面下部为一枝三片枫叶;上部的四组图案分别为:三头金色的狮子,一头直立的红狮,一把竖琴和三朵百合花,盾徽之上有一头狮子举着一片红枫叶,狮子之上为一顶金色的王冠,盾形左侧的狮子举着一面联合王国的国旗,右侧的独角兽举着一面原法国的百合花旗。底端的绶带上用拉丁文写着"从海洋到海洋",表示加拿大的地理位置——西濒太平洋,东临大西洋。

(3)国歌:《啊!加拿大》。

(4)国花:糖槭树花——也就是枫叶(植物枫树的叶子),该国境内多枫树、素有"枫叶之国"的美誉。

(5)首都:渥太华。

4.2.2.2 简史

加拿大的大片土地原为印第安人和因纽特人(爱斯基摩人)所居住,纽芬兰岛被发现之后,便有欧陆移民前来。此后,法国人又在魁北克建立要塞,以此为根据地,扩张领土。

17世纪末到18世纪,英法两国发生了数次殖民地战争,英国于1763年依《巴黎和约》获得加拿大支配权。1867年英国议会通过《不列颠北美法案》,确定了加拿大自治领的建立,成为加拿大第一部宪法。根据这个法案,加拿大实行联邦制,英王兼任国王,总督为英王代表,议会设参、众两院,保证法裔加拿大人的民族权利等。19世纪末20世纪初,加拿大完成了国家联合事业,英属北美成为统一的加拿大。

1926年,加拿大获得外交上的独立,加入国际联盟后,其发言权也日渐增大。1931年加拿大的内政外交正式脱离英国,得到了完全的自治权。1945年加入联合国,并于1949年加入北大西洋公约组织,正式稳固了其在国际政治方面的地位。目前,加拿大已经成为世界工业发达国家的七强之一。

4.2.2.3 政治

加拿大至今无一部完整宪法,现行宪法主要由在各个不同历史时期通过的宪法法案所构成。1982年4月7日,经英国女王批准,《加拿大宪法法案》正式生效。宪法规定,加拿大实行联邦议会制,中央政府与省政府分享权力。英国女王是加拿大的国家元首,加拿大实行"三权分立",立法、行政、司法大权分别由议会、总理和法院行使。英国女王作为加拿大的国家元首和武装部队总司令只具有象征性,履行礼仪性的职责。由于女王很少在加拿大,所以女王任命总督代表她常驻加拿大。总督由加拿大总理提名,英国女王任命,一般任期5年。1950年以前,总督一直由英国王室亲眷或贵族、军人担任。之后,改由加拿大英裔或法裔公民轮流担任。总督的职能主要是礼仪性的。

立法机构由参议院和众议院两院组成。参议院共有105席,名额按各省人口比例和历史惯例分配。众议院共308席,众议员由各省人口比例划分的联邦选区直接选举产生,任期不超过5年。由众议员占据多数席位的党组阁,其领袖即为总理。次多数席位的党为反对党,主要职责是监督执政党政府。

目前,加拿大的全国性政党共有16个,其中主要有:

自由党,成立于1873年,其创始人是加拿大第二任总理麦肯齐。代表工业垄断资本集团利益并兼顾中、小企业利益。它是20世纪执政时间最长的党,在从1891—1991年的27次大选中19次获胜。1993年和1997年两次大选中,获胜执政。

进步保守党,成立于1854年,其创始人是加拿大第一任总理麦克唐纳。它是全国性传统大党,代表银行保险业、铁路运输业、能源工业垄断资本和大农场主的利益,它一直为加拿大主要政党,多次执政。

加拿大的其他政党还有新民主党、社会信用党、革新党、共产党等政党组织。

加拿大对外政策的三大目标是促进繁荣和就业;在稳定的全球框架内保护加拿大的安全;弘扬加拿大的价值观和文化。在对外关系中,把经济外交放在首位,加强与美、欧传统贸易关系,不断拓展亚洲、拉美两个新兴市场;视与美国的关系为最重要的双边关系,在保持与美密切关系的同时,强调奉行相对独立的外交政策;注重多边组织和机制的作用,呼吁各国加强在联合国和其他国际性政治经济组织中的合作;积极推动军控、裁军国际进程,反对外空武器化;支持和参加国际维和行动;推行"人的安全"外交,反对恐怖主义。截至2003年年底,加拿大已同193个国家建交。

中加两国于1970年10月13日建立外交关系,是西方最早与我国建交的国家之一。建交后两国领导人互访频繁。中国先后在温哥华和多伦多设立了总领事馆。加拿大在上海设有总领事馆。

4.2.2.4 经济

第二次世界大战后,加拿大经济一直保持稳定、高速发展,从以农村为中心的农业国变成了以城市为中心的工业国,产业结构发生了很大变化,制造业和高科技产业较发达,资源工业、初级制造业和农业亦是国民经济的主要支柱。

加拿大的农业发达。其农用地面积大,人均耕地30.4亩,仅次于澳大利亚,居世界第二位。农业机械化程度和劳动生产率水平高。其农业的主要部门是种植、渔业和畜牧业,畜牧业比重超过种植业。加拿大农业产量和商品率都很高。小麦出口仅次于美国居世界第二位;大麦和燕麦出口居世界第一,加拿大渔业发达,是世界上最大的渔产品出口国。

加拿大的经济中,采矿业和制造业十分重要,是仅次于美国和俄罗斯的世界第三大矿业国。在制造业产品中,加拿大制材、纸浆和纸品的生产在世界上地位突出,是世界上最大的新闻纸生产和出口国。

服务业:加拿大服务业发达,2006年服务业产值约占国内生产总值的68.4%,从业人员占当年全国就业人口的71%。

对外贸易:加拿大对国外市场依赖严重。外国投资对加拿大社会生活的各方面都有重要影响。外国资本控制了近60%的加工工业和70%的采矿业。在外来资本中,美国约占75%。加拿大对外贸易高度集中于美国。尽管加拿大政府自20世纪70年代以来就提出了实行对外关系多元化的政策,但迄今情况无多大改变。欧盟、日本、拉美也是加拿大重要的贸易伙伴。

加拿大出口贸易基本上属于资源产品输出型,主要出口汽车及其零配件、小麦和面粉,各种矿石、天然气、石油、林产品(木材、纸浆、新闻纸)等。进口商品有水果、蔬菜、原油、工业机械、汽车、发动机及零配件等。

交通:加拿大拥有两大铁路系统,即加拿大国家铁路公司和加拿大太平洋公司。加拿大高速公路和普通铁路总长87.9万千米,大多数集中在东南部。横贯加拿大的高速公路(7 725千米)于1971年全线通车,从太平洋东岸的维多利亚直到大西洋西岸纽芬兰的圣约翰斯,是全世界最长的国家级高速公路。从美国缅因州到华盛顿州,有数十条高速公路横穿加美边境,包括尼亚加拉大瀑布上繁忙的大桥以及大陆两岸的渡船和客轮。

圣劳伦斯运河深水航道全长3 769千米,是世界上最长的运河,船舶通航可从大西洋抵达五大湖水系。加拿大共有25个大的深水港和650个小港口。主要港口有温哥华、蒙特利尔、哈利法克斯。最大的港口是温哥华港,年吞吐量达7 000万吨。

加拿大有商业飞机5 400架,经过核准的机场共886个,主要机场68个,包括多伦多、温哥华、卡尔加里和蒙特利尔等国际机场。加拿大主要的国际航空公司有加拿大航空公司及5个商业航空运输公司。定期航班机场236处,无固定航班的航空公司500余个。

4.2.3 加拿大节庆与习俗

4.2.3.1 节日

加拿大的节日十分丰富奇特。节日中有全国性节日和地区性节日,有西方国家共有的节日,也有加拿大的民族节日。全国性的节日主要有新华、复活节、国庆节、劳动节、感恩节、圣诞节等,还有一些特定的民族节日有冬季狂欢节、郁金香节等。

(1)新年:1月1日。

(2)复活节:3月21日后月圆以后的第一个星期日。

(3)国庆节:7月1日。这是一个全国性的节日,是一个公众假日。

(4)劳动节:9月份第一个星期一。在多数加拿大人的概念中,此节日标志着夏天的结束。

(5)感恩节:10月份第二个星期一。加拿大的感恩节和美国的感恩节不在同一天。南瓜饼是常见的感恩节食物,火鸡是感恩节的标志吉祥物。

(6)圣诞节:12月25日,其过法与别的国家无二。这个节日是全世界都较熟悉的,也是西方国家最大的节日。

(7)冬季狂欢节:是魁北克省的冬季盛典,每年的二月上中旬节日期间。

(8) 枫糖节:枫糖节是加拿大传统的民间节日,每年的3月底至4月初。

(9) 郁金香花节:在5月的最后两周,是首都渥太华的盛大节日,庆祝活动以各种彩车游行最为隆重。

文中案例

郁金香节的来历

加拿大的郁金香节有着一段传奇的历史渊源。第二次世界大战期间,荷兰被法西斯德国占领。荷兰王室朱莉安娜公主一家来到加拿大的首都渥太华避难。1943年1月,朱莉安娜公主怀胎十月,即将临产。加拿大法律规定,凡出生在加拿大境内的人,生下来自动成为加拿大的落地公民,而荷兰王室的不成文规定却不允许王室成员成为外国公民。一时之间,两国政府遇到了前所未有的难题。加拿大政府破例通过了一项法案,把渥太华市民医院的一间产房临时划归荷兰政府所有,从此播下了加荷人民友谊的种子。1945年春天,加拿大军队从意大利转战荷兰,相继打下了海牙、鹿特丹和阿姆斯特丹等主要城市,并于5月5日赢得了荷兰解放战争,5月6日,加拿大部队代表盟军在荷兰接受了德国的投降。5月中旬,朱莉安娜公主终于回到了阔别多年的祖国。庆祝胜利之时,正值郁金香盛开之时。荷兰政府当即决定送给加拿大10万株郁金香,以表达他们对加拿大人民热情接待荷兰王储的衷心感谢。1948年,朱莉安娜公主荣登王位,她下令自此每年赠送加拿大渥太华1万株郁金香。渥太华为了答谢荷兰女王的好意,从1951年起开始举办每年一届的郁金香节。1995年,渥太华的郁金香节升格为加拿大郁金香节。

4.2.3.2 饮食

加拿大人的饮食习惯是一日三餐。早餐最简单,早餐的食品通常是烤面包、鸡蛋、咸肉和饮料。午餐食品也很简单,通常是三明治、饮料和水果。晚餐是一天中最丰富的正餐,全家人团聚,共进晚餐。正规的晚餐主食有鸡、牛肉、鱼或猪排,加上土豆、胡萝卜、豆角等蔬菜和面包、牛奶、饮料等。加拿大人习惯在饭后吃水果、喝咖啡。在加拿大的饮食结构中,肉类和蔬菜的消费比重很大,面包消费量较少。

加拿大的餐馆有正式餐馆和快餐店两类。正式餐馆由顾客点菜,就餐后要付小费。各类快餐店遍布全国,超级市场、购物中心都设有快餐部,公园或街道两旁还设有快餐车,在快餐店就餐一般不用付小费。

加拿大人饮食的特点:讲究菜肴的营养和质量,注重菜肴的鲜和嫩;口味偏爱甜味,一般不喜太咸;主食以米饭为主;喜食牛肉、鸡、鸡蛋、沙丁鱼、野味菜、洋葱、青菜、土豆、黄瓜等;调料爱用番茄酱、盐、黄油等;偏爱煎、炒、炸等烹调方式制作的菜肴;喜食中餐,尤其是苏菜、沪菜和鲁菜;菜谱偏爱咕噜肉、拔丝苹果、炸土豆条、糖醋鱼、香酥鸡、洋葱土豆片、炒山鸡片、软炸鸡等;喜欢饮酒,尤其爱喝白兰地、香槟酒;对饮料中的咖啡和红茶也很感兴趣;喜欢水果,特别爱吃柠檬、荔枝、番石榴、苹果和梨;干果喜欢吃松子、葡萄干和花生米等。忌食动物内脏和脚爪,不爱吃辣味菜肴。

4.2.3.3 礼仪

加拿大人朴实、随和、友善,很容易接近,熟人见面喜欢直呼其名,握手拥抱。在正式的社交场合则十分注重礼节。首先按照西方的介绍理解,把男士介绍给女士,把年轻者介绍给年长者,把职位低的人介绍给职位高的人。在握手行礼时,应由女士、年长者、职位高的人先伸手。

落座后交谈时,要选择大家共同感兴趣的话题,找不到话题就谈天气。加拿大喜欢谈政治,特别是本国政治。在交谈中切忌涉及私人生活和隐私,不要询问年龄、工资收入、家庭状况、婚姻状况和女士体重等问题。

加拿大人热情好客,亲朋好友之间请吃饭一般在家里而不去餐馆,认为这样更友好。到加拿大人家中做客,要事先有约或受到邀请。应邀做客,特别是赴宴,应稍微晚到一会儿,不要提前到达。宴请通常采用"自助餐"或"冷餐会"形式。由主人把饭菜全都摆在桌上后,客人自己动手盛取自己喜欢吃的食品,自找座位或站着用餐,边吃边谈。去赴宴、做客时一般要带瓶酒或一盒糖,或是给女主人和孩子带些小礼品。赴宴的第二天,客人要给女主人写封信,表示感谢。

加拿大人送礼讲究包装,一般都要用彩色礼品纸包好,并扎上彩带、彩花等装饰品。礼品一定要当面打开,不论礼品大小、贵贱,都应对送礼者表示感谢。

加拿大人十分注重公众场合的文明礼貌。在教堂做礼拜时,要穿着整齐,不随便说话、吃东西、出入。在影剧院看戏、听音乐会,要衣着整齐,同时还要在开演前入座,迟到被认为是一种不礼貌的行为。节目开始后,一般不准再入场,直到中间休息时才能入场。在剧院、音乐厅不能大声喧哗、随地吐痰、乱扔废弃物。在公共汽车或地铁列车上,要主动给老人、儿童让座。乘坐公共汽车、地铁要按顺序排队,主动出示月票或买票。

4.2.3.4 禁忌

加拿大人信奉《圣经》的《旧约》中的"摩西十诫",凡是关系到圣人、圣事,不能直呼其名,不能说失礼的话。在家中吃饭不能说悲伤的、与死亡有关的事情。在家中不能吹口哨,不能呼唤死神,不能讲事故之类的事情。送礼时不送白色百合花,因其是开追悼会用的花。忌讳说"老"字,年纪大的人被称为"高龄公民",养老院被称为"保育院"。加拿大人不喜欢外来人把他们的国家和美国进行比较,尤其是拿美国的优越方面与他们相比,更是令人不能接受。

4.2.4 加拿大旅游资源与主要旅游地

文中案例

加拿大旅游业的发展

基础设施完善是旅游业发展的后盾

加拿大的交通网络十分发达。高速公路在旅游业发展过程中起着重要的作用。目前加拿大全国高速公路和普通公路总长140万千米。一条横贯加拿大的高速公路已于1971年全线通车,公路全长7 725千米,是全世界最长的国家级高速公路。高速公路两侧设有很多休息区,干净、舒服、亲切,设有加油站、卫生间、座椅、零售店、咖啡店、旅游纪念品商店等。有的休息区还会有小型展览等,让人既得到了休息,又能学到知识。

加拿大城市内交通情况非常好,便于游客出游。比如温哥华市公交网络遍及全城,出行十分方便。公交车、架空列车和海上巴士车票可通用。公交为无人售票车,乘车时可在司机或投币处拿取转车票,凭票可在1.5小时内免费不限次转乘票价相同的公交车、架空列车和海上巴士。公交车的设计也非常人性化。车头底板可以升降,当有老人或残疾人上车,或有坐轮椅和推手推车上车的人,司机就会将车头底板调低,方便其进入,像多伦多、温哥华等旅游城市都有旅游观光车,在城市主要观光点停车,游客可以随时上下车。

通信信号除了落基山山区、北部地区外,全部覆盖,没有覆盖的地区也会有明确的说明,让人们提前做好相应的准备。

城镇都设有信息中心,资料非常丰富,城市地图、景区分布图、景区详图、重要节事介绍、酒店宾馆介绍、美食餐馆等,可谓应有尽有。

环境保护是旅游业可持续发展之根

加拿大的森林覆盖面积占全国总面积的44%,居世界第二。加拿大通过法律、行政、技术等手段有力地保护着自然生态环境。走到哪里看到的都是树木、草地、湖泊、河流、大片农田,几乎没有裸露的地面。在加拿大,还能经常看到成群结队的动物,如小松鼠、野鹅、海鸥、鹿、山羊等,他们和人们和谐相处。加拿大现在拥有40多个国家公园,用来保护特殊的地貌、动物和植物。加拿大国家公园在资源利用方面值得学习和借鉴。国家法律规定不排斥在国家公园内开展旅游活动,但要把旅游活动放到次要地位,游憩必须在维护生态完整性基础上进行。一般公园划分为5带:特殊保护带、原始生境带、自然环境带、户外游憩带和公园服务带。

如赖丁山国家公园内有一个综合服务区,包括行政管理中心、游客服务中心、各种特色纪念品店、咖啡店、公共卫生间、停车场、电影院等。在公园的外围区的树林中建有多个小木屋区,开然有序。小木屋周围就是森林,没有围墙和铁丝网,有时会看到鹿,甚至黑熊。公园中也设有专门的露营区,提供水源、电源以及排水设施,每年6月到9月,周边地区的很多家庭就会带着他们的露营车或房车来到这里。冬天游客还可以参加滑雪、滑冰等活动。

为了防止动物横穿公路时被汽车撞到,因此还在高速公路两侧加上铁丝网,同时为防止野生动物的迁徙通道被阻,影响他们的捕食和繁殖,在高速公路上每隔一定的距离修建供动物来回走动的地下通道和地上桥。地上桥的设计是桥面中间低,两边高,甚至还在两边种上了草和树,这样当动物从桥上走过时看不到疾驰而过的汽车,车上的人也看不到动物,避免了对动物的惊扰。

加拿大的公园大多实行年票制,凭年票可不受限制地进出公园,这些收入都用到公园的基础设施建设、维护中及动物、植物的保护中。

深入挖掘资源是旅游业发展的动力之源

在利用旅游资源开发方面,能够充分利用各种资源,深入挖掘内涵,将旅游景点有机组合,不断推陈出新,用各种手段包装成旅游精品,才使得旅游业不断发展。首都渥太华议会大厦被作为一个旅游景点对外开放,游客可以参观中央区和东区大厦内部,实行不同批次的法语和英语的免费导览。同时,还可以登上雄伟的和平塔,从高塔俯瞰渥太华实景。

太平洋铁路公司当年修建铁路时费尽千辛万苦,1885年11月7日终于在最后一口钉的地方将东西两边修建的铁路连接起来,最后一口钉的地方如今已经被旅游业利用,成为加拿大西部旅游线路上的必游景点。

尼亚加拉瀑布是世界著名的旅游景区,但仅仅观赏大瀑布和乘坐"雾中少女号"游船显得过于单一。然而将周边小镇、葡萄酒庄整合和大瀑布形成一日游线路后,每年到大瀑布的游客都有近1200万人次,大瀑布给他们很深的印象,其他景点也丰富了他们的旅游经历。

温哥华卡皮拉诺吊桥公园最具特色的是它拥有号称世界最长的吊桥,全长137米,高69米,可承载1 333人。2004年公园又建成了树桥和树屋,方便游客从不同角度欣赏公园美景。2011年6月3日该公园又推出了激动人心的213米长、91米高的悬崖步道,窄窄的木桥、木台阶、透明玻璃为底的突出观景台高悬在卡皮拉诺河边壁立的悬崖上。该公园通过不断地推出新的旅游项目使得它一直成为温哥华的顶级旅游景点之一。

思考:加拿大成熟的旅游业,有哪些是值得我们借鉴的?

加拿大国土辽阔,拥有丰富多彩的旅游资源,自然景色优美,原始森林茫茫如海,崇山峻岭雄奇旖旎,江河湖海秀美多姿,冰雪世界广袤千里,这都吸引着外国游客。同时加拿大政府十分重视对旅游资源的开发、保护、利用,先后在全国各地开辟了数以百计的自然和古迹保护区。

(1)渥太华

渥太华是加拿大的首都,是加拿大政治、经济、文化和交通中心。渥太华又称"郁金香城",环境优美,是世界上最美的首都之一。现代化建筑拔地而起,议会大厦、联邦政府、最高法院三座大厦鼎足而立。国家美术馆、全国科学技术博物馆、人类科学技术博物馆、人类博物馆、自然博物馆、国家军事博物馆、国家航空博物馆、邮政博物馆、国家图书馆等分布在城市。雄伟的教堂随处可见,这里还有世界上最早的步行街——斯帕克大街。

渥太华是一座多元化的城市。该城市的主要景点有国会山庄、丽都运河、中央实验农场、人类文明博物馆、加拿大国家美术馆等。如果5月中旬来到渥太华旅游,正是郁金香节,繁花似锦,遍布城市的每个角落。

(2)多伦多

多伦多是加拿大最大的城市和重要港口,是全国金融、商业、工业、文化中心之一。多伦多教堂众多,有"教堂城"之称。多伦多旅游资源丰富,有世界最高的多伦多国家电视塔、古老的卡萨·罗玛古堡、原始的开拓者村庄、现代化的天虹体育馆(世界第一个天顶盖全自动开关的体育馆)、派拉蒙加拿大游乐园(加拿大最大的露天游乐场)等。多伦多市秀丽的景色和市民的微笑和热情深深吸引着八方来客。

(3)温哥华

温哥华位于不列颠哥伦比亚省西南部,加、美边境北侧,是太平洋沿岸最大的港口城市,国际贸易的重要中转站,世界主要小麦出口港之一。教育十分发达,有著名的不列颠哥伦比亚大学和西蒙弗雷塞大学。该市的华人社区是北美最大的华人社区之一。该城市冬暖夏凉、四季如春,是加拿大也是全世界气候条件最好的城市之一。城市风景如画,成功地融合了乡村风貌和城市文明,广大的绿地,良好的治安,宁静与祥和的气氛,让很多游客念念不忘。著名的景点有斯坦利公园(世界知名的城市公园之一,有北美洲第三大水族馆)、海洋博物馆、加拿大大厦、海洋生物中心等。温哥华已经成为世界著名的旅游城市。

(4)蒙特利尔

蒙特利尔是加拿大第二大城市,位于魁北克省南部,圣劳伦斯河下游河岸,是全国最大的海港和金融、商业与工业中心,是全国铁路、航空总站所在地,有著名的蒙特利尔大学、麦吉尔大学。蒙特利尔市是北美旅游区唯一以讲法语为主的大城市。城市承袭了较多欧洲文化,使其具有浓厚的欧洲色彩,也是全北美最具浪漫风格的城市之一。城内各种精美的雕塑林立街头,使人宛如走入艺术的殿堂。城内有北美最大的教堂,外观华丽,造型精美,气势壮观。城市大大小小、风格各异的教堂构成引人注目的文化奇观,数量之多甚至超过了古城罗马。著名的教堂有圣约瑟夫大教堂和圣母大教堂。市内的圣凯瑟琳街、圣劳伦斯街、圣丹尼斯街等是独具特色、风格各异的商业区。1967年举办了规模宏大的世界博览会,还承办了1976年的奥运会,奥林匹克城、万国博览会旧址也成为著名景点。此外,还有著名的蒙特利尔美术馆,白求恩广场还醒目地矗立着中国人民赠送给加拿大的汉白玉白求恩雕像等。

(5) 班夫国家公园

位于加拿大艾伯塔省西南与不列颠哥伦比亚省交界的落基山脉东麓，面积6 400平方千米，是加拿大的第一个国家公园，以冰峰、冰河、湖泊、高山、草原和温泉闻名，奇山秀水，是著名的避暑旅游胜地。位于公园中部的路易斯湖，湖岸群山环抱，层峦叠翠，山顶白雪覆盖，山腰林海茫茫，倒影湖中，景色迤逦，随着太阳光线的强弱，湖水由蓝变绿，湖面碧透，清澈照人，宛如翡翠，又名翡翠湖。夏日炎炎之时，漫步湖畔，微风拂面，寒气袭身，酷暑顿消。坐落在湖畔的"古堡酒店"，外观古色古香，内部豪华舒适，透过窗户，可欣赏湖光山色美景。班夫镇上的艺术中心和博物馆，有印第安人搭起的舞台，优美的印第安歌舞，令人流连忘返。公园内还有现代化宾馆、汽车旅店和林中营地、温泉浴室、温泉游泳馆、登山俱乐部、滑雪俱乐部等旅游设施。

(6) 魁北克城

魁北克城是北美的一座历史名城，300多年前的城墙便是一个有力的见证。由于此地原是法国的占领地，故一切都保留着浓厚的法国色彩，居民之中90%是法国后裔。魁北克城分为旧城和新城两部分，旧城全由城墙包围，新城则在城墙以外。重要的建筑有由克劳德·伯利弗设计，始建于1688年的维多利亚圣母教堂(1759年曾被焚毁，后重建)，1625年建造的耶稣会教士修道院，1629年建造的清教徒修道院，1624年建造的乌尔苏里纳教派修道院和1663年建造的神学院等，至今仍然保存完好，是北美地区的宗教活动中心之一。1985年魁北克被列入《世界遗产名录》。

(7) 爱德华王子岛

爱德华王子岛位于加拿大东部，坐落在圣劳伦斯湾南部，同北美洲大陆隔着诺森伯兰海峡(长约209千米，最宽处为54千米)，海岸曲折深入，小岛两岸，碧波荡漾，沙滩雪白，旅游业高度发达，是著名的旅游胜地。爱德华王子岛有圣劳伦斯湾公园之称。岛上气候温和，植被茂盛，农业、渔业发达，长长的沙滩，是游泳和日光浴的理想场所。岛上有许多仿建的英国名胜，匠心独具，颇具韵味。伦敦塔规模为英国原建筑的1/6左右，花费5年时间建造，于1971年完工开放。塔体主心为白塔，塔内陈列英国历代国王、王后的衣冠、宝剑复制品。约克·明斯特教堂为原建筑的1/20，100多扇窗户上镶嵌着数千块彩色玻璃，富丽堂皇。另有邓维甘城堡、莎士比亚故居等仿古建筑。岛上还建有完备的娱乐场、游览场和旅游服务设施，每年夏天接待70多万游客。

(8) 多伦多电视塔

多伦多电视塔是多伦多市和加拿大国家的象征，建于1976年，塔高553米，是世界上著名的高塔。塔由下至上分为地面层、高空阁楼、太空甲板和天线四部分。地面层有餐厅、酒吧、礼品店和电影厅，四周环绕着花园和喷水池。高空阁楼的外形酷似一个巨型的轮胎高悬于346米的高空处，是塔的心脏区，有高空旋转餐厅，约一小时旋转一周，可容纳425人同时用餐，还有室外和室内瞭望台。太空甲板距地面447米，是专为满足游客"欲穷千里目，更上一层楼"的游兴而设，为一间可容纳60人的圆形建筑。在此纵目远望，视距可达160千米，距离遥远的尼亚加拉大瀑布，亦隐约可见。

本章小结

本章主要讲述了美国和加拿大的自然地理和人文地理特征,以及它们的发展历史和政治、经济面貌,并对其独特的移民文化和土著文化产生的民风民俗、饮食、重要节日、礼仪禁忌进行了阐述,剖析了两国著名的旅游城市和具有代表性的人文景观和自然景观。

复习思考题

1. 美国的旅游环境有何特征?
2. 加拿大的旅游环境有何特征?
3. 在旅游服务接待中,对美国客人应该注意哪些风俗习惯?
4. 在旅游服务接待中,对加拿大客人应该注意哪些风俗习惯?
5. 美国有哪些著名的旅游城市和旅游景点?

案例分析

遭到全球变暖威胁的北极熊

北极熊身上厚厚的白色皮毛和脂肪层足以使其抵挡北极的严寒,以在北极的雪原和浮冰上狩猎为生。北极熊是游泳健将,也是一种喜好独来独往的食肉动物。由于它以浮冰为家,而浮冰会随时漂浮,因此会将北极熊带到遥远的地方。在靠近北极的5个国家,即美国(阿拉斯加州)、加拿大、丹麦、挪威和俄罗斯的北极海岸线和海岛上都能见到北极熊活动的踪迹。北极熊是依然生活在原始环境的唯一动物。野生北极熊的数量估计有20 000只。

然而,即便是在看似原始的北极环境中,北极熊也受到了扰乱其荷尔蒙的化学物质的扩散和全球变暖趋势的威胁。全球变暖趋势影响着北极冰层的生态系统,也影响着海象、海豹以及北极熊的生存环境。

全球变暖趋势可能已对北极熊的生活造成负面影响。根据加拿大环境部野生动植物保护署提供的一份报告,生活在加拿大哈德逊湾的北极熊的数量一直在减少。目前,哈德逊湾冰块融化时间比20世纪中期提早了3个星期,迫使北极熊向内陆深处后撤,而此时它们尚未通过生活在冰块上的小海豹补充体内的脂肪储存。

生活在哈德逊湾的北极熊的独特之处在于,冬眠期间,它们往往禁食6~8个月,因此全靠冬季狩猎维持生存。如北极的夏季无冰期延长,北极熊就只得饥肠辘辘地待在岸上,而且这种难熬的日子也长得多。由于结冰期迟迟不到,北极熊就无法获得对其生死攸关的脂肪储存,而这会影响北极熊的繁殖。科学家已有足够证据证实,由于以上原因,北极熊的生育能力下降了15%。

为了采取全球性行动保护地球上生物的多样性,联合国环境规划署执行了全世界涉及面最大的协议——《濒危野生动植物种国际贸易公约》。该公约于1973年通过,两年后正式成为一部国际法。

结合上述案例,谈谈你对旅游与环境的认识。

参考书目

[1]夏尔·阿列克西·德·托克维尔.论美国的民主[M].董果良,译.北京:译林出版社,2012.

[2]张煜.中美"伙伴关系"外交的比较研究[D].北京:外交学院,2012.

[3]"The Dragon and the Tigers: China and Asian Regionalism". Hugh De Santis. World Policy Journal. 2005.

[4]朱世达.当代美国文化[M].北京:社会科学文献出版社,2006.

[5]J. D. 亨特著.文化战争[M].安荻,等译校.北京:中国社会科学出版社,2007.

[6]王晓德著.美国文化与外交[M].董果良,译.北京:世界知识出版社,2008.

[7]朱世达主编.当代美国文化与社会[M].董果良,译.北京:中国社会科学出版社,2009.

[8]马库斯·拉斯金.民主与文化的反思[M].周丕启,王易,等译.北京:新华出版社,2011.

5

大洋洲客源国概况

教学目标

知识目标

通过本章的学习,了解澳大利亚和新西兰的自然环境和社会概况,了解澳大利亚、新西兰两个国家的历史和文化,掌握两国的主要风俗习惯,熟悉其主要旅游资源。

能力目标

通过本章学习,掌握两国的文化习俗,以指导自己的接待工作;熟悉两国的旅游资源,能够学会初步设计澳大利亚和新西兰的经典旅游线路。

导入案例

　　为宣传大堡礁,推动当地旅游业的发展,2009年1月10日,全世界各大媒体几乎在同一时间报道了一条消息:澳大利亚昆士兰旅游局将在全球范围内招募一名大堡礁看护员,工作时间自2009年7月1日开始,为期半年,薪水15万澳元(约合人民币70万元)。申请人只要制作一个长度不超过60秒钟的应聘视频,并于2月22日之前上传就可以了。评选小组将结合网络投票的结果,挑选出11名候选人前往澳大利亚参加面试,最终决出一名优胜者。他(她)的职责包括探访大堡礁附近的诸多岛屿,亲身体验各种探险活动(包括扬帆出海、划独木舟、潜水、海岛徒步探险等),以及担任兼职信差(借机从空中俯瞰整个大堡礁),并把自己的亲身经历以文字和视频的方式记录下来,并上传至博客。边玩边挣大钱,听上去很美是吧? 昆士兰旅游局干脆把这个职位称作"世界上最好的工作"。在金融危机席卷全球的时代,这个称谓吸引了很多人的关注,应聘网站在开通后的第三天就因为登陆者太多而瘫痪了。这则招聘吸引了来自全球200个国家和地区近35 000人竞聘,包括515名中国人。5月6日,来自英国的一名应聘者最终入选,获得了这份"世界上最好的工作"。

　　结合上述案例,谈谈你对澳大利亚旅游业的看法。

5.1 澳大利亚

5.1.1 澳大利亚自然环境

澳大利亚位于南半球印度洋于太平洋之间,和南极洲隔海相望。她是由澳大利亚大陆、塔斯马尼亚岛和一些小岛组成的。澳大利亚面积769.2万平方千米,居世界第6位,占大洋洲面积的85%,是世界上唯一一块由一国独占的大陆,海岸线长达36 735千米,平均海拔为330米,在全球大陆中是最低的。它的最高点是海拔2 230米的科西阿斯科峰。

澳大利亚气候的主要特征是炎热干燥、雨量较少。东部沿海一带降水丰富,为热带雨林气候和亚热带季风性湿润气候,极适合人类居住。所以全澳2/3的人口都集中在东南部沿海的几个大城市里。最热月份为1月,平均温度北方为29 ℃,南方为17 ℃。最冷月份为7月,平均温度北方为25 ℃,南方为8 ℃。

5.1.2 澳大利亚社会概况

5.1.2.1 人文概况

澳大利亚总人口约2 413万人(2016年),是一个由外国移民及其后裔组成的多民族国家,现有100多个民族。其中70%是英国及爱尔兰后裔;18%为欧洲其他国家人后裔;6%为亚裔,华人、华侨约56万人;土著居民占2.3‰。这里地广人稀,人口分布极不均匀,主要集中在澳洲大陆的东南角。土著人是这里最早的居民。居民中信奉基督教的占98%,少数人信奉犹太教、伊斯兰教和佛教。

英语为澳大利亚的官方语言,但随着历史的发展,其英语的发音和词汇已带有自身浓厚的特色。当地土著人使用土著语言。由于人口构成复杂,澳大利亚堪称"人种、民族、语言的博物馆"。澳大利亚人的平均寿命为81.4岁,仅次于日本居世界第二。

澳大利亚的福利制度

提起澳大利亚,人们马上会想到悉尼的阳光,墨尔本的古典,西澳的恬淡,塔斯马尼亚的神秘。澳大利亚赏心悦目的景观和污染较少的空气不仅吸引了大量的游客,同样也吸引了越来越多的留学生。澳大利亚自由轻松的气氛,优厚的社会福利待遇,逐渐成为吸引学生的主要因素。澳洲的社会福利就像它那里的阳光一样慷慨大方,普照着众生。

澳大利亚政府的津贴品种繁多,有家庭津贴、青年津贴、新开始津贴(失业者的福利)、生育津贴、免疫津贴、家长补助、子女补助、托儿津贴、住房补助、残疾儿童津贴、护理人补助、土著青年助学金、偏远地区儿童补助、健康护理卡、老年津贴、鳏寡津贴、残疾人津贴、老年优惠卡、老年健康卡、电话补助、退伍军人津贴、孤儿养育津贴、领津贴者的教育补助,等等。这样看,这些津贴虽然还没有详细到理发或买菜的程度,但是,基本上,各种困难的情况已经都能覆盖得到了。

在医疗方面,首先,所有的居民都享有医疗护理卡。凭着此卡,在公立的门诊、医院看病的医疗费(诊断和各种检查的费用)全免。比如说,做一次超声波或X光检查,你可能要在一张100多元的单据上签个字,而这笔钱就全由政府来支付了。人们认为,任何人都有权利免费了解自己的健康状况。低收入者以及领某些津贴的人,都可以申请到健康护理卡,拿这个卡,每次买医生开的药,你只需付3块多钱(普通的处方药都是11元左右)。如果你在一年内的药费超过了166元,那么下一年的药费就全免。享受不到健康卡的人,基本上就是已经富裕到买得起健康保险的程度了。福利的重任,就托付给保险公司来承担了。

在澳洲,老年人的日子都过得比较潇洒。这里的老人,很多都是独立生活,所以开销也并不小。一般情况下,政府的养老金能保证最基本的日常消费,但是,人们更多地还是依赖自己的退休金。澳洲人的工资大约有10%不发给本人,而是存起来,作为以后的退休金。这样,很多人在退休时都存有十几万或几十万的数额。所以,当看到老人们三五成群地去老年俱乐部玩,你就知道他们不仅有这份本钱,而且也有这份心情。

现在,澳洲的福利制度已经成为一些发展中国家效仿的典范。但是,这一样东西却和产品、科技不同,很难能不伤筋骨地全盘端走。首先,你的硬件必须先配套了。澳洲税务制度的完善和网络的发达,许多国家一时半会儿是配置不齐的。有时,当你去跟这些政府部门打交道时,可能人家都不问你尊姓大名,只要你报上一串数字,然后,你的财产、收入、家庭、工作等情况就都会一目了然。这样,你跟政府隐瞒不了,政府对你也亏待不得。有了这样的硬件环境,这种福利制度才能保证不出偏差,正常运行。

分析:澳洲福利制度形成的环境。

澳大利亚划分为6个州(新南威尔士、维多利亚、昆士兰、南澳大利亚、西澳大利亚和塔斯马尼亚)和2个地区(北部地区和首都直辖区)。

(1)国名:澳大利亚联邦(The Commonwealth of Australia),简称澳大利亚(Australia),欧洲人在17世纪初叶发现这块大陆时,以为这是一块直通南极的陆地,故取名"澳大利亚",Australia 由拉丁文 terra australis(南方的土地)变化而来。

(2)国旗:澳大利亚国旗是长方形,长与宽之比为2∶1。旗底为深蓝色,左上方是红、白"米"字,"米"字下面为一颗较大的白色七角星。旗的右边为五颗白色的星,其中一颗小星为五角,其余均为七角。国旗的左上角为英国国旗图案,表明澳大利亚与英国的传统关系。一颗最大的七角星象征组成澳大利亚联邦的六个州和两个联邦领地(北领地和首都领地)。五颗小星代表南十字星座(是南天小星座之一,星座虽小,但明亮的星很多),表明该国处于南半球。

(3)国徽:澳大利亚国徽上方是一个蓝、白相间的花环和一颗七角星;澳大利亚国徽左边是一只袋鼠,右边是一只鸸鹋,这两种动物均为澳大利亚特有,中间是一个盾,盾面上有六组图案分别象征这个国家的六个州。红色的圣乔治十字形(十字上有一只狮子、四颗星),代表新南威尔士州;王冠下的南十字形星座代表维多利亚州;蓝色的马耳他十字形代表昆士兰州;伯劳鸟代表南澳大利亚州;黑天鹅象征西澳大利亚州;红色狮子象征塔斯马尼亚州。盾形上方为一枚象征英联邦国家的七角星。国徽底部的绶带上用英文写着"澳大利亚"。一丛丛黄、绿两色的金合欢含苞怒放,花团锦簇,展示了南半球四季常青的迷人景象。

(4)国歌:《澳大利亚,前进》。

(5)国花:金合欢。

(6)国鸟:琴鸟。

(7)国树:桉树。

(8)首都:堪培拉。

5.1.2.2 简史

澳大利亚是"古老土地上的年轻国家",只有200多年的历史。这里原为土著人居住。17世纪初,西班牙人、葡萄牙人、荷兰人先后到达这里。1770年英国航海家詹姆斯·库克船长抵达这里,宣布为英国殖民地。1788年1月26日英国航海家菲利普首批移民1 500多人(其中有700多名流浪犯)抵达悉尼湾,并在悉尼湾海岸建立第一个殖民地,命名为悉尼,后来这一天被定为澳大利亚国庆日。19世纪中叶,大陆全境逐渐成为英国的殖民地。1901年1月1日,澳大利亚各殖民区改为州,组成澳大利亚联邦,成为英自治领。1931年成为英联邦内的独立国家。1986年,英国议会通过《与澳大利亚关系法》,澳大利亚获得完全立法权和司法终审权。

5.1.2.3 政治

澳大利亚名义上的国家元首是英王或者英女王,英王或英女王任命总督为其代表,但澳大利亚总督实际上不干预政府的运作。澳大利亚政府为联邦制,有六个州及两个领地(北领地和首都领地),各州设有州长,负责州内事务。澳大利亚政府由众议院多数党或党派联盟组成,每届政府任期三年。内阁是政府的最高决策机关,现共有30名部长。国家最高的行政领导人是总理。澳大利亚的选举制度十分完善,宪法规定,联邦议会有英国女王、众议院、参议院组成。

5.1.2.4 经济

澳大利亚是一个后起的发达资本主义国家,经济以农牧业、采矿业和制造业为主,但服务业比重在逐渐增加,旅游业在澳大利亚经济中占有重要地位。

澳大利亚矿产资源丰富,是世界重要的矿产资源生产国和出口国。澳大利亚已探明的矿产资源多达70余种,其中铅、镍、银、钽、铀、锌的储量居世界首位。澳大利亚是世界上最大的铝矾土、氧化铝、钻石、铅、钽生产国,同时也是世界上最大的烟煤、铝矾土、铅、钻石、锌及精矿出口国,第二大氧化铝、铁矿石、铀矿出口国和第三大铝、黄金出口国。

澳大利亚的气候比较干燥,近70%的土地是旱地,草原平坦辽阔,适于大面积发展畜牧业。在牧区,经常可以看到成群放养的羊群和牛群。"羊比人多"是澳大利亚草原的真实写照。牧场分布广、规模大、地广人稀,机械化程度较高。澳大利亚是发达国家,其工业的现代化造就了现代化的大牧场;地下水资源丰富,为发展畜牧业提供了有利条件,羊的数量约在1亿7 000万只,澳大利亚的羊只数量占全世界总数的1/6,羊毛产量居世界第一位,人们形象地称澳大利亚是一个"骑在羊背上的国家"。澳大利亚原本没有一只羊。18世纪后期,欧洲移民第一次带了29只绵羊。由于这里草原良好,气候干燥,适于绵羊生长和繁殖,到了19世纪20年代,绵羊数量达到6 000万只!

澳大利亚农牧业发达,农牧业产品的生产和出口在国民经济中占有重要位置,是世界上最大的羊毛和牛肉出口国。2009—2010年度,农牧业产值274亿澳元,占国内生产总值2.1%。主要农作物有小麦、大麦、油菜籽、棉花、蔗糖和水果。2009—2010年,小麦产值48亿澳元,大麦14亿澳元,羊毛19亿澳元。

5.1.3 澳大利亚节庆与习俗

5.1.3.1 节日

(1)新年:1月1日。
(2)国庆:1月27日。为纪念白人进入澳大利亚的建国纪念日。
(3)复活节:3月28日—31日,从28日耶稣受难日开始,为期4天。
(4)澳纽兵团日:4月25日,为纪念一战中被英国借派的澳大利亚新西兰联合军在土耳其卡利波里半岛的决死登陆而设。
(5)女王诞生日:6月9日,伊丽莎白女王生日,假日设在6月的第二个周一以便连休,西澳大利亚是9月29日。
(6)圣诞节:12月25日。
(7)开盒节:12月26日,打开圣诞所赠礼盒的日子,在南澳大利亚,成为"宣告节"。

5.1.3.2 饮食

家庭中一般是三餐加茶点。早餐(7~8点),主要食物有牛奶、麦片粥、火腿、煎蛋、黄油、面包;午餐(中午12:30~1:30),多食快餐,通常食冷肉、凉茶、三明治、汉堡包、热狗等;晚餐(晚7:30左右)是一天中的正餐,食物丰盛,多有凉菜和经炖煮、烧烤的肉食等,并饮用配餐酒或啤酒等。

早茶(10:30左右),午茶(下午4点左右),以咖啡和茶为主,加上饼干、小点心等甜食。澳大利亚的饮食习惯和英国人相似,但更喜欢吃鱼类的菜肴,对中餐非常喜欢,一些大城市都有很多中餐馆。澳大利亚人十分喜欢野餐,野餐通常以烤肉为主,在室内进餐,也喜欢烤肉。

5.1.3.3 礼仪

在澳大利亚,白种人占95%以上,其中绝大多数为英国血统,其余为意大利、希腊等国移民的后裔。这一人口结构自然形成了接近英国传统的习俗。

长期居住在这片土地上的土著人有着许多风俗。文身不仅是吸引异性的身体装饰,而且具有宗教意义并获得辟邪的魔力。文身还常常表示一个人的年龄、图腾和功绩。

澳大利亚是个环保意识极强的国家。人们不会随地乱扔垃圾,爱护小动物,为了更好地爱护环境,人们日常生活的饮用水全部来自自然降水,地下资源仍完好如初。

文中案例

感受澳大利亚的环保文化

最近,瑞士人力资源信息及顾问机构 ECA International 公布2015全球最宜居城市排行榜,其中澳洲城市闪耀榜首,前10位中有6个澳洲城市,即悉尼、阿德莱德、布里斯班、惠灵顿、堪培拉和珀斯,墨尔本虽位列11位,却是特别令人向往的城市。因为在英国权威金融杂志《经济学人》智库最近4年颁布的世界最宜居城市排名中,墨尔本连续4年均居榜首,阿德莱德、悉尼与珀斯均入榜单前10名。以空气质量为主的生活环境因素是两个评判机构调查分析与排名的重要依据,早已赢得"花园国家"美誉的澳大利亚,其清爽的空气和优质的生活环境不容置疑。因此,澳大利亚在世界最宜居城市排行榜中,能有这么多城市位列前茅,是顺理成章的事。

澳大利亚空气清新而纯净、天空清澈而高远、海水清澄而湛蓝,仰望剔透的天空,白云朵朵,远眺开阔的海面,旖旎迷人,俯视海中的珊瑚,瑰丽多彩,漫步城市街道,平整而洁净,放眼远山丛林覆盖,近看社区红房绿树花木葱茏,走进树林珍禽异兽目不暇接;几乎每个院落都是花园之家,几乎每座城市都是花园城市,自然,澳大利亚整个国家宛若花园之国。

拥有健全完善的环境法制体系

澳大利亚也曾有过资源使用不当、造成生态沙化的沉痛教训。因此早在半个世纪前当局就认识到环境问题的重要性,明确提出"打扫澳大利亚"的口号,并立即从环境规划与污染控制、保护自然与人文遗迹、开发与管理自然资源和在相关法律法规中确定环保内容等4个方面入手,先后颁布了《环境保护法》《臭氧层保护法》《全国环境保护委员会法》《国家公园和野生生物保护法》等50多部环保法律法规,还有《清洁空气法规》等20多部行政法规;各州的地方环保法规多达百余部,如拥有全国70%制造业的维多利亚州和新南威尔士州分别制定有《环境保护法》与《环境犯罪和惩罚法》等,有效地控制了环境污染。澳大利亚的环保法规具有重在预防、可操作性强、处罚严厉、激励民众参与并以经济措施鼓励环保行动等特点。

舍得投入，"环保警察"、"环境法庭"及"环境会计审计制度"

澳大利亚每年的环保投资高达百亿美元，超过GDP的1.6%，维多利亚环保局每年的经费预算为3 200万美元，除小部分源自排污费外，大部分由州政府拨款。在环保投资中，大量资金用于污水和垃圾处理，不到200万人口的布里斯班就有14个污水处理厂，不仅循环利用处理过的生活与工业废水，而且对排入大海的废水也都经过了严格的无害化处理，以保持海滩与海水的洁净。政府舍得投入体现了政府对环保事业的足够重视。联邦、州、市设有三级环保机构，联邦政府设有500名人员的环境与遗产部，各州环保局均逾千人。为掷地有声地执行环境法，各州在强化监管的同时，环保局都组建了相当规模的"环保警察"（SEPP）队伍。他们统一着装、佩戴臂章、专司环境执法，极具权威性；陈先生所在的维多利亚州就有120名"环保警察"，约占州环保局总人数1/3；这个州环保局的工作人员多数都有当过环保警察的经历。澳大利亚联邦和州设有两个法院系统，按照各自的法律行使审判权。

环境意识强烈，全民环保蔚然成风

"环境并非是我们从祖辈那里继承来可以随意处置的遗产，它是我们从子孙那里暂时借用的住所，我们只有代为守护的责任，而没有损毁破坏的权利。"这是一位环保学家的名言，如此觉醒的环保意识在澳大利亚社会早已蔚然成风。事在人为，澳大利亚人对生存环境怀有极度珍爱的深情，对子孙后代更有高度责任感。"澳大利亚的环保教育贯穿于幼儿园、学校、家庭及公民教育的全过程，不同年龄段的公民可从多种渠道、多个层次受到良好的环境教育，因此民众拥有强烈的环保意识和明确的环保观念。"

绿色环保组织和志愿者团体非常活跃

澳大利亚人不仅自觉严格遵守环境法规、视环保为自己的责任和义务，而且主动参与环境宣传与监管。最大的社区环保组织"清洁澳大利亚"成立于1987年，组织创始人是帆板运动员柯尔南，因为他在扬帆之际曾看到海面浮有垃圾等污染物，于是发起成立了这个组织，并将每年3月4日定为"澳大利亚清洁日"。其实，他们清理水道、海滩和美化公园、社区的行动已经常态化，并不拘泥于3月4日。"清洁澳大利亚需要你"是他们的响亮口号。成立于1982年的Conservation Volunteers Australia（简称CVA），也是著名的非牟利环保志愿团体，CVA把环保意识推到全世界，他们推出的"环保体验"计划吸引了数千名国际环保人士参加，特别是许多欧美学生利用假期来到澳洲做环保义工，因此，都谈论澳洲的环境之美不能忘记他们的贡献。还有"绿色力量"组织，他们大力支持国家开发太阳能、风能、水能、海底可燃冰等低碳或零碳新能源项目，并对使用可再生能源的企业开展认证，他们在积极支持全国各地推广新能源的事业中功不可没。

思考：澳大利亚的环境保护是世界典范，拥有令人美慕的环保文化，结合我国国情，试想哪些是值得我们学习与借鉴的？

澳大利亚人很讲究礼貌,在公众场合从来不大声喧哗。在银行、邮局、公共汽车站等公共场所,都是耐心等待,秩序井然。握手是一种互相打招呼的方式,拥抱亲吻的情况较罕见。澳大利亚社会上同英国一样有"女士优先"的习惯;他们非常注重公共场所的仪表,男子大多数不留胡须,出席正式场合时西装革履,女性是西服上衣西服裙。澳大利亚人的时间观念很强,约会必须事先联系并准时赴约,最合适的礼物是给女主人带上一束鲜花,也可以给男主人送一瓶葡萄酒。澳大利亚人待人接物都很随和。

5.1.3.4 禁忌

澳大利亚人忌讳数字"13"和星期五;对兔子以及兔子图案特别忌讳,认为兔子是一种不吉利的动物,人们看到它都会倒霉。喜欢袋鼠、琴鸟和金合欢图案。澳大利亚人忌讳对人眨眼。此外,也不可竖大拇指对其表示赞扬(可能被视为下流动作),与他们交谈时,多谈旅行、体育运动及见闻。

5.1.4 澳大利亚旅游资源与主要旅游地

旅游业是澳大利亚发展最快的行业之一。著名的旅游城市和景点遍布澳大利亚每个角落。霍巴特的原始森林国家公园、墨尔本艺术馆、悉尼歌剧院、大堡礁奇观、土著人发祥地卡卡杜国家公园、土著文化区威兰吉湖区及独特的东海岸温带和亚热带森林公园等景点,每年都吸引着大批国内外游客。

(1) 黄金海岸

澳大利亚四面环海,海岸线绵长,拥有许多优良的海滨浴场,其中以东海岸昆士兰州内一段长约32千米的沙滩"黄金海岸"著称于世,它是澳大利亚首屈一指的避暑胜地。

(2) 大堡礁

大堡礁被誉为海底花园,是世界上最大的珊瑚礁群,在约克角以南绵延2000多千米,沿岸一带海底分布着千姿百态、色彩斑斓的珊瑚礁,形成大堡礁,它包括大小600余个岛屿,面积为25万平方千米,成为举世无双的海底大花园,被列为世界七大自然景观之一。在大堡礁的范围中最有名的是一个叫绿岛,是这座海底大花园的中心。岛上房舍精巧,布局典雅,流水潺潺,鸟语花香。参观大堡礁奇景可进入通向海底的瞭望室,也可乘坐用玻璃钢做船底的游艇有选择地观看。

(3) 珍禽异兽

澳洲远离其他大陆,其生物演化途径与其他各洲地迥然不同,至今还保存着一些珍禽异兽和许多古老的物种,堪称"世界活化石博物馆"。其中最有名的是鸭嘴兽、考拉、袋鼠和琴鸟。墨尔本东南数十千米处有一个菲利普岛,是世界上著名的海上野生动物保护区,栖息着小企鹅。

(4) 荒漠三绝

艾尔斯独石山长3 500米、宽2 000米、高347米,是世界上最大的独立巨石,这块巨石孤立在平坦的荒漠之中。在阳光的照耀下,巨石时而通红,时而澄黄,景象万千,被土著人奉为神明的化身,尊为神岩。艾尔斯独石山向西约24千米处的奥加斯山,有28块圆形的大岩石组成,从空中望下去,仿佛是一堆大大小小的馒头。艾尔斯独石山东北约300千米处,有艾丽思温泉小镇。

(5)堪培拉

澳大利亚首都,举世闻名的花园城市,街道纵横交错,井井有条,美观舒畅,是现代化城市规划的结晶。它有许多雄伟的具有历史意义的建筑,其中包括国会大厦、国立图书馆、澳大利亚国立美术馆和令人难忘的战争纪念馆。这个由美国建筑师沃尔特·贝理·格里芬(Walter Burley Griffin)设计的城市,和澳大利亚其他州相比是非常小的,南北长80千米,宽30千米,坐落于格里芬湖的岸边,四周森林环绕、绿意盎然,有"天然首都"之称。堪培拉全城犹如一座大花园,以城市设计师命名的人工湖——格里芬湖长约8千米,湖中喷泉水柱高达137米,从城市的各个角度均可见其高大的白玉水柱直冲长天。

(6)悉尼

它是澳大利亚最大的城市和港口,被称为澳大利亚"最古老和最时髦的城市",有"澳大利亚门户"之称,是澳大利亚最大、最繁荣的城市,极具都市魅力,拥有白帆逐浪的海,细腻迷人的沙滩,街道处处野芳幽香,佳木秀丽,海鸥盘旋,有闻名世界的建筑艺术经典——悉尼歌剧院、悉尼塔、海湾大桥三大标志性建筑。

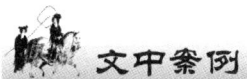
文中案例

悉尼歌剧院

悉尼歌剧院是从1955年起公开征求世界各地的设计作品,后来丹麦的建筑师JORNUTZON的设计被选中,于1973年正式竣工。它的外形犹如即将乘风出海的白色风帆,与周围的海洋景色相映成趣。悉尼歌剧院不但是澳大利亚最受欢迎的旅游热点,亦是一项建筑杰作。歌剧院是全世界最重要的演艺中心之一,吸引了约二百万人进场欣赏。歌剧院约每两星期举行一次特别的幕后讲解团,介绍布景厂、练习室、灯光装置等幕后设施,保证令你大开眼界。虽然澳大利亚与歌剧之乡的欧洲在地理上相距甚远,但澳大利亚人对歌剧的热爱也绝不逊色。澳大利亚每年上演近三百场歌剧,其中大部分在悉尼歌剧院举行。到悉尼歌剧院参观和看表演的人士,可在歌剧院内各间餐厅和小食销售点享用各式美食,由高级食府至舒适茶座都一应俱全。想选购纪念品或精品,可到低层大堂及大楼内各个商店细意挑选。金顶的悉尼塔建成于1981年,坐落在悉尼购物中心的中央点上,由56根重达7吨的巨缆支撑,是南半球最高的建筑。塔内有两个旋转餐厅、一个观赏层和一家咖啡馆,是能纵观市区全景的最佳观赏点。悉尼海港大桥是早期悉尼的代表建筑,它像一道横贯海湾的长虹,巍峨俊秀,气势磅礴,与举世闻名的悉尼歌剧院隔海相望,成为悉尼的象征。

(7)阿德莱德

是南澳洲的首府,澳洲第四大都市,人口约100万。是澳洲第一个自由殖民地也是澳历史上唯一不是犯人流放地的城市。每年11月,阿德莱德便成了方程式赛车、艺术节和葡萄酒节的举行地。因阿德莱德节日多而盛大,此城也有"节日之城"的美誉。同时因其产酒数量多,亦有人称阿德莱德为"澳洲酒城"。

(8)墨尔本

是澳大利亚第二大城市,是有"花园之州"美誉的维多利亚州(Victoria)的首府,也是澳大利亚的工业重镇。墨尔本以绿化、时装、美食、娱乐活动、文化及体育活动而著称。墨尔本的绿化覆盖率高达40%,维多利亚式的建筑物、有轨电车、各种剧院、画廊、博物馆以及绿树成荫的花园、街道构成了墨尔本市典雅的风格。墨尔本现在的人口约444万人(2014年),是移民聚居的城市。到澳大利亚的新移民大部分都前往墨尔本和悉尼。现在每年10多万名新移民抵达澳大利亚,其中约1/3在墨尔本定居。移民在墨尔本开始了他们的新生活,但同时也各自带来自己民族的传统和习惯。1/3的墨尔本居民为生于澳大利亚以外的移民,在墨尔本被使用的语言达70种之多,除主要语言英语,希腊语、意大利语、法语、西班牙语、中文、越南语、黎巴嫩语、韩国语等各种语言都有人使用。

文中案例

澳新成为世界上最廉洁的国家

澳大利亚与新西兰能成为目前世界上最廉洁的国家,一方面因为其政府机构少、公务员队伍规模小,便于进行监督管理;另一方面,主要在于两国对于腐败问题采取"零忍耐"态度,并相应采取了一系列行之有效的预防和惩治腐败措施。

一是高度重视预防工作。澳、新两国都认为事前预防腐败胜于事后处理,事后处理既费时费力,又花钱较多,且只能针对具体问题而不能针对整个系统。澳大利亚反腐败独立委员会定期分析评估各种风险发生的可能性及后果,并根据所有收到的材料逐一进行分析,画出风险管理坐标框架,负责向各部门发布近期腐败风险预防机制,以便调查部门和政府机构及时防范。两国十分重视对公务员的教育,有关部门将行为准则、价值标准、管理标准和腐败案例等编印成册或做成书签,下发给每位公务员,让他们清楚地知道,一旦腐败行为被发现,就会受到严厉追究,将会付出沉重代价。同时,两国十分重视对国民的教育,特别是对青少年的教育。除了政府相关部门规定的教育外,还与社会、媒体、家庭、民间团体的教育结合起来,让公民知道哪些行为是允许的,哪些是不允许的,遇到腐败问题如何处理,等等。他们的国民都有很强的守法意识,对维护法律也有着很强的责任感。

二是加强法规建设。澳大利亚三级政府都高度重视廉政法规制度建设,并根据反腐败工作任务需要不断修订完善。其反腐败法律法规制度大致分为4类:①规范约束公务员日常行为的法律,如《公务员法》《公务员行为准则》《财产申报法》《信息自由法》等;②与惩治腐败有关的法律,如《刑法》《禁止秘密佣金法》《公司法》《廉政公署法》等;③与保护举报人有关的法律,如《证人保护法》《保护政府内部举报人法》等;

④规范约束反腐败机构行为的法律,如《审计法》《1976年监察专员法》《警察法》《反腐败道德委员会法》等。以上4个方面构成了"预防优于惩治"的较为完整的法规制度体系。新西兰为规范公务员行为,也先后制定了《国家部门法》《雇佣关系法》《公务员行为准则》等法律法规。两国不仅法律规定十分具体,而且执行十分有力。澳大利亚对超出合理收入部分不能说明来源和理由的一律视为受贿;对行贿者除法律制裁外,还要处以3倍以上罚款;不得私自接受馈赠,禁止上级向下级借钱;公务员为其个人或其他利益相关人要求、接受、获取或同意要求、接受、获取任何财产或好处,使履行职权受到影响或损害,即构成犯罪,将处以两年以上监禁。不久前,澳大利亚联邦议会众议院议长彼得·斯利普因牵涉一起有关报销出租车票的欺诈行为而受到调查,被暂停了议长职务。

三是推行政务公开。澳大利亚大力推行政府信息公开,议会对政府的各项重大决策和财政预算进行监督,公众可以旁听议会的辩论,增加了公众监督的深度和广度;政府采购项目必须网上公示,有条件的企业都可以公平参与招投标,程序和结果向社会公开;公务员招聘全程公开,任何打招呼行为都有可能被投诉或举报;国家审计署对联邦所有公共资金、公共财产、公共资源的安全、合规性等进行审计评估,审计结果向议会报告,并在媒体上公开发表。新西兰中央和各地方政府都是"小而精"建制,省(区)级只负责保护本区域内的环境和国土资源,市级只负责提供交通、住房、供水、供电等生活服务,政府管理的范围和权限十分有限,在很大程度上避免了权钱交易和权力滥用。政府和议会的运作高度透明,《官方信息法》规定,在不危害国家利益前提下,任何在新西兰生活的个人或团体均有权获得政府的相关文件,保障了公众享有充分的知情权;议会每隔3个月都要通过网站公布一批国会议员开支情况,任何人都可以上网查看;所有正式会议都对公众开放,议员讨论和发言情况通过广播、电视等媒体同步向全国播放。

四是健全反腐机构。新西兰早在1962年就建立了廉政办公室,负责对政府部门、国会议员和政府公务人员的行为进行监督、审计和查处。澳大利亚在20世纪80年代,公务员腐败问题较为突出,政府官员以权谋私、逃税、社会保险欺诈以及贪污腐败等职务犯罪案件不断上升,腐败问题引起社会广泛关注。澳大利亚联邦及各州借鉴香港经验,相继成立了一批反腐机构,不断加强对腐败的预防和惩治力度。以新南威尔士州为例,州议会于1989年3月通过廉政公署法案,成立了州廉政公署,隶属于州议会,对州议会负责。廉政公署有权自行决定对州政府内阁部长、议员、法官、高级警员和高级公务员等立案调查,可以签发传唤令,搜查令和逮捕令,可以安装监听装置,拦截电话,办案人员可携带和使用武器。后来针对警察队伍中的腐败问题,州里又成立了皇家调查委员会和警队操守委员会,专门预防和查处警察腐败案件。州里还设有申诉专员制度,分为行政申诉、专项申诉两种,如行政申诉专员、保健申诉专员、法律服务申诉专员、人权隐私申诉专员等,甚至私管机构、行业也组织了由其自愿参加的行业协会性质的行业申诉专员,如电信、热力等,分别负责受理各类投诉。通过健全反腐机构和工作机制,把政府各部门和每个公务员的公务行为纳入了监督之列,对公众反映的违法行为均能及时有效地查处。

五是支持多方监督。①鼓励公众监督。公众可以通过免费热线电话、电邮、写信或亲自到有关部门进行投诉;有关部门印制投诉指南指导投诉,对投诉者回复调查结果并严格保密。②支持媒体监督。联邦议会上院和下院会场都有专供记者采访的座席区,报刊、电台、电视台的记者可随意旁听议会辩论;上院和下院会场还各设有6个摄像机位置,供电视台全程直播议会辩论实况。新南威尔士州议会大楼一层全部由各新闻媒体常年驻守,便于及时采访并报道有关新闻。③发挥反对党监督。澳、新两国实行议会内阁制,内阁总理由议会选举中获得多数席位的政党出任,内阁部长也由获胜政党的议员担任,其他政党则组成反对党,成立影子政府,对执政党实施监督。反对党主要是通过议会对政府的施政纲领、方针政策等进行质询、辩论和批评。如果议会对政府不信任,可以通过表决方式迫使政府改组或下台。政府官员的从政行为和道德操守通常是议员特别是反对党议员质询、批评政府的重要内容。政府官员稍有差池,违法违纪,便会受到反对党议员的严厉追究。

思考:根据澳新廉政措施,根据我国国情,试分析我国反腐应从哪几方面着手?

5.2 新西兰

5.2.1 新西兰自然环境

新西兰(New Zealand)是南太平洋上一个景色如画的岛国,由于距离其他大洲遥远,且环境优美,故有"世界边缘的国家",毛利语为 aotearoa,即"长白云之乡"。新西兰的畜牧业发达,因此又有"畜牧之国""牧羊之国"之称。新西兰位于太平洋南部,介于南极洲和赤道之间。西隔塔斯曼海与澳大利亚相望,相隔1 600千米,北与汤加、斐济等一些太平洋岛国隔海相望。新西兰靠近国际日期变更线,是全世界最早进入新的一天的国家之一。新西兰时间比北京时间快4个小时。

5.2.2 新西兰社会概况

5.2.2.1 人文概况

新西兰总人口约469.27万人(2016年),人口密度15.229人/平方千米,其中北岛占新西兰总人口的75%。其中,欧洲移民后裔占78.8%,毛利人占14.5%,亚裔占6.7%。奥克兰区的人口占全国总人口30.7%。首都惠灵顿区的人口约占全国总人口的11%。奥克兰、惠灵顿、基督城是人口最多的三个城市。毛利族是人口最多的少数民族。新西兰70%的居民信奉基督新教和天主教,是世界上人口城市化最高的国家之一。新西兰的官方语言是英语、毛利语(通用英语,毛利人讲毛利语)。

(1)国旗:为长方形,长宽之比为2∶1。旗底为深蓝色,左上方为英国国旗,右边有四颗镶白边的红色五角星,四颗星排列均不对称。新西兰是英联邦成员国,"米"字图案表明同英国的传统关系;四颗星表示南十字星座,表明该国位于南半球,同时还象征独立和希望。

(2)国徽:新西兰国徽的中心图案为盾徽。盾面上有五组图案,四颗五角星代表南十字星座,象征新西兰,麦捆代表农业,羊代表该国发达的畜牧业,交叉的斧头象征该国的工业和矿业,三只扬帆的船表示该国海上贸易的重要性。盾徽右侧为手持武器的毛利人,左侧是持有国旗的欧洲移民妇女,上方有一顶英国伊丽莎白女王二世加冕典礼时用的王冠,象征英国女王也是新西兰的国家元首,下方为新西兰蕨类植物,绶带上用英文写着"新西兰"。

(3)国歌:《天佑新西兰》,新西兰国歌前半部分为毛利语,后半部分为英语。

(4)国花,新西兰国歌前半部分为毛利语,后半部分为英语银蕨,在毛利传说之中,银蕨原本是在海洋里居住的,其后被邀请来到新西兰的森林里生活,就是为着指引毛利族的人民,作用和意义都非常重大。

(5)国鸟:几维鸟,又名奇异鸟。

5.2.2.2 简史

早在1350年,毛利人就从波利尼西亚来到新西兰定居。1642年荷兰航海者阿贝尔·扬松·塔斯曼在新西兰登陆。1769—1777年,英国航海家詹姆斯·库克船长先后5次到新西兰并测量和绘制地图。此后,英国向新大批移民并宣布占领。1840年2月6日,英国迫使毛利人族长签订《威坦哲条约》,新西兰成为英殖民地。1907年新西兰成为英自治领,政治、经济、外交仍受英控制。1947年成为主权国家,是英联邦成员。

5.2.2.3 政治

英国女王是新西兰的国家元首,女王任命的总督作为其代表行使管理权。总督与内阁组成的行政会议是法定的最高行政机构。内阁掌握实权,由议会多数党组成。议会只设众议院(共120席),由普选产生,任期3年。无成文宪法,其宪法是由英国议会和新西兰议会先后通过的一系列法律和修正案以及英国枢密院的某些决定所构成。新西兰民主政府以混合式多议席选区比例代表制国会运作,有120个席位。新西兰法律规定毛利人至少有6个保障席位,而政党的选举过程也要有额外的毛利代表。新西兰无成文宪法。其宪法是由英国议会和新西兰议会先后通过的一系列法律和修正案以及英国枢密院的某些决定构成。新西兰有大小政党20多个,主要有国家党、工党、新西兰行动党、新西兰联合未来党、毛利党等。

5.2.2.4 经济

新西兰是经济发达国家,畜牧业是其经济的基础,新西兰农牧产品出口量占其出口总量的50%,羊肉、奶制品和粗羊毛的出口量均居世界第一位。新西兰还是世界上最大的鹿茸生产国和出口国,生产量占世界总产量的30%。矿藏主要有煤、金、铁矿、天然气,还有银、锰、钨、磷酸盐、石油等,但储量不大。石油储量3 000万吨,天然气储量为1 700亿立方米。森林资源丰富,森林面积占全国土地面积的30%,其中180%为天然林,20%为人造林,主要产品有原木、圆木、木浆、纸及木板等。工业以农林牧产品加工为主,主要有奶制品、毛毯、食品、酿酒、皮革、烟草、造纸和木材加工等轻工业,产品主要供出口。农业高度机械化,主要农作物有小麦、大麦、燕麦、水果等。粮食不能自给,需从澳大利亚进口。新西兰渔产丰富,是世界第四大专属经济区。

5.2.3　新西兰节庆与习俗

5.2.3.1　节日

(1) 新年:1月1日。
(2) 怀坦吉日:2月6日。
(3) 复活节:4月14日—17日。
(4) 澳新军团日:4月25日(澳新军团在加利波利登陆日)。
(5) 女王诞辰日:6月5日。
(6) 劳动节:10月25日。
(7) 圣诞节:12月25日。
(8) 节礼日:12月26日。

怀坦吉日

怀坦吉日(Waitangi Day),是1840年签订怀坦吉条约纪念日。在新西兰众多的节日中,每年2月6日的怀坦吉日也被称为新西兰国家日,是新西兰最重要的节日,在这一天,全新西兰都会举行庆祝活动。

5.2.3.2　饮食

新西兰人的饮食习惯与英国人大体上相同,饮食以西餐为主,口味清淡,对动物蛋白质的需求量比较大,牛肉、羊肉、鸡肉、鱼肉都是他们爱吃的。新西兰的"环太平洋"料理风格受到欧洲、泰国、马来西亚、印度尼西亚、玻利尼西亚、日本和越南影响,特别喜欢品尝中国的苏菜、京菜和浙菜。新西兰人用欧洲大陆式的用餐方式,是始终左手握叉,右手拿刀。他们在吃饭时不喜欢谈话,有话一般要等到饭后再谈。喜欢喝啤酒,人均年啤酒消费量达220升。国家对烈性酒严加限制,有的餐馆只出售葡萄酒,专卖烈性酒的餐馆对每份正餐只配一杯烈性酒。除了爱吃瘦肉外,欧洲移民的后裔们还爱喝浓汤,并且红茶是一日不可或缺。此外,新西兰人爱吃水果,尤其爱吃"几维果"(猕猴桃)。

一般毛利人都爱吃一种叫作"夯吉"的食物,它是利用地热蒸熟的牛羊肉和土豆一类的食物。最具特色的"烧石烤饭",可谓新西兰的"民族饭",它与毛利木雕一样,历史悠久,饮誉世界。它的制作方法是:在地灶之中首先将许多鹅卵石烧红,泼上一瓢冷水后,将盛有食物的铁丝筐放进灶里,铁丝筐中的食物一般是猪肉、牛排放在下面,鱼类放在中间,芋头、南瓜、白薯等放在上面,不加任何作料。

5.2.3.3 礼仪

新西兰人比较朴实友好,没有那种油头滑脑的感觉。即使在路上遇见陌生人,也要主动上前打招呼,否则被视为失礼。新西兰人办事守信用,说话很少拐弯抹角,也不说模棱两可似是而非的话。答应的事不会变化,言而有信。他们时间观念强,惜时守时。开放的市场和丰富的商品给不同阶层的人以很大的选择余地,人们生活节奏缓慢,生活比较悠闲,生活质量一般都比较高,对衣、食、住、行都比较讲究。购物趋向名牌、时尚。新西兰人崇尚平等,人们可以随时约见市长、部长,只要有充足的理由,任何人都可以见到总理。

新西兰人见面和告别均行握手礼,习惯的握手方式是紧紧握手,目光直接接触,男士应等候女士先伸出手来。鞠躬和昂首也是他们的通用礼节。初次见面,身份相同的人互相称呼姓氏,并加上"先生""小姐"等,熟识之后,可直呼其名。在新西兰,毛利人仍保留着浓郁的传统习俗。他们有一种传统的礼节:当遇到尊贵的客人时,他们要行"碰鼻礼",即双方要鼻尖碰鼻尖二三次,然后再分手离去。据说,按照其风俗,碰鼻子的时间超长,就说明礼遇越高,越受欢迎。

新西兰人时间观念较强,约会须事先商定,准时赴约。客人可以提前几分钟到达,以示对主人的尊敬。交谈以气候、体育运动、国内外政治、旅游等为话题,避免谈及个人私事、宗教、种族等问题。会客一般在办公室里进行。应邀到新西兰人家里做客,可送给男主人一盒巧克力或一瓶威士忌,送给女主人一束鲜花。礼物不可过多,不可昂贵。

当地大部分居民是英国人的后裔,因此,这里流传的是许多英国人的身势语和示意动作的习俗。他们对大声喧嚷或过分地装腔作势是表示不满的。当众嚼口香糖或用牙签被认为是不文明的行为。新西兰白人的姓名承袭了英国人的传统,即名在前,姓在后。

新西兰毛利人

新西兰的原住民,少数民族,属蒙古人种和澳大利亚人种的混合类型。使用毛利语,属南岛语系波利尼西亚语族。有新创的拉丁文字母文字。信仰多神,崇拜领袖,有祭司和巫师,禁忌甚多。相传其祖先系10世纪后自波利尼西亚中部的社会群岛迁来的。后与当地土著美拉尼西亚人通婚,因此在体质特征上与其他波利尼西亚人略有不同。新西兰官方文献证明,毛利人是4 000多年前从台湾迁出的原住民。毛利人参访台湾阿美族太巴塱部落祖祠,发现门窗开的位置、建筑梁柱等结构都和毛利人的聚会所相同。

新西兰的文身习俗以毛利人著称。毛利人的文身不仅是一种装饰,也是一种艺术,更是一种地位的象征。生活在城市里的毛利人仍然继承了毛利人的传统文化,非常尊敬长者。他们极重视传家之宝,如权杖、绿玉项链等,深信其中藏有先辈的灵气。毛利人能歌善舞,擅长雕刻。他们的工艺美术独具魅力,用麻、草编织的筐、篮、盘、盆不仅造型美观,而且反映了对自然材料的驾驭能力。用亚麻织成的披肩、斗篷、头巾等亦不亚于现代人的时尚衣着。

5.2.3.4 禁忌

受基督教、天主教的影响,新西兰人讨厌"13"与"星期五"。如果这一天既是13日,又是星期五,那么新西兰人不论干什么都会提心吊胆。新西兰人奉行所谓"不干涉主义",对于交往对象的政治立场、宗教信仰、职务级别等,他们一律主张不闻不问。对其他国内种族问题,以及将新西兰视为澳大利亚的一部分,他们则更为反感。一般而言,新西兰人多忌讳建造或居住密集型的住宅。他们在男女交往方面较为拘谨保守,并且有种种清规戒律。新西兰人忌讳男女混合活动,即使看戏看电影,也要男女分场。

毛利人信奉原始宗教,相信灵魂不灭,因此对拍照、摄像十分忌讳。他们还忌讳让老年人或病重垂危的人住进医院。他们认为,只有罪人或奴隶才死于家外。毛利人的首领拥有绝对的大权,其本身及财产均属禁忌范围。平民绝不准触犯或侵犯,否则即被处死。

5.2.4 新西兰旅游资源与主要旅游地

新西兰环境清新、气候宜人、风景优美,旅游胜地遍布全国。新西兰的地表景观富于变化,北岛多火山和温泉,南岛多冰河和湖泊。其中,北岛的鲁阿佩胡火山和周围14座火山的独特地貌形成了世界罕见的火山地热异常带。这里分布着1 000多处高温地热喷泉。这些千姿百态的沸泉、喷气孔、沸泥塘和间歇泉形成了新西兰的一大奇景。

(1) 奥克兰

奥克兰位于新西兰北岛中北部,依海而建,景色优美,是新西兰第一大城市,人口约132万,全国的工商业中心,也是南半球的天然良港。是一座世界级的美丽城市,这里几乎从每间房屋都可以看到大海。奥克兰四周被海洋和火山环抱,有美丽的港湾和壮观的大桥,这里吸引了世界各国的帆船爱好者,奥克兰是全世界拥有私人船只比例最高的城市,大约每11个人就有1艘游船,有"帆船之都"的美誉。这里的海滩远近闻名,许多著名的水上赛事都在这里举行,最壮观的是每年1月的帆船赛。奥克兰是新西兰最大的华人聚居区。从1988年起,这里每年都要举办端午龙舟竞赛,这是亚洲地区以外的最大的龙舟赛事。

(2) 基督城

基督城(Christchurch)是南岛第一大城市,也是除奥克兰外重要的港口,新西兰第三大城市,也是南岛最大的城市,世界第一流的"花园城市",被认为是除英国之外,最具浓厚英国色彩的城市,它同时也是进入南极的门户。基督城被特殊的地形所环绕,东边的半岛地形,其海岸线由高耸的球形火山所形成,在西边可以看到在坎特伯雷平原上的南阿尔卑斯山脉。

(3) "风都"惠灵顿

新西兰首都惠灵顿以"风都"著称,因其地势较高,依山傍水,紧靠库克海峡,常有海风侵袭,故称之为"风都"。惠灵顿是新西兰的首都及第二大城市,为往来南北二岛的交通枢纽,也是新西兰的文化中心。市郊的山坡和平原上,随处可见绿油油的原野,成群的牛羊悠闲地徜徉着,怡然自得地吃着青草,和风阵阵袭来,"风吹草低见牛羊"的田园风光令人心旷神怡。

(4) 陶波湖

它是由几千年前的火山喷发形成的,是世界上最大的火山湖,也是一个温水湖,面积约等于半个香港。离陶波湖10千米处,有一个雾气弥漫但风景美妙的旅游区——怀塔基,它建有新西兰最大的地热发电站,附近的旅游点还有胡卡瀑布、蓝湖、彩虹崖和苏尔弗火山口等。

本章小结

澳大利亚和新西兰同属南半球,都是发达国家,与我国有着广泛的经济、文化交流,同时又都是我国在大洋洲的主要客源国。本章介绍了澳大利亚和新西兰这两个国家的基本情况,内容包括澳大利亚和新西兰的概况。包括地理位置、面积和人口、语言、宗教自然环境等,以及国家的简史、政治、经济与文化、民俗及旅游业概况。

复习思考题

1. 澳大利亚人的日常社交礼仪有哪些？
2. 澳大利亚人在饮食方面有哪些习惯？
3. 与澳大利亚人交往时要注意哪些细节？
4. 在旅游服务接待中，对新西兰客人应该注意哪些风俗习惯？
5. 澳、新都有哪些著名的旅游城市和旅游景点？

 案例分析

新西兰最美丽的地方当是岛屿湾，那里主要城市有：派西亚、拉塞尔和怀唐伊。拉塞尔是新西兰第一个首都，派西亚，属于岛屿湾中间位置，有许多的酒店。怀唐伊，1840年，毛利人和欧洲人在怀唐伊的条约屋共同签署了《怀唐伊条约》，这所房子至今仍屹立在开阔、祥和的公园之内。这里的其他重要景点有雕梁画栋的毛利会堂、毛利人最大的战舟、旅游中心和艺术馆。怀唐伊在新西兰人心目中占有极其重要的位置，也是对新西兰历史和文化感兴趣的游客必到之处。

结合上述案例，试述新西兰的旅游业。

 参考书目

[1] 孙雁.澳大利亚英语词汇中折射出的澳大利亚历史[J].广西大学梧州分校学报，2004,14(2):31-35。

[2] 胡家英.浅析澳大利亚英语的特征及其语言发展的文化因素[J].黑龙江社会科学，2003,(04):71-73。

[3] 戴卫平,张志勇.美语词汇的文化意蕴[J].天津外国语学院学报，2002,9(4):38-42。

[4] 姚晓东,戴卫平.澳大利亚英语与澳大利亚文化[J].湖南大学学报：社会科学版，2012,16(A2):175-178。

[5] 杜学增.澳大利亚语言与文化[M].北京：外语教学与研究出版社,2009.

[6] 邓炎昌,刘润清.语言与文化[M].北京：外语教学与研究出版社,2009.

6

中国港澳台地区概况

教学目标

知识目标

通过本章的学习,了解香港、澳门、台湾的历史和文化,掌握三地区的主要风俗习惯。

能力目标

通过本章学习,掌握三地的文化习俗,以指导自己的接待工作;熟悉三地的旅游资源,学会初步设计三地的经典旅游线路。

导入案例

阿里山列为台湾风景区之一,早为人所称道,因此有"不到阿里山,不知阿里山之美,不知阿里山之富,更不知阿里山之伟大"的说法。由于山区气候温和,盛夏时依然清爽宜人,加上林木葱翠,是全台湾最理想的避暑胜地。阿里山空间距离仅15千米,但由山下一层一层盘旋绕上山顶的铁路,竟长达72千米,连通各森林区的支线,总长度有1 000多千米。沿途有82条隧道,最长的达1 300米。火车穿过热、亚热、温、寒四带迥异的森林区。

结合上述案例,谈谈你对台湾旅游资源的认识。

6.1 香港特别行政区

6.1.1 香港自然环境

香港地处华南沿岸,在中国广东省珠江口以东,由香港岛、九龙半岛、新界内陆地区以及262个大小岛屿组成。香港北接广东省深圳市,南面是广东省珠海市万山群岛。香港与西边的澳门隔江相对,距离为61千米,北距广州130千米、距上海1 200千米。此外,因其人多地少,填海造地成为香港扩展城市建设用地的重要方式之一,这是香港的地表每年都会下降3厘米的原因之一。

香港三大部分的面积分别是,香港岛约81平方千米;九龙半岛约47平方千米;新界及262个离岛约976平方千米。香港总面积约1 104平方千米,仅大于全中国面积的万分之一,土地和水域的管辖总面积2 755.03平方千米,水域率59.9%。香港的已发展土地少于25%,郊野公园及自然保护区的面积多达40%。

香港位处北半球亚热带,背靠亚欧大陆、面向太平洋,形成了海洋性亚热带季风气候,四季分明。此外,香港市区高楼集中而密布、人口极为稠密,所形成的微气候容易产生热岛效应,导致市区和郊区有明显的气温差别,高层大厦林立的市区让空气中的"悬浮粒子"较难吹散。香港市区天气炎热的日子变得越来越长。

受自然环境的限制,香港自然资源匮乏。香港食用淡水的60%以上依靠广东省供给。矿藏有少量铁、铝、锌、钨、绿柱石、石墨等。香港邻近大陆架,洋面广阔,岛屿众多。有得天独厚的渔业生产的环境。香港有超过150种具有商业价值的海鱼,主要是红衫、九棍、大眼鱼、黄花鱼、黄肚和鱿鱼。香港土地资源有限,林地占总面积的20.5%,草地和灌木地占49.8%,荒地占4.1%,沼泽和红树地占0.1%,耕地占6.7%,鱼塘占2%,城郊区建设发展土地占16.8%。农业主要经营少量的蔬菜、花卉、水果和水稻,饲养猪、牛、家禽及淡水鱼,农副产品近半数需中国内地供应。

6.1.2 香港社会概况

6.1.2.1 人文概况

中国香港特区总人口约735万人(2016年)。是世界上人口最稠密的城市之一,市区人口密度平均高达21 000人/平方千米。香港的人口绝大多数为华人,大部分原籍广东,主要说广州话(粤语),但英语很流行,说潮州话和其他方言的人也不少。新界土著居民很多说客家话。近年普通话甚流行,一般机关和机构也鼓励应用。居于香港的外籍人士数目相当多,共有约51万人,外来人口前三位国家是菲律宾(130 810)、印尼(114 020)和泰国(28 360)。大部分香港人都住在高楼大厦,因此香港在高人口密度的同时,仍然能保留大量未开发的郊野土地。

世界各大宗教在香港几乎都有人信奉。华人主要信仰佛教、道教。香港寺院共有360多间,公共庙宇有40座,天后庙宇24座,1841年已设罗马天主教香港特别行政区主教传教区。1991年,香港天主教徒约有25.8万人,天主教会在香港办有学校、医院和社会服务中心。基督教1841年传入香港,现已有50多个宗派,信徒28.5万人,它在香港也兴办学校、医院和社会服务中心等机构。其他宗教还有:伊斯兰教教徒约5万人,其中半数以上是华人,印度教教徒约1.2万人;还有少数锡克教和犹太教徒。

目前香港的法定语言(不称作"官方语言")是中文和英文,而政府的语文政策是"两文三语",即书面上使用中文白话文和英文,口语上使用粤语(俗称广州话)、普通话和英语。香港华裔人口中主要使用广东话,而非华裔人口则多以英语作为交际语。香港大部分居民都并非本地原居民,从中国内地以至世界各地迁居的人,都会把自己故乡的语言带到香港。另外香港文化也受世界各地的潮流所影响,因此,在香港所见的语言远不止广州话和英语。

由于中国内地推行简化字的时候,香港还是英国的殖民地,因此香港最普遍使用的汉字书体是繁体中文。随着香港人与中国内地交流日益频繁,香港人普遍认识常用的简体字。市面上也不难看见为外地旅客而制作的简体字标语和指示牌。部分学校允许学生在使用中文作答的功课及考试中,使用简体字作答。考评局也容许学生在公开考试中,使用合乎中国国家规范(即在1986年由中国国家语言文字工作委员会所颁布的《简化字总表》中)的简化字。

(1)区旗:香港特别行政区区旗以红色做底色,红白两色象征一国两制,中央有一朵五星花蕊的白色洋紫荆花图案。洋紫荆是香港的象征,盛放的洋紫荆花象征着香港的繁荣,红色的背景象征着香港永远背靠祖国。

(2)区徽:香港特别行政区区徽是代表香港的徽章。区徽模仿香港区旗的设计,内圆有一朵白色洋紫荆花,红色底色。外圈为白底红字,写有繁体中文"中华人民共和国香港特别行政区"及英文HONG KONG(香港)。

(3)市花:紫荆花。

6.1.2.2 简史

1842年,英国通过鸦片战争强占了香港岛,1860年英国又侵占了九龙半岛界限以南的地方。1898年,英国又强行"租借"了界限街以北、深圳河以南的九龙半岛北部大片土地及其附近的岛屿。第二次世界大战中,英国撤退,日本侵略者占领了香港。1945年,第二次世界大战结束,英国重新占领香港,英国皇家派"总督"管辖这里。

新中国成立后,中国政府庄严宣布废除一切帝国主义强加给中国人民的不平等条约,坚持香港必须回归祖国的立场。经中英两国多次谈判,1984年12月19日,两国政府签署了《关于香港问题的联合声明》之后,中国颁布了《中华人民共和国香港特别行政区基本法》。1997年7月1日,香港正式回归祖国。中国政府根据"一个国家,两种制度"的方针,在香港成立了特别行政区,除国家外交、国防事务外,香港特别行政区享有高度自治权,也就是"港人治港、高度自治"。

香港地名由来

说法一:香港的得名与香料有关。宋元时期,香港在行政上隶属广东东莞。从明朝开始,香港岛南部的一个小港湾,为转运南粤香料的集散港,因转运产在广东东莞的香料而出名,被人们称为"香港"。据说那时香港转运的香料,质量上乘,被称为"海南珍奇",香港当地许多人也以种香料为业,香港与其种植的香料一起,名声大噪。不久这种香料被列为进贡皇帝的贡品,并成就了当时鼎盛的制香、运香业。后来香料的种植和转运逐渐息微,但香港这个名称却保留了下来。

说法二：香港是一个天然的港湾，附近有溪水甘香可口。海上往来的水手，经常到这里来取水饮用，久而久之，甘香的溪水出了名，这条小溪也因此就被称为"香江"，而香江入海冲积成的小港湾，也就开始被称为"香港"。有一批英国人登上香港岛时就是从这个港湾上岸的，所以他们也就用"香港"命名整个岛屿。直到今天，"香江"仍然是香港的别称。

说法三：因"香姑"而得名。据说，香姑是一位海盗的妻子，海盗死后，她就占据了这个小岛。久而久之，人们就把小岛以她的名字为名，称为"香港"了。现在仍有人把香港称作"香江""香海""香岛""香州"等。

6.1.2.3 政治制度

香港实施行政主导的管治模式，并制定由行政长官和行政会议领导的管治体制和代议政制架构。

香港特别行政区的首长是行政长官，由具有广泛代表性的选举委员会根据《基本法》选举并经中央人民政府委任产生。行政长官负责执行《基本法》、签署法案和财政预算案、颁布法例、决定政府政策以及发布行政命令，并由行政会议协助制定政策。政府的主要施政和行政工作由12个决策局和61个部门和机构执行，日常执行的人就是为数约18万人的香港公务员队伍。

香港的政府部门包括"三司十二局"，这是对司长及决策局的非正式统称，最早由传媒使用。三司是政务司司长、财政司司长和律政司司长。十二个决策局分别是公务员事务局、政制及内地事务局、教育局、环境局、食物及卫生局、民政事务局、劳工及福利局、保安局、运输及房屋局、商务及经济发展局、发展局、财经事务及库务局。

香港的政府部门通常称为"署"或"处"（如卫生署、香港警务处），主管均为香港公务员，大部分向所属的决策局局长负责，小部分直接向司长负责（如行政署向政务司司长负责），另外还有审计署直接向立法会报告；香港廉政公署和申诉专员公署直接向行政长官负责。

6.1.2.4 经济

第二次世界大战以后，香港的经济和社会迅速发展，不仅成为"亚洲四小龙"之一，也是全球最富裕、经济最发达、生活水准最高的地区之一。香港是亚洲重要的金融、服务和航运中心，以廉洁的政府、良好的治安、自由的经济体系以及完善的法治闻名于世。历史的变迁，让香港从一个当年人口只有5 000人的小渔村，演变成今天有着"东方之珠"美誉的国际大都会。

香港是一个自由港，除了烟、烈酒和动力用的燃油（汽油、柴油等）之外，香港不对其余的进口物品征收关税。香港是亚太地区乃至国际的金融中心、国际航运中心、地区贸易中心，拥有邻近很多国家和地区不可替代的优越地位。时至今日，香港已成为世界第十一大贸易实体，以吞吐量计算，香港的货柜（集装箱）港口更是全球最繁忙的货柜港口之一；以乘客量和国际货物处理量计算，香港国际机场是世界最繁忙的机场之一；以对外银行交易量计算，香港是世界第十五大银行中心；以成交额计算，香港是世界第六大外汇交易市场；以市值计算，香港股票市场是亚洲第二大市场。

香港是亚太地区的交通、旅游中心之一。公共交通系统以铁路、轮船、公共汽车等组成的运输网几乎伸展到港内每一个角落。香港是重要的国际商港，航运业发达，目前已与186个国家和地区的472个港口有航运往来，形成了以香港为枢纽，航线通达五大洲、三大洋的完善的海上运输网络。从香港到世界各地有28条航线。香港也是进入内地经商和旅游的大门。2005年，香港居民返回内地的次数约6 270万人次，外地旅客经香港进入内地的次数共400万人次。每日有128班轮船、约100班航机、超过400班列车及40 200辆次的车辆穿梭于香港和内地。

香港是环球三大金融中心之一，金融机构和市场紧密联系。政府的政策是维持和发展完善的法律架构、监管制度、基础设施及行政体制，为参与市场的人士提供公平的竞争环境，维持金融及货币体系稳定，使香港能有效地与其他主要金融中心竞争。香港地理位置优越，是连接北美洲与欧洲的桥梁，与内地和其他东南亚经济体系联系紧密，又与世界各地建立了良好的通信网络，因此能够成为重要的国际金融中心。此外，资金可以自由流入和流出香港，也是一项重要的因素。

香港股票市场规模之大，在亚洲排名第二。香港也是成衣、钟表、玩具、游戏、电子和某些轻工业产品的主要出口地，出口总值位列全球前几位。

香港经济以服务业为主，与中国内地及亚太其他地区关系密切；香港是亚洲最多国际公司设立地区办事处的城市，是受旅客欢迎的旅游地点之一，也是举办国际会议及展览的热门地方。在2005年，香港是全球第十一大服务出口地，与服务贸易有关的主要行业包括旅游和旅游业、与贸易相关的服务、运输服务、金融和银行服务及专业服务。

香港的货币是港元，港元的纸币绝大部分是在香港金融管理局监管下由三家发钞银行发行的。三家发钞行包括汇丰银行、渣打银行和中国银行香港分行，另有少部分10元钞票由香港金融管理局自行发行。香港流通的钞票的新净程度一向非常高，残破的旧钞回流后会被发钞银行收取并销毁。每年约有三分之一流通钞票被认定为不再适合流通，并由新钞取代。

香港的外汇市场发展完善，买卖活跃，在全球外汇市场中占有不可或缺的地位。由于香港与海外其他外汇市场均有联系，因此香港可全日24小时与世界各地进行外汇买卖。根据国际结算银行在2004年进行的每三年一度的全球调查，香港外汇市场的成交额在世界排行第六位。

内地是香港最大的贸易伙伴，也是香港饮用水、蔬菜和肉禽蛋的主要来源地。2009年，中港贸易占香港整体贸易总值的46.5%。内地同时是香港转口货物的最主要来源地兼最大市场，香港有约90%的转口货物是来自内地或以内地为目的地。香港也是内地的金融和其他商业支援服务的中心，为内地提供多元化的金融和其他商业支援服务，例如银行和融资、保险、运输、会计以及销售推广等。

6.1.3 香港节庆与习俗

6.1.3.1 节日

香港的公众假日融合了东西文化的特色,全年共 17 天,分别是:元旦日,农历新年(3天),清明节,复活节(3天),五月一日劳动节,农历四月初八佛诞,农历五月初五端午节,七月一日特区成立纪念日,十月一日国庆节,重阳节,圣诞节(2 天)。香港长期以来把具有中华文化特色的传统节日列为假日,也深深影响了内地,中国内地于 2009 年起把部分的中国特色节日列为国家统一的法定假日。

赛马与赛马博彩(赌马)是很多香港市民参与的娱乐,每年由 9 月至翌年 6 月为一个马季,大约共 60 多天。日赛多于星期六、星期日在沙田举行,夜赛则多于星期三在跑马地进行,观众可购票入场观看及投注,赛马日有火车直达沙田马场。香港赛马时会在各区设有百多间的投注站,除赌马外,六合彩和 2004 年开始的足球博彩亦由香港赛马会经营。

香港每年都主办各种类型的文化、娱乐及体育活动,较大型的活动包括香港艺术节、香港国际电影节、国际综艺合家欢、香港国际七人橄榄球赛、六人木球赛和有影响力的国际赛马。香港运动员也积极参与过多个大型国际运动会,如亚运会、东亚运动会等。香港在 2009 年 12 月举行第五届东亚运动会,激发香港人同心协力、孕育体育运动文化,及向东亚地区以至全世界展示香港人热情好客之道。

6.1.3.2 饮食

香港汇聚了世界各地的美食,什么口味的餐馆都有,开遍大街小巷,愈热闹的地方就愈多,如旺角、铜锣湾、尖沙咀东部和九龙城等地有些街道尽是食肆。充满亚洲风味的餐馆遍布香港,辛辣的泰国汤、香浓的印度咖喱、丰腴的韩国烧烤、清新的越南沙律卷、鲜美的日本寿司等特色美食,数之不尽。香港的中国菜餐馆,提供中国各地的特色佳肴,广东菜餐馆尤其多,其他地方菜包括潮州菜、湖南菜、四川菜、北京菜等,还有讲究素淡的素菜。以传统的广东点心做早餐也是一个很不错的选择。

香港人对饮食极为重视,除了以粤菜闻名外,日、韩、台、越、泰、印度及欧洲的菜系亦十分常见,享有美食天堂的称号。早年香港人习惯上茶楼,早上冲一壶茶、叫两样点心,这经常成为西方人眼中香港饮食文化的典型。受英国影响,有些香港人喜好下午茶,多数吃一些三明治、蛋挞,喝奶茶、咖啡。

传统本地菜以广府菜、客家菜及潮州菜为主,盆菜则是新界原居民在节日时的传统菜。由于香港临近海洋,因此海鲜是常见的菜色,亦发展出如避风塘炒蟹的菜色。

另一方面,香港饮食也深受外来饮食文化影响。中环苏豪区、湾仔及尖沙咀酒吧林立,而慕尼黑啤酒节更由 1991 年起每年于尖沙咀广东道举行。快餐方面,美式快餐主要由麦当劳及肯德基经营,而香港也发展出自己的港式快餐,其中以大家乐、大快活及美心快餐为代表。

6.1.3.3 礼仪

与香港人见面前,要记得先电话预约。去人家家里做客,可以事先准备一些水果、饼食作为礼物,千万不要空手去拜访别人。在社交场合,与香港客人见面或告别时通常要握手。就餐时,等主人先饮酒进食后再开始进食。一般称男士为"先生",称女士为"小姐"。如果遇到年纪大的男子就称作"阿叔"或"阿伯",年长的女子称作"阿婶",而对男侍应生或售货员称作"伙计",对女侍者称作"小姐"。

6.1.3.4 禁忌

香港人忌讳别人打听自己的家庭地址。因为他们不欢迎别人去他家里做客,一般都乐于到茶楼或公共场所。他们忌讳询问个人的工资收入、年龄状况等情况,认为个人的私事不需要他人过问。他们对"节日快乐"之语很不愿意接受。因为"快乐"与"快落"谐音,是很不吉利的。他们忌讳"4"字,因为"4"与"死"谐音,故一般不说不吉利的"4",送礼等也避开"4"这个数,非说不可的情况下,常用"两双"或"两个二"来代替。在香港,酒家的伙计最忌讳首名顾客用餐选"炒饭",因为"炒"在香港话中是"解雇"的意思,开炉闻"炒"声,被认为不吉利。

6.1.4 香港旅游资源与主要旅游地

香港的自然风光和名胜古迹等旅游资源相当贫乏,但内容广泛的游乐活动场所众多,是世界优良的天然港湾、著名的金融中心之一,以"商品橱窗""购物天堂"的自由贸易港,吸引着世界各地的旅游者,这促进了旅游业的发展。

香港岛游览区

(1)太平山顶

太平山顶是香港的最高点,海拔554米,位于香港岛西北部,一直是香港的标志。它又称维多利亚峰或扯旗山,是港岛最负盛名的高级豪华住宅区,也是香港最著名的游览胜地之一。山顶设有很多专为游客观景的设备,从山上俯瞰维多利亚港及九龙半岛,一览无遗。

(2)浅水湾

浅水湾位于港岛南部,是香港最具代表性的美丽海湾。浅水湾的海岸线为一湾澳形状,海岸线同时具有岩岸与沙湾的特质,左半边为岩岸,有许多凸出的巨岩;右半边是沙滩,浪平沙细,滩床宽阔,坡度平缓,海水温暖。沙湾附近仍有许多礁石,在浅水湾还可以观察到极为稀少可贵的"藻礁"地形,让民众在亲水之时也能了解大自然的奥秘。

浅水湾的秀丽景色,使它成为港岛著名的高级住宅区之一,区内遍布豪华住宅,其中包括香港巨商李嘉诚、包玉刚的豪华私宅。这些依山傍水的建筑,构成了浅水湾独特的景区。

(3)海洋公园

香港海洋公园占地170英亩,拥有东南亚最大的海洋水族馆及主题游乐园,凭山临海,旖旎多姿,是访港旅客爱光顾的地方。在这里不仅可以看到趣味十足的露天游乐场、海豚表演,还有千奇百怪的海洋鱼类、高耸入云的海洋摩天塔,更有惊险刺激的越矿飞车、极速之旅,堪称科普、观光、娱乐的完美组合。海洋公园内有"太平洋海岸",洋溢着北美加州海岸的文化魅力和自然美景。在海涛奔腾、海岸嶙峋及宁静宜人的沙滩景致,也有训练有素的海狮和海豹迎接游人。香港海洋公园建筑分布于南朗山上及黄竹坑谷地。山上以海洋馆、海洋剧场、海涛馆、机动游戏为主;山下则有水上乐园、花园剧场、金鱼馆及仿照历代文物所建的集古村及仿中国宫廷建筑,村内有亭台楼阁、庙宇街景。

九龙游览区

(1)黄大仙祠

黄大仙祠又名啬色园,始建于1921年,是香港著名庙宇之一。祠庙设计色彩丰富、建筑雄伟、金碧辉煌,极富中国传统寺庙建筑的特色。黄大仙祠占地18 000多平方米,除主殿大雄宝殿外,祠旁还设有小园林、三圣堂、从心苑。祠内的九龙壁仿照北京故宫九龙壁而建,壁上刻有中国佛教协会主席的题诗,这为黄大仙祠增添了中国传统特色。

(2)尖沙咀

尖沙咀位于九龙半岛的南端,是九龙区内主要的商业中心、旅游区和购物天堂。尖沙咀特色建筑是在新世界中心面向维多利亚港一面的尖沙咀海滨长廊,设有模仿美国荷里活的香港星光大道。在海滨长廊可以欣赏到维多利亚夜景。尖沙咀西北部,是香港人休闲时常到的九龙公园。

新界及离岛游览区

(1)大屿山天坛大佛及宝莲寺

宝莲寺有南天佛国之称,为香港四大禅林之首,寺内建有多个具中国传统特色的建筑,如重檐歇山顶式建筑的大雄宝殿和庄严威武的天王大殿,以及白色牌坊和木鱼峰山腰的法华塔等。

禅寺牌坊正对的木鱼山顶上,有一座新建的世界最大的铜佛像,称为天坛大佛。该像由中国航天科技部设计和制作,总高度近34米,以青铜铸造,为一结合宗教艺术和尖端科技的结晶品。

(2)香港迪士尼乐园

香港迪士尼乐园,坐落于香港新界大屿山,于2005年9月12日开园。它是全球第5个以迪士尼乐园模式兴建的、迪士尼全球的第11个主题乐园,以及首个根据加州迪士尼乐园为蓝本的主题乐园。是全球面积最小的迪士尼乐园。除了迪士尼经典故事及游乐设施外,香港迪士尼乐园为配合香港的文化特色,配备了一些专为香港而设的游乐设施、娱乐表演等。

香港八景

(1)"旗山星火",乃八景中之首景,它与历代八景中的"香江灯火""飞桥夜瞰"均指从太平山顶观看夜色中的港岛如群星满天之瑰丽景色。

(2)"赤柱晨曦",指每当晨曦初上、旭日东升之时,沐浴在万道霞光中的赤柱半岛,殷红如赤。此景又称"赤柱朝阳""赤柱朝曦"。

(3)"浅水丹花",指碧水盈盈的浅水湾与万紫千红的杜鹃花交相辉映所构成的美丽春景。

(4)"虎塔朗晖",指虎豹别墅院内六角形的白塔在日出之时,迎着朝阳,披满彩霞的壮丽景观。

文中案例

香港迪士尼乐园

香港迪士尼乐园是一座融合了美国加州迪士尼乐园及其他迪士尼乐园特色于一体的主题公园。

乐园必玩项目

- 原野剧场:《狮子王庆典》场面精彩,幕幕充满惊喜。
- 梦想花园:香港迪士尼独有,采用中式设计的花木兰凉亭。
- 睡公主城堡:迪士尼乐园的地标,女孩必到的影像地点。
- 小熊维尼历险之旅:坐上小熊维尼日夜抱着的蜜糖瓶,找回童真。
- 米奇幻想曲:4D立体电影,亲身感受电影中不同场面的水花,风吹,甚至气味。
- 飞越太空山:坐过山车在太空山内穿梭飞驰,周围是充满科幻味道的宇宙环境布置,飞越旅程非常刺激。
- 巴斯光年星际历险:当星际护卫队打倒索克天王,用激光枪把怪物击倒,惩恶惩奸的感觉实在痛快。
- 探险世界森林河流之旅:一边体验离奇的河流之旅,一边欣赏小船旁边非洲原始森林的气息。
- 小镇大街古董车:有多款古董车接载游客前往大街两端的广场,有小型巴士、的士,还有囚车。
- 蒸汽火车:火车带你环游整个迪士尼乐园,让你饱览周围的景色,以便你设计自己的游乐路线。
- 米奇金奖音乐剧:在这里你可以见到迪士尼最受欢迎的电影和人物。

乐园看点

- 歌舞青春热跳速递

"歌舞青春热跳速递"是香港迪士尼乐园2008年推出的全新娱乐项目,充满活力的舞蹈及热情互动为最大卖点。17名装扮新潮的演艺人员在挂着"歌舞青春"的旗帜的流动舞台上尽情歌舞,同时主持人还会率领演艺人员与在场游客一起做游戏。游客们也可以加入狂欢的歌舞队伍中,与演员们共同唱歌跳舞。

- 布公仔流动实验

布公仔流动实验也是香港迪士尼乐园2008年推出的新项目,只见外星人"火蜜瓜博士"和他的得力助手"尖嘴"驾驶着他们的最新发明——以两轮驱动的蛋形流动试验车,在美国小镇大街上缓缓行驶,并不断招揽游客和他们一起研究科学。他们会向游客提出各种各样"脑筋急转弯"式的问题,问题的答案令人忍俊不禁,非常有趣。

- 市镇会堂

  市镇会堂是香港迪士尼乐园服务中心所在地,是游览迪士尼绝对不可错过的一站。在这里,游客可以索取乐园的地图和景点指南,预定餐厅座位,并可查询香港迪士尼乐园的所有数据。

- 动画艺术教室

  动画艺术教室是个教游客、特别是孩子们用画笔描绘迪士尼童话中的卡通人物的地方。这里提供纸和笔,除了多媒体录像之外,也有专业的漫画教师对游客进行详细的指导,游人在这里很轻松地就能画出米老鼠、唐老鸭等经典动画人物来。

- 小镇大街古董车

  美国小镇大街上有各式各样的古董车,种类包括小型巴士、囚车、出租车等。游人可以乘坐古董车从大街出发前往小镇广场。

- 香港迪士尼乐园铁路

  香港迪士尼乐园铁路从美国小镇大街出发,途经香港迪士尼各大主题公园,带领游客们轻松畅游迪士尼乐园的各个景点。

- 海底总动员之哈啰阿古

  迪士尼幻想工程师发明的互动游戏——香港迪士尼乐园的"海底总动员之哈啰阿古",它能让您与迪士尼皮克斯出品的动画片《海底总动员》中的大海龟进行实时对话。在神秘而奇妙的海底世界里,阿古会以他独特的个性化语言和游客聊天、玩耍、开玩笑。他虽已有150岁,但记忆力超强,能记住场内每位观众的脸孔,并向大家打听人类社会的情况。聪明的阿古更精通三种语言,能与您以英语、粤语和普通话随意畅谈。

(5)"快活蹄声",指快活谷的赛马盛况,马蹄声声牵动着成千上万马迷之心。

(6)"鲤门月夜",指夜晚在鲤鱼门观赏月光照亮下维多利亚港的美景。

(7)"残堞斜阳",指九龙城寨的残垣断堞在如血斜阳余晖中的景色,由于近年九龙城寨已彻底清拆,这一景色也成为历史,取而代之的是九龙寨城公园。

(8)"宋台怀古",指在香港启德国际机场旧址附近的宋王台公园,它记载了宋朝历史的最后一幕,人们到此怀古之心会油然而生。

此外,夕阳西下青洲岛的景色"青洲落照",风声浪涛交织的"石澳风涛",汽车在港岛盘山公路上奔驰的"飞车绝壁",春雨朦胧的"石排烟雨"等,也是今日香港美丽动人景色的写照。

6.2 澳门特别行政区

6.2.1 澳门自然环境

澳门地区包括澳门半岛及其南面的氹仔岛和路环岛,半岛与氹仔之间已于1974年建成了一条长约2 570米的跨海大桥,其东面修建了一条长达4 380米的友谊大桥(第二条澳氹大桥),又已于1994年建成通车。氹仔与路环则于1969年填海建成一条约2 225米长的路氹连贯公路相连。原来隔海相望的半岛与两个离岛已经连成一体。全境南北距离11.9千米,东西距离7千米。

澳门位于我国大陆东南部沿海,正处珠江口西岸,与香港、广州鼎足分立于珠江三角洲之外缘。东隔伶仃洋与香港相望,互成掎角之势,共扼珠江口的咽喉。西与广东省珠海市的湾仔镇一衣带水,只隔一条不到1 000米宽的濠江水道。北边以古老砂堤与珠海市的拱北相连,陆界只有240米,南面则濒临浩瀚的南海。澳门东北离日本东京约2 800千米,西南至新加坡2 600千米,东南离菲律宾马尼拉只有1 200千米,位居东南亚航路的中继点,使它成为16、17世纪东西方贸易的重要港口。往西北沿西江上溯,可达广东肇庆、广西梧州等地,沿途物产丰富、经济繁荣。澳门面向辽阔的海洋,背靠珠江三角洲行西江中下游宽广的腹地,与香港、广州两大城市及珠海、深圳两个经济特区为邻,如此优越的地理位置,对它本身及其邻近地区的经济发展都起着相当重要的作用。

由于不断填海拓地,澳门的陆地面积是逐渐增大的。1912年澳门地区总面积只有12.69平方千米,到1994年全地区总面积达到23.5平方千米。澳门地区行政事务均直接由澳门政府管辖,仅设澳门市政厅和海岛市政厅分别管理半岛和离岛的市政事务。半岛又分为5个区,亦无区行政管理机关,只是地域上的划分,各区以区内主要教堂命名(它们实际上是原来天主教会的堂区)。

6.2.2 社会概况

6.2.2.1 人文概况

澳门以前是个小渔村,它的本名为濠镜或濠镜澳,因为当时泊口可称为"澳"。澳门及其附近盛产蚝(即牡蛎),蚝壳内壁光亮如镜,澳门因此又被称为蚝镜。澳门的名字源于渔民非常敬仰的一位中国女神——天后,她又名娘妈。据说,一艘渔船在天气晴朗、风平浪静的日子里航行,突遇狂风雷暴,渔民处于危难之中,危急关头,一位少女站了出来,下令风暴停止,风竟真止住了,大海也恢复了平静,渔船平安地到达了海镜港。上岸后,少女朝妈阁山走去,忽然一轮光环照耀,少女化作一缕青烟。后来,人们在她登岸的地方,建了一座庙宇供奉她,她就是娘妈。

16世纪中叶,第一批葡萄牙人抵澳时,询问居民当地的名称,居民误以为指庙宇,答称"妈阁"。葡萄牙人以其音而译成"MACAU",这是澳门葡文名称的由来。

在后来的 400 多年时间里,东西文化一直在此地相互交融,留下了许多历史文化遗产,使澳门成为一个独特的城市。澳门自 1999 年回归后,成为中华人民共和国的一个特别行政区,依据澳门基本法实行高度自治。在"一国两制"政策的指引下,澳门实行高度自治,享有行政管理权、立法权、独立的司法权和终审权,而澳门社会和经济方面的特色会予以保留并得以延续。

中文和葡文是现行官方语言,居民日常沟通普遍使用广州话,但许多居民也能听懂普通话(国语)。英语在澳门也很通行,可在很多场合应用。

澳门总人口约 61.22 万人(2016 年),澳门居民 96% 属中国血统,外籍人士只占少数。澳门的面积很小,是世界上人口最稠密的地方之一,也是亚洲人均收入比较高的地区。澳门是一个国际化的都市,几百年来,一直是中西文化融合共存的地方。

(1)区旗:澳门特别行政区区旗为五星莲花绿旗,绘有五星、莲花、大桥、海水图案的绿色旗帜,其长和宽之比为 3∶2。五颗呈弧形排列的五角星,象征着国家的统一,象征着中华人民共和国恢复对澳门行使主权,澳门是祖国不可分割的一部分;含苞待放的莲花是澳门居民喜爱的,既与澳门古称"莲岛",旧称"莲花地""莲花茎""莲峰山"相关,又寓意澳门将来的兴旺发展;三片花瓣表示澳门由澳门半岛和氹仔、路环两附属岛屿组成;大桥与海水反映了澳门自然环境的特点。底色象征着和平与安宁,寓意澳门四周是中国的领海。

(2)区徽:澳门特别行政区区徽呈圆形,徽面由绿色环形窄边,文字区外圈,绿色内圆及五星、莲花、大桥和海水这一组图案所组成。文字区外圈位于绿环形窄边和绿色内圆之间。文字区外圈上方均匀排列"中华人民共和国澳门特别行政区"中文繁体区徽标准字样,字下端朝向徽面中心点。

(3)市花:莲花。

6.2.2.2 简史

澳门由秦朝起即成为中国领土,从明朝 1557 年开始被葡萄牙人租借。直至 1887 年葡萄牙政府与清朝政府签订了有效期为 40 年的《中葡和好通商条约》(至 1928 年期满失效)后,澳门成为葡萄牙殖民地,也是欧洲国家在东亚的第一块领地。

1986 年,中葡两国政府开始为澳门问题展开谈判。1987 年 4 月 13 日,两国总理在北京签订《关于澳门问题的联合声明》及两个附件。联合声明说,澳门地区(包括澳门半岛、氹仔和路环)是中国的领土,中华人民共和国将于 1999 年 12 月 20 日对澳门恢复行使主权。中国承诺对澳门实行一国两制,保障澳门人可享有"高度自治、澳人治澳"的权利。

1993 年 3 月 31 日,全国人大于北京通过《澳门特别行政区基本法》,1999 年 12 月 20 日零时,在中葡两国元首见证下,第 127 任澳门总督韦奇立和第 1 任澳门特别行政区行政长官何厚铧于澳门新口岸交接仪式会场场内交接澳门政权。翌日(12 月 21 日)早上,澳门群众欢迎中国人民解放军驻澳部队进驻澳门,至此,中华人民共和国正式恢复对澳门行使主权。

中华人民共和国 1999 年 12 月 20 日对澳门恢复行使主权,根据《中华人民共和国宪法》第 31 条的规定,设立澳门特别行政区,并按照"一个国家,两种制度"的方针,保持原有的资本主义制度和生活方式,五十年不变。

6.2.2.3 政治

"澳人治澳"是指由澳门人自主管理澳门。澳门特别行政区的行政机关和立法机关由澳门当地人组成。按照基本法规定,"澳人"就是澳门特别行政区永久性居民,包括符合基本法规定条件的中国人、葡萄牙人和其他人。澳门特别行政区行政长官、主要官员、行政会委员、立法会议员、终审法院院长及检察长必须是澳门特别行政区永久性居民,其中部分职位还必须由永久性居民中的中国公民担任。

"高度自治"是指全国人民代表大会授权澳门特别行政区依照基本法的规定实行高度自治,中央政府不干预属于澳门特别行政区自治范围内的事务。澳门特别行政区享有行政管理权、立法权、独立的司法权和终审权,以及全国人民代表大会及其常务委员会和中央人民政府授予的其他权力。高度自治不等于完全自治,为维护国家的统一,维护国家主权和领土完整,中央政府保留了必要的权限,例如,与澳门特别行政区有关的外交事务和防务由中央人民政府负责管理。

6.2.2.4 经济

澳门的博彩业发达,是澳门财政收入主要来源之一,旅游业及港口的贸易中转及运输是澳门财政的另外两大支柱。中国澳门、美国拉斯维加斯、摩纳哥蒙特卡洛(门的卡罗)并称为世界三大赌城。

澳门博彩业

博彩业在澳门历史悠久,早在 1847 年,澳门便颁布法令宣布赌博合法化。

澳门向有"赌埠"之称,博彩业在澳门历史悠久,已有 150 多年历史。早年最盛行的赌博是番摊与牌九,到了 20 世纪,西方博彩游戏传入澳门,融合澳本本土的赌法,形成了一个多元的博彩架构。澳门现为世界三大赌城之一,被称为"东方蒙地卡罗""东方拉斯维加斯"。澳门起初也是禁赌的,但后来澳葡当局为解贸易急剧衰落、收入拮据之窘,实行公开招商设赌,向赌场征收"赌饷",以开赌抽饷来增加收入。19 世纪 60 年代中期,澳葡当局主要靠着赌饷和鸦片,而使得每年的财政收入增加到 20 多万元,并有约 4 万元的结余上缴葡萄牙国库。

1847 年,澳门政府颁布法令,宣告赌博业合法化,这揭开了赌业合法化的序幕,但当时并没有专营的赌场。20 世纪 30 年代以后,澳门的博彩业改由政府与娱乐公司签订合约,实行专利经营。经营者必须向政府缴纳赌饷——博彩税,依约经营。1937 年,高可宁、傅德荫合组的泰兴娱乐公司,开始实行赌博专营制度,至此澳门的赌业发展初具规模。但泰兴公司经营不善,加上高、傅的继承人又不热衷赌业,于是澳门政府在 20 世纪 50 年代重新修订赌业管理办法,并公开竞标赌业管理权。1961 年 2 月,葡萄牙海外部根据澳门当局的建议,批准在澳门正式开设博彩旅游业。1962 年,由香港何鸿燊、叶汉合组的何氏澳门旅游娱乐公司竞标成功,获得赌业管理权。此后 30 多年,澳门的博彩业一直由何氏澳门旅游娱乐公司实行高度垄断经营。1997 年 7 月,该公司与澳葡政府再次签订新修订的博彩专营合约,把合约延期至 2001 年。2001 年,澳门开放博彩业,澳娱属下的子公司澳门博彩股份有限公司投得其中一个博彩业牌照,澳门博彩股份 2004 年全年获纯利有 342 亿元。

澳门博彩业仍属专利经营性质,由政府开设。由于澳门以博彩旅游为主要经济支柱的现状是历史形成的,博彩业在澳门已有相当的基础,因此在今后相当长的历史时期内还将是澳门税收的重要来源。根据澳门基本法第 118 条规定,"澳门特别行政区根据本地整体利益自行制定旅游娱乐业的政策",这就是说,回归后,澳门的博彩业可作为独特的景观继续存在,博彩业对今后澳门经济的发展还会有一定作用。

思考:结合澳门概况,分析旅游博彩业在澳门经济构成中的作用?

6.2.3　澳门节庆与习俗

6.2.3.1　节日

虽然四百年来受葡萄牙的统治,但是中华文化仍为主导地位,风俗习惯上,有大量中国传统的东西都保留下来,如崇拜关帝、观音、娘妈等,以及农历新年、民间节令,都有浓厚的中国味道。

澳门居民以广东人及福建人居多,一般居民都保留着乡土的习俗。每到新年时节,居民都奉行中国民间传统的祭礼。

(1) 新年

在澳门,农历新年比其他的节令都要热闹。澳门年俗,别有风情。"谢灶"是澳门保存下来最传统的中国年俗之一。腊月二十三日送灶神,澳门人谓之"谢灶"。澳门人给灶神按中国传统也用灶糖,说是用糖糊灶神之嘴,免得到玉帝面前说坏话。

除夕之夜,守岁和逛花市是澳门人辞旧迎新的两件大事。守岁是打麻将,看电视,叙旧聊天,共享天伦之乐;大概受西方圣诞节和情人节的影响,年宵澳门人还争相购买一些吉祥的花木迎接新春,现今已成了一个澳门年俗。澳门在年宵兴办花市,多是桃花、水仙、盆竹、盆橘,花开富贵,祝报平安,鲜花瑞木昭示着新年的美好前程。澳门的花市办三天,这三天给奔波一年的澳门人以无穷的慰藉。

年三十晚便开始拜神,一家大小共叙天伦之乐,吃"团年饭"。到了子夜,家家户户燃放爆竹,正是"爆竹一声除旧,桃符万户更新"。由凌晨开始,虔诚的人便到寺庙去拜神,祈求菩萨保佑,心想事成。特别是妈祖庙,观音堂,香火鼎盛,信徒水泄不通,殿堂前车水马龙,络绎不绝,这样扰攘直至天亮。年初一早上,人们大清早就起床,所有的人都忙碌起来,换了新衣新鞋袜,外出到处拜年,连土生葡人也学习了这一套,到亲友家里拜年去了。社团举行"团拜",同乡会举行"团拜",甚至私人会所也有团拜节目。春节期间,居民除了拜年、春茗,剩余的时间都会出去放松。连平时不得上赌场的公务员,春节期间也获例外批准,耍乐一番。春节这天,澳门人讲究"利市","利市"就是红包,这天老板见到员工、长辈见到晚辈,甚至已婚人见到未婚人都得"利市"。"利市"纯粹是为吉利。澳门人把大年初二叫作"开年"。习俗是要吃"开年"饭,这餐饭必备发菜、生菜、鲤鱼,意在取其生财利路。从"开年"这天起,三天内澳门政府允许公务员"博彩"(赌博)。"开年"过后,澳门又完全回到中国传统春节习俗中,直至元宵佳节。

(2) 端午节

农历五月初五,这是纪念诗人屈原投江自尽的节日。值此节日,全澳粽子飘香,许多酒楼都特制粽子出售,并不逊于中秋月饼。在20世纪五六十年代,只在新口岸水塘对开的游泳棚举行过小型龙舟竞渡。澳门的龙舟比赛已享誉东南亚,同时举行国际赛。在澳门参赛的龙舟队,如果获得胜出,是可以代表澳门出席国际赛事的,因此,澳门的龙舟队,在国际上享有盛誉。

(3) 鲁班师傅诞

在6月13日,上架行木艺工会最重视这个节日,木艺工人昔日十分注意尊师重道精神,他们最尊崇的师傅,就是鲁班了。木艺这一行可说是最古老的行业,一直以来,木工在建筑业中占有很重要的地位,每年祝贺师傅诞,还有一项很特别的传统活动,就是派"师傅饭"。所谓"师傅饭",其实只是在师傅诞那天,用大铁镬煮的白饭,再加上一些粉丝、虾米、眉豆等,由于相传吃了师傅饭的小孩子,不仅能像鲁班那么聪明,而且快速长大、健康伶俐。以前,在贺诞这一天,请一班艺人回来唱八音,或者请一台木偶戏来演出,视乎当年的经济情况而定,总之是隆重其事。

(4) 孟兰节

俗称"鬼节"。7月14日家家户户举行"烧衣",在门口拜祭游魂野鬼,除了果品饭食,燃点香烛,还烧一大堆金银衣纸、撒溪钱。同时也撒一些现金,20世纪二三十年代撒的是铜钱铜仙,五六十年代撒的是壹毫硬币,现在却有人撒一元硬币了,可知阴间也一样通货膨胀。这些习俗,一直沿流至今,即使社会进步,意识形态都有不少改变,但一样有人奉行。

(5) 重阳节

农历九月初九,澳门人们为了表达对先人的追思,也一样上坟拜祭。在以前,许多人喜欢在"重九"这一天去转运,希望能把"衰"气尽除。重阳这一天早上,携男带女,到螺丝山去,在螺丝山上的石屎螺旋台,拾级旋转而上,转到顶上,许一个愿,然后再走下来,期望带来好运。这种迷信风俗,近年来似乎不那么盛行了,但"重九"登高的风气,一样还存在着。

6.2.3.2 饮食

澳门烹饪吸收了广东地区的烹饪法和食材。澳门人的饮食习惯也是一日三餐。早餐时间,一般在早上7点。早餐内容各人自有差别。一顿简单的早饭,可能为方便面、白粥、肠粉、车仔面、面包以及咖啡奶茶,星期六、日以及不用工作的人会到茶楼饮茶。午餐的时间基本在下午1点到2点,因为澳门地方很小,大多数人会回家吃饭,但是也有一部分人会到快餐店吃饭。受香港影响,澳门也有下午茶的时间,一般在下午4:30左右,多以车仔面、多士、猪扒包咖啡奶茶为主。在晚饭时一般都会先来一碗汤,炒菜,蒸鱼,也会买现成的烧腊等。由于有部分澳门人需要从事晚上的工作,所以会在晚间吃夜宵,或去大排档,也会吃快餐。在周末或假日,许多家庭只吃两顿饭。他们会在11时左右去酒楼饮茶,同时吃早饭和午饭。有的家庭星期天不做饭,全家出去吃饭,这时吃饭的选择就很多,会吃葡国菜、广东菜,也会吃其他国家的餐饮。

6.2.3.3 礼仪

澳门居民多为广东人,广东人的生活习惯和风俗礼仪对澳门影响最深。随着社会的变迁和中西文化的交流,澳门居民的传统礼仪习俗也在悄悄地发生变化。在澳葡萄牙人、其他欧美人士和信奉西方宗教的中国人一般到教堂举行婚礼,按照天主教或基督教的婚礼程序进行。中国人多采用广东传统的结婚仪式,要经过合八字相命,下聘礼定亲,择日迎亲,叩拜天地等。新郎头戴及第帽,身穿马褂,新娘头戴凤冠,身穿红袄红裙。但战后这些传统婚礼服装逐渐变为男着西装,女披婚纱。

为老人祝寿是中国敬老的一个老传统,寿庆规模视家庭经济状况而定。丧事仪式也有繁简之分,在澳中国人较隆重的做法,是在家设置灵堂,请人诵经,出殡送葬鸣锣开道,燃放鞭炮和焚烧纸钱。葡人及其他欧人和信奉西方宗教的中国人则在教堂吊唁、祈祷。清明节时澳门居民多去祭祀祖先。

中国最隆重的传统节日是春节。澳门人与省港人一样,讲究好兆头,万事如意,如年糕即意寓年年收入步步高等。他们燃放鞭炮、封"利是"、舞龙舞狮贺岁。元宵佳节,人们吃了汤团之后,会到灯会赏灯。端午节时节,澳门各界都会在海上举行龙舟赛。中秋之夜,吃月饼赏月。

妈祖崇拜是澳门重要的民间信仰之一,妈祖(亦称天后)是中国渔民和船民奉祀的海神。澳门的妈阁庙最迟建于明朝万历三十三年(1605年)。中国对妈祖崇拜始于宋朝,明清两朝中国沿海,从辽东半岛到海南岛,到处都有妈祖庙。至今仍屹立在澳门海岸的妈阁庙是澳门悠久历史的象征,也是澳门与中国传统文化密不可分的明证。

土生葡人世代居住澳门,兼有中西血统;能操葡语和粤语;信奉天主教,保留欧洲生活方式,又受中国文化习俗的影响,是一个融合了中葡文化的特殊的社会群体,因经受了各种社会和经济的压力而在澳门自成一体,他们的风俗习惯构成了澳门民俗独特的风景线。

6.2.4 旅游资源与主要旅游地

澳门是个传统的旅游城市,旅游资源和景点以人文景观为主。东西文化的融合共存使澳门成为一个独特的城市:既有古色古香的传统庙宇,又有庄严肃穆的天主圣堂,亦有众多的历史文化遗产,以及沿岸优美的海滨胜景。

(1)大三巴牌坊

即圣保罗教堂的遗迹,位于澳门大巴街附近的小山丘上。圣保罗教堂建成于1637年,整座教堂是欧洲文艺复兴时期建筑风格与东方建筑特色的结合,是当时东方最大的天主教堂。1835年,圣保罗教堂被一场大火烧毁,仅残存了现在的前壁部分。因为它的形状与中国传统牌坊相似,所以取名为"大三巴牌坊"。精美绝伦的艺术雕刻,将大三巴牌坊装饰得古朴典雅。无论是牌坊顶端高耸的十字架、铜鸽下面的圣婴雕像,还是被天使、鲜花环绕的圣母塑像,都充满着浓郁的宗教气氛,给人以美的享受。现在,大三巴牌坊已经成为澳门的象征之一,也是游客澳门之行的必到之地。

(2)古炮台城堡

登临气势雄伟,酷似欧洲古堡的古炮台城堡,人们不仅能够看到十余门巨型铸铁古炮,发思古之幽情,还可以饱览澳门全景呢。

(3)妈阁庙

位于澳门南端妈阁山西麓,是澳门最古老的寺庙,建成于500多年前的明朝。妈阁庙供奉的是护航海神妈祖,闽语妈祖就是母亲的意思。每年农历三月二十三日是妈祖的诞生日,在这一天,庙里都要举行盛大的祭祀活动。善男信女纷纷前来烧香祭拜,祈求平安吉祥。妈阁庙是一座具有中国民族特色的古老建筑;庙前一对镇门石狮,神情威严,形态逼真;庙中有大殿、石殿、弘仁殿和观音阁,均飞檐凌空,气势雄壮;庙内的一块洋船石尤为引人注目,上面雕刻着古代海船的图形,据说已经有400年的历史。妈阁庙依山面海,风光宜人,古木参天,环境清幽。几百年间,文人雅士们留下的无数题词石刻,更为这座古庙平添了几分雅趣。

(4)海事博物馆

位于妈阁庙附近,馆内珍藏着丰富有趣的海事资料,陈列着早期葡人来澳时使用的船只模型,中国传统的渔船和捕鱼工具,以及今日澳门使用的各种水上交通工具。在博物馆对面码头,停着一艘华丽的花艇和一艘龙舟,以供公开参观游览。澳门一向以博彩娱乐而闻名于世,为世界三大都城之一。现澳门共有6个娱乐场所,分别设于葡京大酒店、文华东方酒店、凯悦酒店、内港的水上皇宫、新马路金碧娱乐场和回力球场内。娱乐场内设有各种博彩项目,品种之齐全,设备之豪华,管理之严密都堪称世界一流。

(5)东望洋山

东望洋山又称松山,海拔91米,位于澳门半岛的东部,是澳门半岛的最高山冈,也是澳门的地理坐标,满山皆是松林,山腰有一条环山公路,路边建有数个风雨亭,林荫夹道,海风阵阵,松涛滚滚,鸟语花香,令人心旷神怡。

山上有一座东望洋灯塔,塔高13米,是远东历史上的第一座灯塔,也是澳门的标志。100多年来该灯塔为航海人导航,向澳门四周约46千米范围循环照射。

站在东望洋山上,整个澳门尽收眼底。

(6)葡京游乐场

葡京娱乐场是澳门最大的一间赌场,是澳门"东方的蒙地卡罗"地位确立的标志性建筑。娱乐场位于葡京酒店的左边,是一座三层圆柱形建筑,入夜时由霓虹灯组成的皇冠形门额别具特色。娱乐场中央大厅内设有几十张赌台,中西式赌法应有尽有,场内人头涌动但秩序井然,常常令初临者大为惊愕。

文中案例

港澳经典线路之一

行程参考

第1天行程

深圳—香港(中/晚餐)

早上7:45在皇岗口岸3楼出境大厅集合,然后在专业领队带领下搭乘旅游巴士前往香港,游览香港香火最旺的庙宇——黄大仙(约40分钟),游览完后安排自由活动(约150分钟),游毕前往餐厅用午餐(多为家乐轩、盈香等)。后赴港岛参观香港会展中心新翼和金紫荆广场(约30分钟),这里为香港回归祖国的见证,团友可于"永远盛开的紫荆花"及回归的纪念碑旁拍照留念。前往闻名世界的海洋公园(约3小时),这里有世界最大的水族馆、鲨鱼馆及海洋剧场,有海豚、海狮、杀人鲸等精彩特技表演;还有各式各样惊险刺激的机动游乐设施,如过山车、摩天轮、海盗船等。游毕乘亚洲最长的户外登山电梯下行参观集古村——置身其中,仿佛走进时光隧道,重温中国过去十三个朝代历史,场内有艺术品及工艺品制作示范、街头表演等。后游览尖沙咀新落成在海滨长廊上的"星光大道"(约30分钟)。此长廊全长440公尺,展现了香港电影百年发展历史,除有高约两层楼的金像奖铜像表扬对香港电影业做出贡献的巨星名人及幕后电影工作者的成就之外,也有电影里程碑及舞台连屏幕,还有沿途设置的香港电影名人手印和牌匾。后于餐厅用晚餐(多为家乐轩、盈香等),餐后在海心庙码头乘观光船游览维多利亚港(约40分钟,上船时间在19:30—20:30之间),沿着九龙半岛及港岛北面海岸畅游维多利亚港夜景,游毕乘车返回酒店休息。

第2天行程

香港—迪士尼主题乐园

(11点左右入园)前往迪士尼乐园:走过睡公主城堡,来到充满20世纪初的美国风情的美国小镇大街,放缓步伐,享受一下阵阵烘饼及糖果的香味,欣赏两旁雅朴怀旧的建筑物。在异想天开的幻想世界中,那迷人的故事和永恒的国度,都生动地展现在您的眼前,还可到探险世界里寻幽探秘,在明日世界内探索宇宙的无穷奥秘。任意穿梭时空,融入童话世界之中,充分感受迪士尼乐园带给你的欢乐重温童时的梦想。游览结束,指定时间地点集合(下午5点左右)乘车返回酒店(行程第二天迪士尼全天无导游,旅行社提供车辆接送和迪士尼门票)。

第3天行程

香港全天自由活动(不含餐/车/导游)。

第4天行程

香港—澳门(早/中/晚餐)

约定时间集合。在导游的带领下前往港澳码头乘船抵达素有"东方蒙地卡罗"之称的澳门,到达后由澳门导游带领乘旅游大巴前往澳门的旅游点金莲花广场(约30分钟),拍照留念,后游览澳门的起源和最古老的庙宇妈祖庙(约30分钟),午餐后前往参观澳门具有标志性建筑的圣保罗教堂遗迹大三巴牌坊(约30分钟)。及后前往赌场参观世界顶级豪华建筑及旅游胜地威尼斯人度假村(约1.5小时)自由参观,多彩缤纷的格调,融入了许多欧美文化气息,欣赏顶级建筑和拉斯维加斯式的赌场。晚餐后乘车送往拱北口岸,过关后在珠海导游带领下入住珠海酒店。

第5天行程

珠海

睡到自然醒,起床后自行退房,行程圆满结束!(珠海拱北口岸有开往深圳或广州的直通巴士,费用自理。)

思考:从此线路中可以看出港澳有哪些主要的旅游资源?

6.3 台湾省

6.3.1 自然环境

台湾,有宝岛、鲲岛、福尔摩沙之别称。位于中国大陆东南沿海的大陆架上,东临太平洋,西隔台湾海峡两岸与福建相望,南靠巴士海峡与菲律宾群岛接壤,北向东海。台湾海峡为中国南北方之间的海上交通要道,是著名的远东海上走廊。与庙岛群岛、舟山群岛、海南岛,构成一条海上"长城",为中国东南沿海的天然屏障,素有"东南锁钥""七省藩篱"之称。全岛总面积为35 989.76平方千米,是我国最大的岛屿,其中包括台湾本岛,澎湖列岛、钓鱼岛、赤尾屿、兰屿、火烧岛和其他附属岛屿共88个,为中国的"多岛之省"。台湾本岛南北长而东西狭。南北最长达394千米、东西最宽为144千米,呈纺锤形。

台湾全岛山势高峻,地形海拔变化大,山脉大多呈北北东-南南西走向、平原狭窄、地震频繁、温泉与死火山皆多。气候上属高温、多雨,春夏季交接之时因受滞留锋影响而有梅雨季,夏季常有台风,冬季则有东北季风。最冷月的月均温都在14 ℃以上,年雨量达2 510毫米以上。北部全年有雨,南部则集中在夏季降雨,台风亦常在夏、秋两季侵袭台湾。由于地形与气候共同影响之故,造成台湾有热带、亚热带、温带、寒带等气候区,自然景观与生态系亦因此呈现多样。

6.3.2 社会概况

6.3.2.1 人文概况

目前台湾总人口约2343万人(2014年),主要民族为汉族,也有客家人、外省等族群,其他民族尚有最早在台湾定居的原住民以及比例逐年增加的新住民。官方文字定为正体中文,主要语言有普通话(即现代标准汉语)、闽南语、客家语及原住民族语。产业方面则主要以高科技产业、热带农产品等赚取外汇,成为亚洲四小龙之一。目前朝纳米科技、光电、观光等方向发展。

6.3.2.2 简史

从台湾岛的考古发现来看,祖国大陆的文化在旧石器时代就已传到台湾。台湾各地相继发掘出土的石器、黑陶、彩陶和殷代两翼式铜镞等大量的文物证明,台湾的史前文化与祖国大陆同属一脉。自有史料记载以来,台湾的开拓、发展和疆域的完整统一,始终是与中华儿女的辛勤劳动和英勇捍卫分不开的。台湾的历史,是中国历史的一个组成部分。

台湾的早期开发,凝聚着我们祖先的血汗,融汇着我们民族的精神。

16世纪中叶以后,美丽富饶的台湾成为西方殖民主义者觊觎的对象。西班牙、葡萄牙等列强相继侵扰台湾,或掠夺资源,或进行宗教文化侵略,或直接出兵占领。17世纪初,荷兰打破了西班牙和葡萄牙人的殖民霸权地位,来到东方,积极参加对殖民地的掠夺。1642年,荷兰人夺取了西班牙人在台湾北部的据点,台湾自此沦为荷兰的殖民地,荷兰殖民者盘踞台湾38年。1662年郑成功成功收复台湾后,废除荷兰人的殖民制度。1683年(清康熙二十二年),清政府派军进攻台湾,郑克爽率众归顺,自此台湾在清政府直接统治之下。

1949年10月1日,全国人民在中国共产党的领导下,推翻了国民党政府,新中国宣告诞生。中国历史从此进入了一个新纪元。

6.3.2.3 政治

台湾的政治体制,在国民党去后仍沿用大陆时期的政治体制。其体制采用行政、立法、司法、考试、监察五权分立、相互制衡形式。

6.3.2.4 经济

1949年以来,台湾经济发展大致经历四个时期:

(1)经济恢复时期(1949—1952):这一阶段台湾人口剧增,物价飞涨,工农业生产几乎停顿,而军事性开支却占财政支出的一半以上,民众生活困难,经济濒临崩溃。为此,台湾当局采取了一系列旨在稳定社会和恢复经济的政策与措施,如:土地改革,改革币制、外汇贸易管制,优先发展电力、肥料及纺织工业等。20世纪50年代台湾农业发展迅速,增长率年均达各4.7%。此外,从1950年下半年起,美国开始对台湾实行经济援助,注入大量资金帮助台湾恢复经济。到1952年,台湾经济基本恢复到第二次世界大战前的最高水平。

(2) 以农养工发展时期(1952—1960):这一阶段台湾经济基本上以农业为主,劳动力过剩,对外贸易和国际收支均逆差严重,外汇极度短缺,民众因收入低而无力消费进口的工业品。台湾当局以稳定中求发展为指导思想,确定了以农业培养工业,以工业发展农业的方针。土地改革促进了农业劳动生产率的提高,农产品及其加工品在总出口中的比重非常高,1957年高达71.5%,成为创汇主力。台湾当局又通过肥料换谷、强制收购等不等价交换方式,获取利润,把它转移到工业部门。在工业方面,重心放在资金需求量不大、技术要求不高、建厂周期短的民生工业上,以岛内生产替代进口,以适应岛内的消费水准,并节省外汇开支,创造更多的就业机会,减轻就业压力。形成了糖、茶、菠萝及香茅油等农副产品加工业,以及水泥、玻璃、木制品、造纸、化肥、纺织、食油、面粉、塑胶原料及制品、人造纤维、自行车、缝纫机和家用电器等进口替代工业。

(3) 出口导向经济发展时期(1960—1986):由于台湾市场狭小,当时进口替代工业的产品市场已趋饱和,若继续发展将导致经济后劲乏力,台湾抓住当时国际分工变化的机遇,大力发展加工出口工业带动经济发展,并陆续修正、制定旨在促进出口的政策与措施,如进行外汇贸易的改革、实施"奖励投资条例"、鼓励民间储蓄、对外销厂商实行税收和融资的优惠、设立出口加工区和保税仓库等。这个时期外资对台湾工业化和出口扩张起了重要作用,民间企业从进口替代转向出口产业,成为经济成长的主力。台湾企业从日本进口生产资料,向美国出口工业品,形成了生产上依赖日本、市场上依赖美国的三角贸易关系。台湾工业得到了高速发展。从1963—1973年,工业年均增长率高达18.3%,其中制造业的年均增长率达20.1%,工业产值在台湾GDP中的比重由1960年的26.9%提高到1973年的43.8%;出口贸易额中工业制品的比重由1960年的32.3%增至1973年的84.6%。至此,台湾工业建立起了一个以出口加工区为依托,以轻纺、家电等加工工业为核心的产业支柱,由此带动了经济的发展。

(4) 经济转型时期(1986年至今):自20世纪80年代以来,由于台湾内外经济环境的变化,新台币兑美元汇率大幅升值,工资也大幅上涨,劳动力短缺,劳动密集型加工出口工业逐渐丧失优势,导致民间投资意愿低落,经济发展再度陷入困境。为此,台湾当局于1986年提出了实行自由化、国际化、制度化的经济转型,进一步健全和完善市场经济机制,并以产业升级和拓展美国以外的外贸市场作为重大调整内容,确定以通信、信息、消费电子、半导体、精密器械与自动化、航天、高级材料、特用化学及制药、医疗保健及污染防治等十大新兴产业为支柱产业。经过近10年的经济转型,台湾经济在自由化、国际化方面取得一定进展,产业升级也初现成效,资本和技术密集型工业占制造业的比重目前已达61.5%,其中信息产业发展尤为突出,其产值已名列世界前茅。台湾对外出口市场的重心也逐渐从欧美转向亚洲,对美国出口比重有所下降,对亚洲的出口比重则有所上升,出口产品结构也发生了很大变化,电子、信息、机械、电机和运输工具产品已占总出口的50%以上,由于对外投资大幅度增长,开始成为净资本输出地区,累计至1995年,对外投资约300亿美元。在这一时期,台湾与祖国大陆及香港的经济联系也日趋密切。

6.3.3 节庆与习俗

6.3.3.1 节日

台湾民间的传统节庆和大陆大同小异。最重要的节日依次有春节、元宵节、清明节、端午节、七夕节、中秋节、重阳节、冬至、送灶、除夕等。过节形式也和大陆相仿,如春节有走亲访友的拜年习俗;元宵节吃元宵、赛花灯、猜灯谜、燃"蜂炮"、放天灯等;端午节吃粽子、赛龙舟;中秋节赏月、吃月饼;重阳节登高远足;除夕阖家团圆,等等。

台湾还有不少本地特有的节庆活动,较隆重者如正月初六的祭"清水祖师",3月23日前后是规模盛大的"妈祖祭",7月整月的"盂兰会期"。

6.3.3.2 饮食

台湾饮食类似闽、粤,但稍有变化后富有台湾特色:作料常用沙茶、咖喱、花生酱等,甜味更重,多用清汤炖煮。风味小吃品种极多,台北新店碧溪潭香鱼,基隆豆签羹、甜不辣,桃园石门砂锅鱼头,台中菜根香原汁牛肉,新竹贡丸,嘉义四臣汤和香菇鱼翅羹,台南棺材板(油炸包馅面食),高雄六合夜市贝类海鲜及山河肉(大山鼠肉)等,都使人垂涎欲滴。

6.3.3.3 礼仪

台湾人在社交场合与客人见面时,一般都以握手为礼;在亲朋好友相见时,也惯以拥抱为礼,或吻面颊的亲吻礼。台湾的高山族雅美人在迎客时,一般惯施吻鼻礼,以示最崇高的敬意;台湾信奉佛教的人的社交礼节为双手合十礼;与熟人或亲密朋友见面时,习惯上握一下手;初次见面时只需点头打招呼,微微弯腰鞠躬表示敬意。

6.3.3.4 禁忌

按台湾民俗,丧事办完,送手帕给吊唁者留念,意为让吊唁者与死者断绝来往,所以台湾俗语有"送巾断根"或"送巾离根"之说。刀剪是伤人的利器,含有"一刀两断"之意,以刀剪赠人,会让受赠者有威胁之感,因此,台湾人基本上不会用剪刀送人。另外,他们一般不会用甜果送人,因为民间逢年过节,常以甜果为祭祖神之物,如果以甜果赠人,会使对方有不祥之感。镜子也是不能当礼物送的,因为镜子容易打破,破镜难圆,还有嫌人丑陋,让照镜子的意思。相互间送礼,也不能送钟,因为送钟有"送终"的意思。

6.3.4 旅游资源与主要旅游地

台湾四周沧海环绕,境内山川秀丽,到处是绿色的森林和田野,加上日照充足,四季如春,所以自古以来就有"美丽宝岛"的美誉,早在清代就有"八景十二胜"之说。作为著名的世界旅游胜地,台湾岛上的风光,可概括为"山高、林密、瀑多、岸奇"等几个特征。台湾山峻崖直,河短水丰,瀑布极多,且各种形态应有尽有,十分壮观。除了瀑布,岛上更是温泉磺溪密布,具有很高的疗养治病之功效,吸引着众多游客。关仔岭温泉还有"水火同源"的胜迹;而宜兰苏澳冷泉,更是世之稀有。西部平原海岸,宽广笔直,水清沙白,柳林成群,极宜泳浴,充满着海滨的浪漫情调。北部海岸,又别有洞天,被台风、海浪冲蚀的海蚀地貌,鬼斧神工、千奇百怪,构成一幅幅天然奇境,具有"海上龙宫"的雅号。主要旅游地有:

台北游览区

台北市位于台北盆地中央、淡水河右岸,是台湾的政治、经济、文化和教育中心,为台湾第一大城市,是台湾北部的游览中心。

(1)台北故宫博物院

位于台北市郊阳明山脚下双溪至善路2段221号,始建于1962年,1965年落成,台北故宫博物院是中国著名的历史与文化艺术史博物馆,建筑设计吸收了中国传统的宫殿建筑形式,淡蓝色的琉璃瓦屋顶覆盖着米黄色墙壁,洁白的白石栏杆环绕在青石基台之上,风格清丽典雅。

台北故宫博物院占地总面积约160 000平方米,依山傍水,气势宏伟,碧瓦黄墙,充满了中国传统的宫殿色彩。藏品包括清代北京故宫、沈阳故宫和原热河行宫等处旧藏之精华,以及海内外各界人士捐赠的文物精品,共约60万件。价值连城的藏品数以千计。

(2)大屯火山群景区

大屯火山群位于台湾岛北部,面积430平方千米,覆盖了台北市和台北县。大屯火山群是由众多火山、温泉、喷气孔组成的火山地貌,为台湾著名的火山区,约有20座由集块岩与安山岩为主构成的火山体,海拔超过千米的山峰有29座。其中大屯山居于群山之中,顶上有呈漏斗状的火山口,直径360米,深60米。火山口雨季积水成湖,称为"天池"。大屯山东南的七星山,是大屯火山群中最新的火山,山顶上巨大的爆裂火口仍不断吐出硫气浓烟。在大屯山和七星山之间,还有座小观音山,顶上火山口直径有1 200米,深300米,是大屯火山群中最大的火山口。

(3)北投温泉区

北投温泉位于台北市西北12千米,是台湾最大的温泉区。北投温泉涌出的热泉澈绿如玉,称青磺,有治关节炎、筋肉酸痛、慢性皮肤炎等疗效。区内著名的温泉是地热谷温泉、行义路温泉、凤凰温泉、龙凤温泉、湖山里温泉等。行义路温泉区集休闲、健身、餐饮于一区域,颇有踏入东亚国度的感觉,仿佛东瀛风情再现,是疗养和度假的理想之地。

(4)龙山寺

位于台北市内,是台湾著名佛寺之一。建筑规模宏大,始建于清乾隆三年,主殿供奉主神观音菩萨,石殿奉祀妈祖,各厢奉祀四海龙王、十八罗汉、城隍等,是台湾佛道混合寺院的一个典型。

(5)台北101大厦

台北101大厦位于台北市信义区,紧邻台北市政府大楼,是台北市的新地标。这栋总高度达508米的建筑,融合东方古典文化及台湾本土特色,造型宛若劲竹,节节高升、柔韧有余。另外运用高科技材质及创意照明,以透明、清晰营造视觉穿透效果。建筑主体分为裙楼(台北101购物中心)及塔楼(企业办公大楼)。

台北101大楼有地上101层、地下5层,其中B2—B4为停车场,B1至4楼是购物中心,5楼则是数家银行与证券服务金融中心所在地,6楼至84楼为一般办公大楼,85楼为商务俱乐部,86至88楼为观景餐厅,89楼为室内观景层,91楼为室外观景台。在89楼室内观景台,可360°尽览大台北美景。

台中游览区

台中市位于台湾岛西部的中央,是台湾第三大城市,也是台湾中部的历史文化名城。市内环境优美,街道整洁优雅,有"宁静之都"的雅称。

(1)日月潭

台湾省天然湖泊很少,最大、最有名的就是日月潭。日月潭风景区位于南投县,是由玉山和阿里山涧的断裂盆地积水而成。日月潭中以光华岛为界,湖的北半部分圆圆的像太阳,湖的南半部分弯弯的像月牙,这就是日月潭名字的来源。

日月潭之所以美丽,是因为它的四周是一座座长满绿树的山,而湖水又静静的、蓝蓝的,像一面镜子,周围的山色倒映在湖里。另外,一年四季,一天由晨至夕,映在湖里的景色也不一样,犹如传说中的仙境。七月平均气温不高于22 ℃,清爽宜人,为避暑胜地。

(2)阿里山

阿里山在台湾省嘉义县东北,属于玉山山脉的支脉,地跨南投、嘉义二县,是大武恋山、尖山、祝山、塔山等十八座山的总称,主峰塔山海拔2 600多米,东面靠近台湾最高峰玉山。

阿里山景色优美,气候凉爽,是台湾著名的风景游览区和最佳避暑胜地。日出、云海、铁路、森林与晚霞合称为阿里山五奇。

(3)玉山

玉山山脉纵贯台湾岛中部,在中央山脉以西,近南北走向,长约280千米,山峰海拔多在2 000米以上。玉山山脉主峰,名玉山,海拔3 952米,是台湾及我国东部最高山峰,玉山山脉虽然位居热带亚热带,但山顶常年积雪,因色如白银,"浑然如玉",故称玉山。玉山景色极为壮观,以"奇峰、云瀑、林涛、积雪"四景闻名,同时也是冬季滑雪的好地方。

台南游览区

本区以台南、高雄为中心,包括以台南市为中心的历史古迹区、高雄市为中心的风景游览区。热带景观和独特海滨风光为特色的恒春半岛。

(1)台南市

台南市是台湾最古老的城市,名胜古迹数量为台湾之冠。仅寺庙和教堂就达200多座,人称"五步一神""三步一庙"。其主要景点有安平古堡、孔庙、开元寺、赤崁楼等。

(2)高雄市

高雄市位于台湾岛西南,地处嘉南平原与屏东平原之间,面临台湾海峡南口,是台湾最大的港口城市,也是岛上第二大城市。高雄一派热带风光,有万寿山公园、西子湾浴场、左营莲池潭、佛光山等景区。

(3) 西子湾风景区

西子湾位于高雄市西侧,北靠万寿山,南隔高雄港与旗津半岛相望,有着黄澄沙滩、碧蓝海水浴场、迷人的夕阳美景及天然礁石。风景区内有中山大学,还有西子湾海水浴场、海滨公园和蒋公纪念馆。西子湾海水浴场极富热带气息,浴场海滩平坦,白沙细软,高大挺拔的椰林,迎风摇曳,充满了南洋风情。

台东游览区

本区包括台东和花莲两县,自然风光十分丰富,尤以壮丽的断崖幽谷最为突出,有台湾八景中的鲁阁幽峡、清水断崖。

(1) 太鲁阁

太鲁阁是台湾东部山区最著名的风景胜地,位于立雾溪的下游,靠近中横公路的入口处。太鲁阁也是原住民的语言,意思是"伟大的山脉"。太鲁阁公园位于台湾中东部,又称"鲁阁幽峡",以峡谷及山岳为主要地形特色,峡谷地形以立雾溪最具代表性。百万年来,丰沛的立雾溪水不断向下侵蚀,切开了厚度超过1 000米的大理石层,形成了今日中横公路太鲁阁到天祥间垂直壁立的"U"形峡谷,造就出公园中最撼人心弦的地景。

(2) 清水断崖

位于莲花县东北,断崖由中央山脉东侧的大断层造成,长达10千米,险峻宏伟,一面峭壁插天,一面浩瀚大海,是太平洋西岸著名的大海崖区。

本章小结

港澳台旅游市场地区一直是我国主要的海外旅游客源地,占入境人数的绝大部分。本章从自然环境、人文概况、政治、经济、节庆与习俗、旅游资源与主要旅游景点介绍港澳台的基本情况。

复习思考题

1. 港澳已经回归祖国,为什么说港澳是海外客源?
2. 简述港澳旅游业发展现状。
3. 接待港澳台游客有哪些注意事项?
4. 港澳台为什么一直是我国主要的海外旅游客源地?

案例分析

香港迪士尼乐园设有一些独一无二的特色景点、两家迪士尼主题酒店,以及多彩多姿的购物、饮食和娱乐设施。乐园大致上包括四个主题区,与其他迪士尼乐园相近,包括:美国小镇大街、反斗奇兵大本营、探险世界、幻想世界和明日世界。除了家喻户晓的迪士尼经典故事及游乐设施外,香港迪士尼乐园还配合香港的文化特色,构思了一些专为香港人而设的游乐设施、娱乐表演及巡游。在乐园内还可寻得迪士尼的卡通人物米奇老鼠、小熊维尼、花木兰、灰姑娘、睡美人公主等。

结合上述案例,试述香港的旅游资源。

参考书目

[1] 陈橹. 论香港文化的特色[J]. 南京理工大学学报:社会科学版,1997,10(5):24-26。

[2] 李伟长. 也斯眼中的香港文化[J]. 金融博览,2013,(04):26-27。

[3] 张颖. 历史叙说中的香港文化——从"香港是文化沙漠"谈起[J]. 湖南工业大学学报:社会科学版,2013,(01):137-141。

[4] 东瑞. 为香港文化生动地把脉——序陈少华《香港文化现象》[J]. 华文文学,2008,(04):110-111。

[5] 林志山. 澳门文化发展初探[J]. 中共珠海市委党校珠海市行政学院学报,2009,(04):46-48。

[6] 周大鸣. 澳门的文化多元与和谐——与亨廷顿"文明冲突论"的讨论[J]. 中山大学学报:社会科学版,2007,(03):7-13。

[7] 查灿长. 多元文化交融的缩影——澳门文化[J]. 贵州社会科学,2005,(04):88-90。

[8] 揣振宇. 澳门文化的特点[J]. 云南社会科学,2002,(03):117。

[9] 徐罗卿. 澳门文化发展特色及其对中国传统文化发展的启示[J]. 广西民族学院学报:哲学社会科学版,2001,(S2):111-113。

[10] 王业兴. 澳门文化的多元性及其传承[J]. 社会科学,2001,(02):74-78。

[11] 陈孔立. 清代台湾移民社会研究[M]. 厦门大学出版社,1990.

[12] 陈碧笙. 台湾地方史[M]. 中国社会科学出版社,1982.